생명보험
걸어온 길, 가야할 길

# 생명보험

## 걸어온 길, **가야할 길**

박현문 지음

**매일경제신문사**

내가 삼성생명의 CEO로 부임했을 때 저자는 신임과장으로서 회사의 중기 계획 T/F였던 'MIT 11' 팀의 일원으로 활동했다. 그 이후에도 영업제도, 영업전략 등 영업 부문의 핵심 업무를 오랫동안 담당하면서 회사 발전에 기여한 공로가 컸기에 장래가 촉망되는 간부였었다.

1994년 말 임원으로 승진할 때는 자산 운용을 이해하는 데 기초가 되는 채권투자 담당임원으로 배치해 경력관리를 배려했으나, 당시 영업 부문의 절실한 필요로 영업기획 담당임원으로 돌아갔다. 저자가 채권투자의 경험을 안고 영업 부문으로 돌아간 것이 마침 IMF 금융위기를 극복하는 데 도움이 되어 다행스럽게 생각한다.

저자가 보험산업이 지난 30년간 걸어온 길에 대한 큰 흐름을 정리하고 그 속에서 성공과 실패사례를 통해 경영에 있어서 반드시 참고해야 할 교훈을 도출한 것을 높이 평가하고 싶다. 또한 보험산업의 블루오션, 채널전략, 경영의 틀 재편 등 앞으로 가야할 길에 대해서도 방향을 제시하고 있어 이 책은 보험업계의 경영진에서부터 일반 직원에 이르기까지 경영과 업무 참고서로 정독해 볼 만한 책이다.

이 책은 저자가 아니면 쓰기 어려운 책으로 이해된다. 박 사장이 그동안 영업 부문, 상품개발, 언더라이팅 및 클레임, 채권투자 및 경영관리 등 보험의 핵심 업무를 깊이 경험했기 때문에 이 책을 쓸 수 있었을 것이다.

박 사장은 최근 SIS 손해사정 사장을 거쳐 TSA 손해사정을 창업함과 동시에 한국재무설계 CEO로서 왕성한 경영활동을 시작하고 있어 그의 행보가 주목된다. 그동안의 경험과 노하우를 바탕으로 새로운 회사들을 잘 이끌어 나가기를 기원한다.

삼성생명 회장 이 수 빈

평소에 잘 알고 있던 박현문 사장이 책을 쓰고, 그 초고를 보내왔다. 보험산업에서 30년간 회사경영 전반에 걸쳐 경험한 사례를 실감나게 서술한 것이다.

단순히 특정 분야에 관해 서술한 책들은 많지만 30년에 걸친 경영 전반에 관한 전략을 다룬 책은 비단 보험 분야뿐 아니라 다른 산업 분야에서도 거의 드문 일이다.

저자가 신입사원 때부터 문제의식을 갖고 업무에 임해 창의적인 발상으로 새로운 개혁을 추구해 나갔던 것이 생명보험업계의 발전에 큰 도움이 되었던 것 같다. 또한 스스로의 절절했던 경험에서 우러나오는 것이기에 십여 년, 이십여 년이 지난 오래된 일들이지만 생생하게 기억을 떠올릴 수 있었던 것으로 짐작된다.

최근 생명보험업을 둘러싸고 회사 간의 치열한 경쟁은 물론 인접 업계와의 경쟁으로 경영이 쉽지 않다. 생명보험 본연의 보장성상품 시장이나 연금 시장, 그리고 퇴직연금 시장에서 기존에 확보하고 있던 시장과 고객을 타 업계에 내주고 있다.

저축성 시장에서는 회사 간의 가격 경쟁 심화로 시장금리보다 높은 공시이율 적용으로 마진이 거의 없다. 건강보험에서는 위험율차 손실이 커져가고 기존에 판매했던 보유계약에서는 이차역마진의 양상을 보이고 있다.

또한 지나치게 과도한 선지급수당제도와 높은 수수료율 등으로 GA나 방카슈랑스 등 비전속 채널의 수익성이 낮아 지고 전속 채널은 점차 무너져가고 있다.

이러한 어려운 현실 속에서 저자는 지난 30년간의 역사를 재조명하고 향후의 시장, 상품, 채널 등 매트릭스전략에 입각한 새로운 전략을 제시하고 있다.

우리나라 보험업계가 짧은 시간 내에 세계 7위의 보험대국으로 성장했던 과정이나 지난 10년간 겪었던 '잃어버린 10년' 속에서 얻게 된 많은 노하우들은 매우 값진 것이다.

이러한 노하우는 단순한 '지식'이 아니라 '지혜'에 해당된다. 직접 경험했던 사람들은 절실하게 깨닫게 되지만 그러한 노하우를 제대로 전수받지 못하면 실패하기 전에는 좀처럼 깨닫기 힘든 것이다.

보험업계에 종사하는 분이라면 보험업계의 역사를 이해하고 앞으로의 변화를 추구하는 데 큰 도움이 될 것으로 믿는다.

박 사장은 금년 7월부터 샐러리맨 시절을 청산하고 보험회사의 3대 이원 중 위험률차 손익관리에 크게 기여할 수 있는 손해사정회사

를 창업해 업무를 개시했다고 한다. 그동안 터득한 경영 노하우로
훌륭한 성과를 거두기를 기대한다.


생명보험협회 회장  이 우 철

이 책은 한 마디로 흥미진진하다. 보험산업에 종사하는 또는 종사할 사람들은 물론 금융규제를 담당하는 분들이나 경영학자들이라면 꼭 한 번 읽어볼 만한 책이다. 30년 생보산업의 발전과정과 미래를 다루면서 필자가 몸담았던 회사와 산업의 격동기에 발생했던 많은 내용들을 여러 차원에서 분석해 많은 정보와 통찰력을 제공하고 있다.

이 책은 사사가 아니다. 한 회사에 몸담고 있으면서 회사의 전략과 경쟁사의 전략, 생보산업과 손보산업의 시장 경쟁, 정부의 규제 및 세계경제의 흐름에 따른 대응을 실감 있게 다룬 책이다. 특정 기업의 홍보성 사사와는 달리 여러 이해관계자들의 전략과 경쟁, 그에 따른 성공과 실패 등이 아주 상세하게 기록되어 있다.

특히 경영학의 관점에서 기업의 전략, 마케팅, 상품개발 및 운용, 유통 채널, 인재 양성과 인센티브 시스템의 설계, 규제 산업하에서의 대응 등 기업 경영사례로 사용할 수 있는 풍부한 예가 산재되어 있다. IMF 외환위기는 금융 시장의 지각변동을 초래했다. 전대미문의 금리 리스크를 경험한 시점이다. 이에 대한 여러 보험사들의 대응전략과 필자의 상품개발 사례, 그에 따른 각사의 성과도 흥미롭다.

경제의 핵심은 인센티브이다. 본서는 인센티브 시스템의 힘을 잘 보여주고 있다. 보험산업 고도성장의 비밀의 하나로서 외형계약고 위주의 경쟁을 지양하고 환산효율성적제도를 도입함으로써 내실 위주의 경영구조를 확립하게 되는 계기가 되었다고 기술하고 있다. 더 나아가서 당기손익보다는 보험상품 전기간의 손익을 현가로 할 인한 내재가치(Embedded Value)를 기준으로 관리할 것을 주문하 고 있다. RBC(Risk Based Capital)제도에 의한 정교한 리스크관리 또 한 기업가치 제고를 위한 중요한 수단임을 강조하고 있다.

과거 30년의 역사를 뒤돌아보는 것에 그치지 않고 과거 역사를 교 훈 삼아 생보산업에도 초일류기업의 탄생을 위한 다양한 변화를 주 문하고 있다. 정부의 규제정책이 개방성, 유연성을 확보하기 위한 법과 제도의 필요성을 강조하고 있다. 기업 역시 위험을 감수하는 태도, 자율과 창의를 중시하는 기업문화가 필요함도 역설하고 있다.

생보산업은 사람의 생명과 관련된 산업이기에 인류가 존재하는 한 같이 존재해야 하는 산업임을 실감하게 되었다. 또한 사람의 생 명을 다루는 만큼 사람의 건강, 의료 및 복지환경, 인구통계, 생활 스타일이나 태도의 변화 등을 제대로 이해하는 것이 필수적임을 알 게 되었다.

필자는 과거 30년의 회고를 넘어, 미래의 환경 변화에 선제적 대응 방안을 제시했다.

앞으로 생보산업의 경쟁력은 미래 변화에 선제적인 대응이 중요한데, 미래 성장여력이 작지 않음을 통계자료로 잘 지지하고 있다. 이러한 내용은 생보산업 전략 수립에도 큰 도움이 될 것으로 생각된다.

지난 30년의 소중한 경험을 흘려보내지 않고, 소중한 기록으로 남겨진 본서는 생보 분야에서 매우 중요한 사회적 자산으로 남을 것이다.

온고지신이라 했던가? 본서는 과거를 경험 삼아, 새로운 경제환경하에서 장기적인 가치 창출을 위한 종합적인 해법을 제시하고 있다. 본서에 기록된 30년 생보산업의 성장 과정을 보면서, 인생 역시 성공과 실패를 거듭하면서도 꾸준히 노력하는 것이 본질이 아닌가 생각이 든다.

서울대 경영대학 교수 **안 태 식**

　나는 교보생명에 입사해 죠지아생명을 거쳐 보험개발원까지 보험에 대한 사랑을 가지고 업무를 해왔다. 교보생명에서 보험정신과 상품, 계리에 대한 기본 개념을 익히며 훌륭한 선배, 동료 및 후배들과 보람 있게 근무했던 기억은 잊을 수가 없다.

　지금 ING생명의 전신인 죠지아생명에서는 신설사로서의 중장기 사업계획 수립을 통해 회사의 경영 목표 수립과 기업가치에 대한 개념 등 선진 보험경영을 경험했다. 그때의 경험들이 향후 업무를 하는데 원동력이 되었다. 1991년 보험개발원에 입사해서는 보험산업의 중요한 업무가 연속되었다.

　상품관리규정의 제정, 무배당보험 및 개인연금보험의 도입, 기업가치 평가, 보험사 손익 전망, 정부 정책을 위한 보고서 작성, 자산구분 계리 및 생보사 상장 TF 운용, 지속성장을 위한 작업반 등 많은 업무를 추진하면서 보험산업이 변화하는 것을 느낄 수 있었다. 또한 정책·감독당국, 개발원, 보험사 임직원들과 함께 보험산업에 산재한 문제들을 해결하기 위해 노력했다.

　이 책을 엮으신 박현문 사장과는 1999년 처음 만나 생보사가 가지고 있는 상품정책과 리스크관리에 대해서 서로 의견을 나누었던 기억이 난다. 그 당시 회사 경영 변화와 손익 관계에 대한 인식이 매우 높다는 인상을 받았다. 보험 시장의 문제를 심도 있게 분석하고 많은 아이디어로 그것을 해결하려는 의지가 대단했다.

박사장의 보험 사랑은 객관적인 시각으로 보험산업을 바라보는 혜안을 가지고 있을 만큼 각별했다. 기억에 남는 것은 CI보험으로 기울어 가는 보장성보험 시장에 다시 한 번 불을 지피고, 생보업계에 의료실손을 도입한 것과 보험산업의 미래 성장동력에 대한 끊임없는 열정과 노력이었다. 그는 회사와 소비자 보호 양쪽에서 문제를 인식하고 진단하며 해결 방안을 세워 삼성생명이 현재의 발전을 이루는데 기틀을 세웠다.

박사장과 함께 이번 작업을 하면서 보험산업의 지난 일들을 다시금 돌아 볼 수 있었기에 개인적으로 많은 도움이 되었고 보람이 있었다. 끝으로 자원 지원과 적절한 코멘트로 많은 도움을 준 보험개발원 직원들에게도 감사를 전한다.

김&장 법무법인 박 상 래

내 인생의 황금기인 삼성생명에서의 30년을 회고해 보고자 한다.

미래를 예측할 수 없는 격동적인 금융 환경 속에서 아직도 가슴 깊이 절절히 느껴지는 지난 30년간 겪었던 성공과 실패사례를 그냥 묻어둘 수만은 없었다.

나는 보험에 대한 인식이 좋지 않아 '보험회사 직원에게는 딸도 안 준다' 던 시기에 신입사원으로 입사했다. 하지만 많은 선배와 동료들의 따뜻한 지도와 격려 속에 온갖 어려움과 위기를 극복할 수 있었다. 또한 나를 믿고 따라주었던 많은 직원들과 함께 동고동락(同苦同樂)하면서 잊을 수 없는 수많은 추억을 간직하게 된 것은 무한한 행복이었다. 그 기간 동안 우리나라 생명보험산업(이하 생보산업)은 세계 7위로 도약했고, 삼성생명이 세계 14위의 보험사로 성장하는 과정을 함께 한 것은 더없는 영광이었다.

이러한 성공과 실패의 사례들이 후배들에게 같은 유형의 실패를 되풀이 하지 않고, 보다 확실하고 큰 성공을 이루는 데 일조가 되었으면 하는 마음으로 이 글을 쓴다. 또한 선배나 동료들에게 과거 지나간 일들을 정리해 보고 반추하는 데 도움이 되었으면 하는 마음도 담겨있다.

기업의 사사(社史)는 그 기업의 실패사례에서 얻었던 소중한 교훈과 기업이 성공한 핵심 비결에 대한 분석보다는 대외적 홍보에 주안

점을 둔 경우가 많다. 따라서 사사는 중요한 시점의 사실을 중심으로 정리된다. 결국 경영 자료로써는 활용도가 낮아 독자들이 깊이 정독하는 경우가 드물 것이다.

선진국에서 실패했던 경영사례들이 우리나라에서도 거의 유사하게 되풀이되고 있지만, 큰 실패를 직접 경험하기 전에는 미리 깨닫지 못하는 경우가 많다. 이는 실패사례를 제대로 기록한 자료가 적기 때문이기도 하지만 실제 체험하지 않고는 그 심도를 이해하기 힘들기 때문이다.

나는 이 책에서 지난 30년을 돌아보며 우리나라 생명보험업계(이하 생보업계)가 짧은 시간 내에 고도성장을 이루게 된 배경과 그 비결을 밝혀보고자 한다. 그리고 그동안 겪었던 주요 위기와 극복 과정을 철저히 반추함으로써 크고 작은 시행착오를 자산화하고자 한다.

내가 입사할 당시였던 1979년의 우리나라 생보업계는 제2차 오일쇼크가 시작되어 시중금리가 19% 이상 최고 25%에 이르러 보험 판매가 매우 어려웠다. 그나마 중장기 양로 및 연금보험이 확정배당제도에 의해서 팔리고 있었다. 하지만 6 · 28(1982년 6월 28일) 금리 인하 조치로 확정배당제도는 유명무실해졌고, 그 보험료도 금리 인하 전에 비해 2~3배 인상되면서 중장기 상품의 니즈 판매는 현실적으로 불가능해졌다.

이러한 상황에서도 업계 각사 간의 외형 경쟁은 극심했다. 1970
년대 이후 우리나라 경제의 거듭된 고도성장으로 보험산업도 크게
성장하리라는 전망이 많았다. 이에 점포의 대량 증설, 모집인의 대
량 도입을 비롯한 외형 계약고 M/S(개인보험 기준) 위주로 각사 간의
양적 경쟁이 치열했다.

외형 경쟁에 따른 폐해는 작성계약으로 이어졌다. 점포장 및 간
부급 모집인들의 경제적 희생이 월급을 제대로 집에 가져가지 못할
정도로 컸다. 그리고 밤늦게 마감을 하면서 작성계약을 위한 업무
처리를 하는 사무직 여사원들의 고초도 말할 수 없었다.

6·28 금리 인하 조치 이후 수신금리인 보험사의 예정이율이나
은행의 정기예금이율은 낮았다. 하지만 당시는 자금수요가 많은 자
금부족 시대였다. 회사채금리나 대출금리 등 시장실세금리가 높은
시기가 지속되었기 때문에 자금만 끌어오면 자산 운용에는 문제가
없었다. 더군다나 예대마진은 상당히 큰 수준이었다.

이와 함께 단기 저축성 상품 위주의 보험수지차 영업은 보험사의
급성장에 기여해 자산 규모가 대폭 증가했다. 당시에는 예대마진이
커서 순보식 준비금을 100% 적립하고도 이익이 발생했다.

그러나 영업 부문에서 보면 작년과 동일한 보험수지차를 확보하
기 위해서는 작년 판매량보다 10~15% 많은 판매량을 계속 유지해

나아가야 하는 부담이 있었다. 이러한 보험수지차 중심의 영업은 대형 금융사고의 원인이 되기도 했다.

우리나라 생보업계는 많은 역경을 극복하고 생보산업 규모가 세계 7위에 랭크되었다. 1975년부터 1995년까지 20년간 국민소득이 39배로 연평균 20%씩 증가한 데 비해 수입보험료는 535배로 연평균 37%씩 증가함으로써 GDP 대비 수입보험료의 비율이 0.6%에서 8.6%까지 확대된 것이다.

이와 같은 양적인 고도성장은 '점포의 대량 증설, 모집인의 대량 증원' 등 외형 위주의 경쟁과 수지차 중심의 영업, 종업원퇴직보험의 성장에 힘입은 것이었다. 하지만 모집인조직의 질적 수준 향상과 제반 경영효율을 개선하기 위한 다양한 노력이 있었기에 가능한 것이기도 했다. 이와 같이 고도성장하게 된 핵심 비결이 무엇이었는지를 살펴보고자 한다.

가장 핵심적인 비결은 외형 계약고 위주의 경쟁을 지양하고 환산효율성적제도의 도입에 의해 내실 위주의 경영구조를 확립했던 것이다. 또한 설계사의 입사초기 보장급제도와 설계사 육성시스템의 강화로 강력한 여성 전속 채널을 구축했다. 전속 채널의 로열티를 향상시키기 위해 모집인에서 설계사로 호칭을 변경했고, 설계 판매 활성화를 통한 직업관 고취와 복리후생을 강화한 것이 고도성장에 많은 도움을 주었다.

1980년대 중반 이후 미국은 국내 생명보험의 시장 개방을 정식으로 요구하기 시작했다. 이에 따라 6개사뿐이던 생보사가 1987년 4월 라이나생명을 시작으로 무려 33개로 늘어나 치열한 경합을 벌이게 되었다. 그러나 대부분의 신설사들은 도산했고 차별화전략을 구사한 몇 개의 회사들만 살아남았다.

이 책에서는 당시 대부분의 신설사들이 도산한 이유는 무엇이며 살아남은 회사들의 차별화전략은 무엇이었는지 살펴보고자 한다.

IMF 금융위기는 1997년 말 한국경제의 국제신뢰도 하락에 따른 외환 시장 위기에서 시작되었다. 삼성생명은 해약이 급증하기 시작해 하루 1,000억 원 이상의 돈이 빠져 나가는 등 심각한 유동성 위기에 봉착했다. 회사채금리는 25~30% 이상 치솟고 있었다. 업계 전체의 해약환급금이 전년 대비 최고 94% 증가되는 등 심각한 유동성 위기를 겪었으며 일부 경영이 부실한 회사는 지급불능 상태에 처하게 되었다. 삼성생명이 이러한 유동성 위기를 어떻게 슬기롭게 극복했는지도 살펴보고자 한다.

2000년 이후에는 생보업계 전체 성장률이 크게 둔화되었다. 국민소득 증가율에 비해 수입보험료 신장률이 낮아 수입보험료 대비 GDP가 2000년 8.6%에서 2010년 7.1%로 떨어졌다.

생보업계 보장성보험의 수입보험료가 지난 10년간 10% 감소한 데 비해 손보업계 장기보험은 비약적인 발전을 거듭해 10년간 4.2배가 증가했다. 그 결과 생보업계 보장성보험 수입보험료에 대한 손보업계 장기보험 수입보험료의 비율이 2000년 21%에서 2010년 98% 수준까지 따라왔으며 2011년부터는 역전이 예상된다.

대형사들 입장에서는 '잃어버린 10년'이 지속되었다. 국민소득이 2.59배 늘어났음에도 불구하고 대형 3사의 수입보험료 규모는 전혀 늘어나지 않았다. 대형 3사의 M/S는 2000년 80% 수준에서 2010년 50% 수준으로 하락했다.

잃어버린 10년이 전개된 데에는 여러 가지 원인이 있었는데 그 핵심요인을 살펴보고자 한다.

업계 전체적으로 보면 그 원인은 2001년 이후 저금리 시대에 따른 금리 리스크와 정액건강보험으로 인한 생존급부의 위험률차 리스크, 의료실손보험의 지연 도입, 손보업계의 생보 영역 잠식과 약진 등이다.

대형 3사의 경우 무리하고 급진적인 전속설계사의 구조조정과 대체 채널의 구축 미흡을 들 수 있다. 회사에 따라서는 철저한 고객 이익 보호와 컴플라이언스 리스크(Compliance Risk) 방지를 위한 변액보험의 소극적 판매로 많은 VIP고객들과 M/S를 잃었다.

생보업계, 특히 대형 보험사의 경우 2001년 이후 지난 10년은 '잃어버린 10년'이었다고 할 수 있다. 하지만 그동안의 많은 시행착오로 소중한 교훈과 리스크관리 노하우를 얻게 되었으며 이를 통해 또다시 재도전할 수 있다고 생각한다. 왜냐하면 우리나라 생보 시장은 아직도 더욱 발전할 수 있는 여력이 많기 때문이다.

우리나라 생보 시장의 2009년 세대 보급률만 보면 거의 90% 수준으로 시장이 더 이상 성장할 여지가 없는 포화 상태인 것처럼 보인다. 그러나 아직도 보장자산의 핵심 상품인 종신보험이나 정기보험 등 사망보장 상품의 세대가입률은 37% 수준이고, 베이비부머들의 은퇴준비에 필요한 연금보험의 세대가입률은 26.5%에 불과하다. 세대당 보장자산은 미국의 1/6, 일본의 1/3 수준에 불과하며, 세대당 연금자산은 미국의 1/9, 일본의 1/5 수준에 불과하다.[1]

질병보험은 세대가입률이 87%로 거의 포화 상태지만 의료실손보험의 세대가입률은 34% 수준에 그치고 있다. 2008년 우리나라 의료비는 GDP 대비 6.6%로 미국 16%, OECD 평균 9.0%에 비하면 현저히 낮아 앞으로 국민소득 증가와 더불어 고령화 진전으로 총 의료비 시장이 빠른 속도로 성장할 것이다. 따라서 보험사는 보다 발전된 형태의 의료실손보험과 헬스케어 서비스 시장으로의 진입이 가능할 것으로 전망되고 있다.

미래의 성장동력을 발굴하고 이를 개발하기 위해 보장자산 확대, 은퇴를 위한 연금보험 확대, 네트워크형 의료실손보험이나 헬스케어 서비스 등에 대한 전략 방향을 제시하고자 한다.

우리나라도 판매 채널의 다양화가 크게 진전되었다. GA(독립대리점), 방카슈랑스 등 비전속 채널의 업적 비중이 2010년 37.2%[2]까지 크게 증가하고 있으며, 반대로 전속 채널 중 여성설계사 의존도는 크게 감소하고 있다.

회사별로는 처한 환경에 따라 차별화된 채널전략이 필요하겠지만, 주력 상품별로 타깃 고객을 설정하고 그에 알맞은 채널을 선택해 상품-고객-채널을 매치시켜 채널을 특화해 나가야 한다. 단순 상품이나 전통적 상품의 판매는 전속 채널이 담당하고 투자자문 기능에 초점을 맞춘 금융 상품은 금융전문가로 양성된 전속 채널이나 비전속 채널을 활용하는 것이 바람직하다. 매우 어려운 과제이지만 전속 채널과 비전속 채널을 어떻게 구축해야 하는지 개괄적인 방향만 제시해 보고자 한다.

그동안 보험산업 규제의 틀은 가치경영을 추구하거나 리스크관리를 제대로 하는 데에는 한계가 있었다. 종래의 3이원(利源)방식 하에서는 유연한 상품개발이 어렵고 종합적인 손익관리에도 한계가 있었다. 종신보험 판매 초기의 과다한 손익으로 인해 보험사의 이익이 과도한 것으로 오인 받아 비차익 또는 사차익이 언론으로부터 커다란 문제점으로 지적받아 왔다.

그러나 기존 생보사의 경우 2000년 이전 보유계약 채무를 현재의 금리로 시가 평가한다면 이차손이 나타난다. 또한 이차, 비차, 사차 등을 모두 포함한 종합손익으로 볼 때 우리나라 생보산업의 ROE(Return on Equity)나 ROA(Return on Asset) 등은 외국에 비해 현저히 낮은 수준이다. 이 점은 최근 상장한 생보사들의 주가가 상승하지 못하는 주요 원인이 되고 있다.

그리고 종래의 EU식 지급여력하에서는 정교한 리스크관리가 불가능하다. 또한 현행의 사실상의 해약환급금식 준비금제도와 7년 상각방식은 경과 기간별 손익구조가 일정하지 않고 초년도에 이익이 집중되어 있어 외형 성장 위주의 경영전략을 추구하게끔 부추기고 있다.

이 책에서는 이러한 문제점을 해소하기 위해 새로운 경영관리 시스템을 어떻게 구축할 것인가를 다루고자 한다.

우리나라 생보산업이 1980~1990년대에 크게 도약했듯이 새로운 10년을 맞이한 2010년대에는 2000년대의 '잃어버린 10년'을 만회하고 새롭게 도약하기를 기대해 본다.

나의 경험이 생보산업 전체를 포괄하는 데는 한계가 있었다. 또한 나는 명예계리사일 뿐 정식계리사가 아니다. 때문에 이를 보완할 수 있는 법무법인 '김&장'의 박상래 위원에게 이 책의 감수를 부탁했다. 실제로 박위원은 이 책 Chapter 08의 상당 부분을 직접 기술하기도 했다. 박위원은 보험개발원에서 오랫동안 보험업계의 상품개발, 위험률 검증 및 경영분석업무를 했었고 금감위나 금감원의 정책수립 업무 프로젝트에도 참여해 왔다. 그러한 폭넓은 경험으로 이 책의 완성도를 높여 주었기에 이 자리를 빌려 심심한 감사를 드린다.

퇴직연금 분야에선 SWS 권병구 대표의 도움이 컸으며, 판매 채널 분야에선 보험연구원 안철경 박사 외 여러 분들의 보고서를 크게 참조했다. 그 외에도 끊임없는 지원과 격려를 아끼지 않았던 많은 선배님들, 동료들과 SIS 임직원 여러분께 감사드린다. 그리고 보험 업계에 입문할 수 있도록 추천해 주신 서울법대 은사인 양순규 교수님을 잊을 수 없다. 끝으로 거의 2년간의 집필 과정을 지켜보며 변함없는 성원을 보내준 아내와 딸 진옥이, 아들 정홍이에게도 감사를 전한다.

지은이 박 현 문

# 차 례

24

# 생명보험

## 걸어온 길, **가야할 길**

## Chapter 01

# 힘들고 어려웠던 외형 경쟁의 시절

## 1. 초고금리 시대와 확정배당

### 인플레이션과 보험에 대한 부정적인 인식

우리나라는 해방 후 줄곧 매우 높은 인플레이션을 경험해 왔다. 1950년대의 인플레이션은 재정금융의 방만한 운영과 수요에 비해 물자 공급이 절대적으로 부족했다. 경제개발계획이 시작된 1962년 이후의 인플레이션은 경제개발 과정에서 나타난 투자와 저축의 갭 때문에 발생한 것으로 인식되고 있다. 또한 1970년대 후반과 1980년대 초반의 인플레이션의 원인으로는 제2차 오일쇼크, 무리한 중화학공업의 육성, 중동경기를 탄 해외로부터의 송금, 박 대통령 사후 정치·사회적 불안 등이 열거되고 있다.[3]

필자는 우리나라의 금리흐름을 크게 3단계로 구분해서 설명하고자 한다. 1982년 6월 28일 이전의 초고금리 시대, 1982년 6월 28일

〈표 1〉 우리나라 금리 변화의 3단계

|  | 초고금리 시대 | 고금리 시대 | 저금리 시대 |
|---|---|---|---|
| 연　대 | 1982년 6월 28일 이전 | 1982년 6월 28일 ~ IMF | IMF 위기 이후 |
| 시중금리 | 최고: 25~30% 수준<br>최저: 13~18% 수준 | 실세금리 12~18% 수준<br>정책금리 8~10% 수준 | 최고: 2008년 5~7%수준<br>최저: 2004년 3~4% 수준 |
| 예정이율 | 12% | 7.5~8% | 3~5% 수준 |
| 상품정책 | · 저축, 연금, 양로보험 위주<br>· 특별배당, 확정배당 활용 | · 저축, 연금, 양로<br>· 질병보험<br>· 세제 혜택 및 배당 활용 | · 종신, CI, 통합보험 중심<br>· 변액보험, 유니버셜보험<br>· 무배당 상품화 |
| 보험인식 | 극히 부정적이었음 | 부정적이었으나 일부 계층에서 긍정적으로 변화하기 시작 | 자산 포트폴리오 중 보험을 중요한 수단으로 고려하기 시작 |

(이하 6·28) 저금리정책으로 금리 인하를 했지만 실세금리가 12% 이상 지속됐던 IMF 이전의 고금리 시대, IMF 경제위기 이후의 저금리 시대로 나누어 볼 수 있다.

6·28 금리 인하 이전의 초고금리기에는 인플레이션이 워낙 심해 보험에 대한 인식이 극도로 나쁠 수밖에 없었고, 중장기 상품 판매는 특단의 배당제도 없이는 불가능할 수밖에 없었다.

6·28 금리 인하 이후에도 은행 수신금리 및 보험사의 예정이율 등 정책금리는 인하했으나 실세금리는 높았던 고금리기였다. 때문에 1988년 배당제도의 본격 실시 이전에는 중장기 상품 판매가 매우 어려운 상황이었다.

IMF 당시는 시중금리가 25~30%까지 치솟았지만 IMF 이후 저금리 시대가 도래한 이후에는 보험에 대한 인식도 많이 개선되고 유지율도 양호해졌다. 또한 보장성 상품인 종신, CI(Critical Illness), 통합보험의 판매와 더불어 변액보험 출시로 보험을 자산 포트폴리오 중 중요한 운용 수단으로 고려하기 시작했다.

내가 생명보험회사(이하 생보사)에 입사한 1979년 말부터 제2차 오일쇼크가 시작되었다. 그 이후 전두환 대통령이 김재익 경제수석을 기용해 과감한 저금리정책을 펼치기 전까지는 은행 정기예금이율이 1979년도에는 18.6% 수준이었으며 1980년에는 24%, 1981년에는 19.5%, 1982년 상반기에는 13~15% 수준의 초고금리 시대였다.

당시 신입사원의 초임봉급 수준은 월 13~15만 원 수준으로 차입금 1,000만 원의 1년 이자에도 모자라는 수준이었다. 이와 같은 고금리기에는 인플레이션이 극심해 봉급생활자의 어려움이 말할 수 없을 정도였다. 때문에 보험에 대한 인식은 매우 부정적이었으며 보험회사 직원에게는 딸도 안 준다는 시절이었다.

### 확정배당제도의 실시 배경

일제하 가입했던 보험이 일본 패망으로 보상받지 못하고 6 · 25 전쟁으로 사망 또는 장해가 되더라도 보상받을 수 없었던 것 때문에 보험에 대한 인식이 좋지 않았다. 또한 고금리 시대에 극심한 인플레이션 때문에 보험 가입은 회의적일 수밖에 없는 상황이었다. 이와 같은 극심한 인플레이션 상황 속에서 보험 상품 판매를 위해서는 특단의 배당제도 실시가 긴요했다.

1965년 10월 정부는 수신금리를 연 15%에서 30%로 대폭 인상했는데, 상대적으로 낮은 예정이율 10~12%를 적용하고 있던 생보 상품의 가격경쟁력은 급속하게 하락하게 되었다.

이에 재무부에서는 생명보험계약자 보호를 위해 1965년 10월 특별배당제도를 도입했다. 이 제도는 1965년 10월 이후 납입되는 보험료에 대해 매년 결산 시에 특별배당 준비금을 적립했다가 보험금 및 해약환급금 지급 시 가산 지급했다.

배당률은 은행 예금금리의 변동에 따라 조정, 적용되다가 1972년 8월 금리가 하향 안정화됨에 따라 동 제도가 폐지되었다. 1972년 8월 특별배당제도 폐지 이후 은행 금리가 재차 상승했고 이에 생명보험 상품의 가격경쟁력이 다시 약화되어 어려움이 많았다.[4]

다행히도 정부가 1977년을 '보험의 해'로 정하고 보험근대화 시책의 일환으로 보험세제 혜택을 신설했다. 그리고 1979년부터는 은행 정기예금이율과 예정이율과의 차이를 배당으로 계약자에게 돌려주는 확정배당제도가 도입되었다.[5]

〈표 2〉 확정배당 보장이율 (정기예금이율 - 예정이율)  (단위: %)

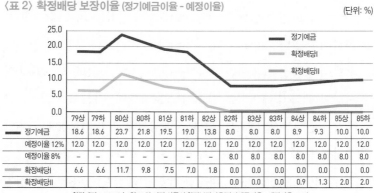

| | 79상 | 79하 | 80상 | 80하 | 81상 | 81하 | 82상 | 82하 | 83상 | 83하 | 84상 | 84하 | 85상 | 85하 |
|---|---|---|---|---|---|---|---|---|---|---|---|---|---|---|
| 정기예금 | 18.6 | 18.6 | 23.7 | 21.8 | 19.5 | 19.0 | 13.8 | 8.0 | 8.0 | 8.0 | 8.9 | 9.3 | 10.0 | 10.0 |
| 예정이율 12% | 12.0 | 12.0 | 12.0 | 12.0 | 12.0 | 12.0 | 12.0 | 12.0 | 12.0 | 12.0 | 12.0 | 12.0 | 12.0 | 12.0 |
| 예정이율 8% | - | - | - | - | - | - | 8.0 | 8.0 | 8.0 | 8.0 | 8.0 | 8.0 | 8.0 | 8.0 |
| 확정배당I | 6.6 | 6.6 | 11.7 | 9.8 | 7.5 | 7.0 | 1.8 | 0.0 | 0.0 | 0.0 | 0.0 | 0.0 | 0.0 | 0.0 |
| 확정배당II | | | | | | | | 0.0 | 0.0 | 0.0 | 0.9 | 1.3 | 2.0 | 2.0 |

- 확정배당 I: 1982년 6월 28일 이전 상품의 확정보장이율(정기예금이율 - 예정이율 12%)
- 확정배당 II: 1982년 6월 28일 이후 상품의 확정보장이율(정기예금이율 - 예정이율 8%)

확정배당은 시중 실세금리를 반영하는 정기예금이율과 보험의 예정이율과의 차이만큼을 계약자에게 돌려주어 인플레이션 헤지(Hedge) 기능을 부여함으로써 보험 상품의 소구력을 제고한 것이었다.

이러한 확정배당제도의 도입으로 '정기예금금리 보장'의 화법으로 중장기 상품 판매에 많은 도움을 주었다. 따라서 1979년 종신연금, 1980년의 원앙보험, 백수보험 등 양로 및 연금 상품이 판매호조를 보였다.

당시 은행 정기예금이 25%일 경우 보험사 예정이율인 12%보다 높은 13%의 확정배당이 발생했다. 이러한 금리가 계속된다는 가정 하에 예시를 해보면 적은 보험료를 내더라도 연금보다 많은 확정배당금이 적립될 수 있었다.

### 백수보험의 컴플라이언스 리스크

그 중에서도 가장 인기가 있었던 백수보험은 6개 생보사를 통해 1980년 2월부터 1982년 6월까지 100만여 명이 가입한 보험 상품이다. 이 상품의 명칭은 백수(白壽, 99세)까지 살라는 의미에서 이 같은 이름이 붙었다.

당시 이 상품은 월 3~9만 원을 3~10년간 납입할 경우 55~60세 이후 사망할 때까지 예정이율 연 12%를 보장했다. 따라서 연간 100만 원의 연금을 10년간 지급받고 확정배당금으로 연간 600~1,000만 원 상당을 추가 지급하도록 설계되었다.[6]

그러나 1982년 6월 28일, 과감한 금리 인하가 단행되어 은행 정기예금이율이 8%로 인하되었고, 보험회사의 예정이율은 12%에서 8%로 인하되었다. 이는 엄청난 변화를 가져오는 대사건이었다.

이로 인해 예정이율이 12%였던 1982년 6월 이전에 판매한 종신연금, 원앙보험, 백수보험 등은 1982년 6월 28일 이후부터 확정배당이 전혀 발생하지 않게 되었다.

은행 정기예금이율이 떨어지면 확정배당이 줄거나 발생하지 않는다는 것을 제대로 안내받지 못하고 확정배당이 많이 발생하리라고 믿었던 고객들은 크게 실망하게 되었다.

'확정배당'이라는 명칭 때문에 고객들의 오해는 더 컸다. 확정배당금이라는 명칭은 회사실적에 따라 배당금이 변동하는 이익 배당금과는 달리 실적과 무관하게 예정이율과 정기예금이율이라는 외적 요인에 의해 배당금이 확정된다는 의미였다. 따라서 확정배당의 명칭은 처음부터 금리차배당으로 명명했어야 했다. 결국 1993년 6월 확정배당을 '금리차보장금'으로 변경했고, 1997년 1월부터 금리차 보장금제도가 이차배당제도에 흡수, 폐지되었다.

2005년까지 유지하고 있던 계약자는 약 10만 명이었다. 확정배당금을 달라며 보험사를 상대로 소송을 제기한 백수보험 가입자는 200~300명, 청구액은 355억 원에 이르렀다. 이들은 민간 소비자단체의 주도로 공동소송을 제기했다. 하지만 법원은 대부분 보험사의 손을 들어주었다.

1심에서 삼성은 유일하게 패소해 확정배당금으로 보험 가입 금액의 10%를 매년 지급하라는 판결을 받게 되었다(2005년 9월 8일). 하지만 항소심과 대법원에서는 계약자 측이 패소했다.

2007년 6월 29일 대법원 상고심에서 재판부는 "보험약관과 안내장을 잘 살펴보면 확정배당금이 없을 수 있다는 것을 가입자들이 충분히 예상할 수 있다"고 했다. 가장 큰 쟁점이던 "시중금리가 예정이율보다 낮을 경우에는 확정배당이 발생하지 않는다"는 사실을 가입자에게 제대로 알려 주었느냐 하는 부분에 대해 "보험모집인들이 확정배당금이 장래 확정적으로 발생할 것이라는 단정적인 판단을 제공했다고 볼 증거가 없다"며 설명의무 위반에 해당하지 않는다는 취지로 판결했다.

재판부는 "1987년부터 시행된 약관규제법은 약관의 명시, 설명의무, 그 의무 위반 시 효과에 관해 규정하고 있다. 하지만 이는 이법 시행 이후에 체결된 계약부터 적용되는 것으로 이전 약관에 의해 체결된 이번 사건의 보험계약은 약관규제법이 적용되지 않는다"고 밝혔다.

### 확정배당제도에 대한 재조명

당시 확정배당은 가격이 자유화되기 전으로 가격(보험료 산출과 배당금)에 관련된 모든 기준을 정부가 결정했다. 보험회사는 정부의 지침을 근거로 보험료 및 준비금을 산출하고 배당금을 지급했다. 그러므로 당시 확정배당금의 취지 및 성격만 보면 금리 인하로 인해 확정배당금이 발생하지 않는 것은 당연하고 명확하다.

다만 금리차를 배당으로 보전해 준다는 것에 판매 전략의 초점이 맞추어져 있어 확정배당금이 변동될 수 있다는 것에 대한 설명이 부족했던 것이 문제였다. 금리가 인하될 경우 배당금이 적거나 없을 수 있다는 설명을 판매 전에 소비자에게 충분히 해야만 했다. 하지만 그 당시 안내장이나 설명서에는 그러한 내용이 작은 글씨로 표시되어 있는 등 계약자에게 이 사실을 알리기 위한 노력이 부족했다.

향후 배당에 대한 예시를 할 때는 시중금리 변화에 따라 배당 금액이 달라질 수 있다는 것을 색상을 달리해 큰 글씨로 표시할 필요가 있다. 이와 같이 1987년 약관규제법 시행 내용대로 고객에게 설명의무를 충실히 이행해야 할 것이다.


한편, 1982년 6월 28일 금리 인하 이후 확정배당이 없어져 고객의 기대수익률은 크게 떨어졌다. 그러나 금리 인하 이후 새로이 가입하는 계약자의 경우와 비교해 보면, 계약을 유지하는 것이 상당히 유리하다는 것을 알 수 있다.

예정이율이 12%에서 8%로 하락함으로써 보험료가 2배 수준으로 인상되었다. 때문에 금리 인하 이전 백수보험 가입자는 보험료를 절반 정도만 내고 동일한 연금액을 보장받는 혜택을 누린다. 백수보험 가입자가 중도해약하지 않고 현재까지 계속 유지하고 있다면 시중 실세금리 4~5% 수준에 비해 훨씬 높은 예정이율인 12%로 준비금의 이자가 계속 불어나게 된다.

이 경우 계약자는 계약을 통해 상당한 이득을 볼 수 있으나 보험회사는 역마진으로 인한 이차손실이 눈덩이처럼 커지게 될 것이다.

그러나 백수보험 가입자의 장기유지율은 그다지 좋지 않았다. 이는 회사 손익 측면에서는 다행한 일이나 계약자 측면에서는 아쉬운 일이었다.


## 2. 6·28 금리 인하 조치의 영향

전두환 대통령의 강력한 저금리정책으로 1980년 한 때 25%까지 치솟았던 은행 정기예금이율이 1982년 6월 28일 8%로 하향 조정되었다(1982년 상반기 중 22%→15%→8%). 보험사 예정이율도 12%에서 8%로 인하되었다. 금리차 배당도 그 빛을 잃었지만, 무엇보다도 예정이율의 급격한 인하는 보험 영업에 큰 어려움을 안겨주었다.

그 이유는 다음 표에서 보는 바와 같이, 정부의 정책금리는 대폭 인하되었으나 실세금리나 인플레이션은 잡히지 않고 보험료만 크

〈표 3〉 연도별 회사채수익률, 정기예금이율, 예정이율 추이     (단위 : %)

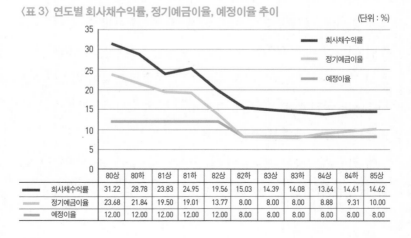

| | 80상 | 80하 | 81상 | 81하 | 82상 | 82하 | 83상 | 83하 | 84상 | 84하 | 85상 |
|---|---|---|---|---|---|---|---|---|---|---|---|
| 회사채수익률 | 31.22 | 28.78 | 23.83 | 24.95 | 19.56 | 15.03 | 14.39 | 14.08 | 13.64 | 14.61 | 14.62 |
| 정기예금이율 | 23.68 | 21.84 | 19.50 | 19.01 | 13.77 | 8.00 | 8.00 | 8.00 | 8.88 | 9.31 | 10.00 |
| 예정이율 | 12.00 | 12.00 | 12.00 | 12.00 | 12.00 | 8.00 | 8.00 | 8.00 | 8.00 | 8.00 | 8.00 |

게 인상되었기 때문이다.

6·28 금리 인하 이후 예정이율이 12%에서 8%로 떨어졌기 때문에 중장기 양로의 경우 보험료가 2배로(5만 3,000원→10만 8,000원) 인상되었다. 연금의 경우도 보험료가 2.4배(17만 원→41만 원) 인상되었기 때문에 보험 상품의 신규 판매가 극히 어려워질 수밖에 없었다. 그 충격은 도저히 감내하기 어려운 수준이었다.

〈표 4〉 상품별 예정이율별 월 보험료 수준비교

(단위 : 천 원)

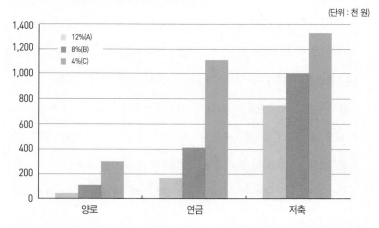

| 예정이율 | | 양로 | 연금 | 저축 | 비고 |
|---|---|---|---|---|---|
| 12%(A) | | 5만 3,000원 | 17만 원 | 74만 9,000원 | 1982년 6월 28일 이전 |
| 8%(B) | | 10만 8,000원 | 41만 원 | 99만 1,000원 | 1982년 6월 28일 이후 |
| 4%(C) | | 29만 7,000원 | 112만 원 | 133만 원 | 2002년 이후 |
| 보험료 수준 | B/A | 2.04배 | 2.41배 | 1.32배 | |
| | C/B | 2.75배 | 2.73배 | 1.34배 | - |
| | C/A | 5.60배 | 6.59배 | 1.78배 | |

양로(사망보험=만기보험금): 20년 만기 10년 납, 남자 35세, 가입금액 1억 원
연금: 남자 35세 가입, 10년 납, 55세 종신연금(10년 보장) 개시 후 월 100만 원 수령 시
저축: 남자 35세 가입, 10년 만기 5년 납, 만기 시 가입금액 1억 원

## 금리 인하 이후 중장기 상품 판매부진에 대한 재조명

6·28(1982년 6월 28일) 금리 인하 이후 보험료가 급격히 비싸져 연금, 양로 등 중장기보험이 잘 팔리지 못한 것을 20년 후인 2002년 9월 이후에 와서 재조명해 보면 생각이 달라질 수 있다.

1982년 6월 28일 이후 보험료가 급격히 비싸졌지만 이 당시에도 계약자 측면에서는 연금보험처럼 장기보험에 가입하는 것은 바람직했다고 볼 수 있다. 왜냐하면 2002년 9월 이후에는 초저금리기로 예정이율이 4% 수준으로 낮아져 예정이율 8%와 예정이율 4%의 보험료 격차는 예정이율 12%와 예정이율 8% 간의 보험료 격차보다 훨씬 컸기 때문이다. 이로 인해 양로보험이나 연금보험 공히 보험료가 2.7배이상 다시 인상되었다(양로 10만 8,000원→29만 7,000원, 연금 41만 원→112만 원).

즉 시중 실세금리가 두 자리 숫자인 시절인 IMF 금융위기 이전까지는 예정이율 8%의 보험은 보험료가 비싸다고 생각했을 것이다. 하지만 금리 인하 이전에는 이차배당으로 보전되었으며 2002년 금리 하락 이후 판단해보면 보험료를 절반 이하 수준에서 가입한 셈이 된다.

반면, 보험회사의 입장에서는 예정이율 8%의 준비금이 늘어나게 된다. 초저금리기 진입으로 시중 실세금리가 3~4% 수준으로 떨어지게 되면 막대한 이차손을 입을 수밖에 없다. 즉, 절반 이하의 보험료만 계속 받고 원래 정해진 만기 보험금이나 연금을 지급해야 하는 책임을 지게 되는 것이다. 따라서 그 당시 연금보험 등 예정이율 8%의 고금리 장기 상품의 판매가 부진했던 것은 다행스러운 일이었다.

## 6·28 금리 인하 조치가 영업에 미친 영향

6·28 금리 인하 조치는 영업에 심대한 타격을 주었다. 금리 인하 이전에 잘 팔렸던 백수보험 등의 연금보험과 원앙보험 등의 양로보험은 보험료가 2~2.4배 인상되어 판매가 거의 불가능한 수준이었다.

6·28 금리 인하 조치는 저금리정책에 관한 당국의 의지가 강해 은행 정기예금 및 보험사 예정이율 등 정책수신금리는 끌어내렸으나 실세금리인 회사채금리나 은행 대출금리는 여전히 높았다. 그만큼 인플레이션도 높았던 상황에서 낮은 예정이율의 중장기보험 판매는 불완전판매가 되기 십상이었고 유지율이 양호할 수가 없었다. 그렇게 어려운 시장 상황 속에서도 보험사 간의 외형 업적 경쟁은 최고조에 달해 높은 업적 목표를 부여했지만 실질적인 중장기보험 판매는 극히 부진할 수밖에 없었다.

또한 업계 각사 간의 경쟁도 극심했다. 당시는 1970년대 이후 우리나라 경제가 고도성장을 거듭하고 있었기 때문에 보험산업도 크게 성장하리라는 전망하에 점포의 대량 증설, 설계사의 대량 도입을 비롯한 외형 계약고 M/S(개인보험 기준) 위주의 양적 경쟁이 치열했다.

예컨대, 당시 보험업계는 1982년 한 해 동안만 점포를 1,480개 이상 증설하고 모집인도 18만 명이나 증원했다. 점포장 자원이 모자라 경력직원을 포함해 신규직원을 대폭 채용했으며 입사 8개월 만에 점포장으로 발탁되는 사례도 있었다. 이와 같은 점포의 대량 증설, 보험모집인의 대량 증원은 업계의 일반적인 경향이었으며 오랫동안 지속되었다.

그러다 보니 보험 영업의 3대 지표라 할 수 있는 정착률, 유지율, 생산성은 매우 열악하고 저조했다. 보험모집인의 선별 도입 및 체계적인 육성시스템 미흡으로 대량 증원, 대량 탈락의 악순환을 반복해 정착률이 매우 낮았다. 또한 보험 및 보험모집인에 대한 인식이 매우 저조한 상태에서 연고 중심의 불완전판매와 더불어 무리한 외형 업적을 추구했다. 따라서 허위가공계약 내지 작성계약이 만연해 유지율이 저조했고, 판매 자료 및 판매 화법 등이 미흡했다. 체계적인 활동관리가 부실해 생산성 또한 저조했던 것도 커다란 문제였다.

이러한 모집인 대량 증원 · 대량 탈락 현상, 부실가공계약의 만연과 보험계약의 조기 실효 · 해약으로 인한 계약자의 피해는 일반 국민들의 보험인식을 더욱 악화시키는 계기가 되었다. 또한 허위가공계약 내지 작성계약으로 인해 점포장 및 간부급 설계사들의 경제적 희생이 월급을 제대로 집에 가져가지 못할 정도로 컸다. 그리고 밤늦게 마감을 하면서 사무직 여사원들의 고초도 말할 수 없이 컸다.

당시에 경쟁사의 보험모집인의 직급별 인원 및 생산성을 비교해 실전력을 분석한 적이 있었다. 경쟁사의 실전력은 당시 상당한 격차가 있었음에도 마감 시에는 대개 업적이 비슷하거나 때로는 나은 경우도 있었다. 도무지 그 원인을 이해하기 힘들어 조사를 해보았다. 그 결과 경쟁사는 아주 적은 보험료로 높은 계약고를 올릴 수 있도록 한 상품 소위 '전략 상품'을 운용해 업적을 올리고 있었다.

그 당시 나는 입사 3년차에 불과했다. 그런 나는 충정에서 경쟁사와 유사한 전략 상품을 운용할 것을 건의했다. 경쟁사와의 외형 업적 경쟁으로 인해 일선 점포장이나 모집인들이 본인계약이나 작성계약 때문에 경제적 희생이 지속된다면 일선조직이 와해될 수 있다고 생각했기 때문이다.

이로 인해 점포장이나 보험모집인들의 무리한 외형 업적 경쟁으로 인한 경제적 피해는 일부 방지할 수 있었다. 그러나 그 이후 감독원 검사 때만 되면 불려가 곤욕을 치뤘고, 모시고 있던 직속 상사와 함께 문책을 당하기도 했다. 지금 생각하면 당시 보험감독원에서 허위가공계약을 근절하기 위해 전략 상품 운용을 중지하지 못한 것에 대해 아쉬움이 있다.

아무리 여건이 어렵다 하더라도 전략 상품과 같은 변칙 상품을 운용해서는 안 된다. 변칙 상품의 운용은 일시적인 어려움을 쉽게 극복할 수 있게 했다. 하지만 그로 인해 제반 업적관리나 평가 시 잘한 지점과 그렇지 못한 지점을 제대로 구분하는 것이 쉽지 않았고 목표에 대한 안이한 인식을 심어주는 원인을 제공했다. 또한 전략 상품 운용을 위한 최소한의 자금 확보 차원에서 설계사의 고정성 수당 지급 판정 기준이 느슨해져 경비의 누수 현상이 일부 발생했다. 그 당시 보험사의 예정이율이 낮아 보험 상품 판매가 지극히 부진했다.

이러한 현상을 단적으로 증명하는 한 예화를 소개하고자 한다. D생명이 1983년도 경영계획을 수립할 당시 실무 부서장은 1983년도 신계약 목표를 공칭계약고 기준 13조 원으로 책정해 보고했다.

당시 최고경영층에서는 계속적인 조직 확충과 표준 활동 수당 신설, 개척 점포 설치 등을 골자로 하는 신외야제도 실시 등을 이유로 1982년도 신계약 업적 17조 원 보다 낮은 목표를 수용할 수 없다고 했다. 이에 재검토 지시가 있게 되었고, 결국은 1983년도 목표를 25조 원으로 책정하게 되었다.

그러나 1983년도 신계약 실적은 13조 원에 머물렀고 그 신계약의 13회 유지율은 26%에 불과했다. 이것이 1983년도 영업여건의 어려움을 증명하는 예화가 되었다. 당시 서울 시내 영업국은 신계약 마감을 똑같이 목표 대비 55%로 마감을 하여 어느 영업국이 잘 하는 것인지 쉽게 알 수 없었다. 최선을 다 했을 때 달성할 수 있는 수준의 목표 책정이 다음 기간에 후유증을 남기지 않으면서 지속 성장을 계속하기 위해 중요한 과제임을 일깨워 주는 사례라 할 것이다.

금리 인하로 인한 영향은 사업비 부문에도 미쳤다. 금리 인하로 인한 보험료 인상을 약간이라도 줄이기 위해 예정사업비 수준을 크게 인하했었다. 특히 예정유지비와 예정수금비를 대폭 인하해 생명보험업계(이하 생보업계)는 큰 폭의 비차손을 피할 수 없게 되었다. 이는 오늘날까지 생보업계의 예정유지수금비가 외국에 비해 낮은 수준으로 이어져 상품의 수익성이 낮은 주원인이 되고 있다.

예정신계약비도 낮게 책정하다보니 설계사 수당을 비롯한 영업 관련 제경비의 삭감이 불가피한 상황이었다. 당시 설계사 자격, 수당, 복리후생제도 업무를 맡고 있던 나로서는 여간 고통스러운 일이 아니었다. 자격제도 운용을 통한 생산성 향상으로 설계사 소득이 하락하지 않도록 많은 노력을 기울였다. 1988년에 가서야 비차손을 면하게 되면서 설계사 복리후생제도의 단계적 확충을 기할 수 있게 되었다.

## 변칙 상품의 출현

금리 인하 조치로 영업이 극히 어려워지자 회사에서는 상품개발을 담당하고 있던 계리인들이 타개책을 모색해주기를 바랬다. 업계 계리인들은 이를 위해 많은 고심을 하게 되었다. 그 결과 탈퇴율 상품 등 특이한 상품이 출현하게 되었다. 그 당시 탈퇴율 적용 상품은, 중도 탈퇴하는 계약에 대해서 해약환급금보다 적은 탈퇴급부금을 지급했다. 대신 만기 시나 특정 회차에서는 수익률이 향상되는 효과가 있었다.

그러나 이러한 상품의 경우 중도 탈퇴하는 계약자는 손해를 보기에 만기까지 유지하는 계약자가 많아지게 된다. 따라서 당초에 설정한 탈퇴율보다는 탈퇴율이 낮아지게 되어 회사가 손해를 보기 십상이었다.

업계공동 상품으로 탈퇴율을 적용한 단기저축성 상품은 회사마다 특별적립, 우대복지, 생활복지, 희망복지 등으로 명칭은 달랐지만 내용은 동일했다.[7] 상품의 특징은 중도 탈락자의 해약환급금 계상 시 페널티를 부과해 해약환급금을 적게 지급하는 것이다. 대신에 만기까지 유지한 계약자에게는 인센티브를 주어 만기 보험금을 많이 지급하는 상품으로 변칙적인 면이 있다. 이 상품은 1993년 3월까지 보험 영업에 크게 기여한 상품이 되었다.

에이스보험은 가입 후 5년이 경과하기 전에 중도탈퇴 시의 페널티율을 크게 설정했다. 대신 5년 시점에서 해약하면 해약환급금을 많이 지급하고 5년 이후에도 유지할 시에는 해약환급금은 낮게 설정하는 등 사실상으론 5년 만기 고수익 저축 상품으로 변칙 운영되었다. 이 상품의 실질 수익률은 시중 실세금리 수준을 넘어 날개 돋친 듯이 판매가 되었다. 그러나 회사는 재무적 손실을 우려해 이 상품의 판매를 급히 중지하게 되었다. 판매 중지 직전에는 이 상품을 가입하려고 하는 계약자가 줄을 섰다고 한다.

당시엔 D생명과 K생명 간의 외형 경쟁이 치열하던 시절이었다. 이 상품은 금리 인하 이후 영업이 크게 부진한 가운데 D생명 상품개발 부서장이 영업 부진을 타개하고자 낸 고육지책의 아이디어였다. 그러나 이로 인해 관련 임원·간부들이 책임을 지고 회사를 떠나게 되었다.

이러한 중도탈퇴형 보험은 만기 환급형 암보험에도 적용되었다. 이 보험은 중도탈퇴 시 환급금을 '0'으로 하는 보험인데, 유지율 개선 등으로 회사의 손익에 미치는 영향 등을 고려해서 판매를 중지했다.

이 당시는 정부의 강력한 저금리정책으로 정기예금금리나 예정이율은 낮았지만, 대출금리 등 시중 실세금리가 높았다. 때문에 탈퇴율 상품의 변칙 운용보다는 시중 실세금리에 연동하는 공시이율제도 및 대출이율 연동형 상품 등의 도입이 필요했던 시기로 판단된다.

예정이율이 8%인데 시중 실세금리는 12% 이상으로 크게 차이가 났다. 이러다 보니 보험사는 외형 확대를 위해 탈퇴율 상품개발과 더불어 수당까지 포함해 수익률을 보장하는 상품을 운용하게 되었다. 이는 보험산업의 외형 성장에 크게 기여했지만 변칙적인 상품 운용으로 보험산업에 대한 부정적인 인식을 초래하기도 했다.

따라서 시중 실세금리에 연동하는 상품을 개발했더라면 변칙적인 상품을 개발해 운용할 필요가 없었고, 영업이 그렇게까지 어렵지 않았을 것이다. 또한 무리하게 예정사업비를 낮추어 상품의 수익성을 장기적으로 떨어뜨리는 우를 범하지 않을 수 있었을 것이다.

## 과당 경쟁 방지를 위한 노력

이와 같은 업계 간의 과당 경쟁을 지양하기 위해 재무부에서는 1981년 11월 26일 '생명보험계약 실효·해약 방지대책(재무부 보일 1233-1204)'을 시달해 지도유지율 기준을 설정했다. 이에 미달 시 점포의 신설을 금지하고 신규모집인의 등록을 금지하는 등 회사별 모집인 총 T/O 규제를 했다. 또한 허위가공계약이 적발될 경우 회사별 자율설치 점포 T/O를 차감하도록 했다.[8] 1986년 5월부터는 대기업 대출 규모 제한과 더불어 모집인 정착률과 연계해 신규등록 T/O제도까지 실시했다.

D생명의 경우 과당 경쟁에 따른 부실계약을 방지하고 개혁의지로 실질성장을 추구하고자 1984년은 3실 증대운동, 1985년은 3대 혁신·3실 도약운동, 1986년은 3대 효율·3대 관리혁신의 해로 정

했다. 당시 3실 증대란 실조직, 실계약, 실소득을 증대한다는 뜻이었다. 3대 효율이란 유지율, 정착률, 생산성을 지칭하며 이를 혁신하기 위한 노력은 계속되었다. [9)

그럼에도 불구하고 생보업계의 외형 계약고 경쟁은 상품별 공칭계약고 산정방법을 변칙적으로 악용하는 사례, 보유계약의 공칭계약액을 소급해 조정하는 사례 등으로 발전했다. 이는 1988년 환산효율성적제도의 업계 공동 도입 실시와 공칭계약액 산정 기준 통일시까지 계속되었다.

업계의 대량 증원 대량 탈락은 시장 개방 시기와 맞물려 신설사의 대량 증원 및 스카우트 경쟁으로 인해 IMF 직전까지 지속되었다. 우리나라 모집인제도는 일본업계를 본받은 것으로 일본과 비슷한 전철을 밟아왔다. 일본은 2차 대전 후 전쟁미망인을 비롯한 가정주부 등 여성 노동력을 활용했기 때문에 대량 증원, 대량 탈락의 역사가 계속되었다. 정착률이 낮은 것은 생명보험 세일즈가 어려운데다 신인교육 체계가 미비한데도 그 원인이 있었다.

당시 당국에서도 정착률 개선을 위한 총 등록인원 T/O제도 및 신규등록인원 T/O제도 등에 대한 지침을 시행하기도 했다. 하지만 일본처럼 업계 전체에 걸친 모집 체제 3개년 계획 등 체계적인 정착률·유지율 향상을 위한 대책이 추진되지 못했다. 대량 증원을 지양하기 위해 익월등록제도[10)를 도입했으나, 오히려 시장 개방으로 인한 스카우트 경쟁에 휘말리면서 대량 증원, 대량 탈락은 IMF 직전까지 심각한 수준에 이르렀다.

〈표 5〉 연도별 증원 · 탈락인원 추이

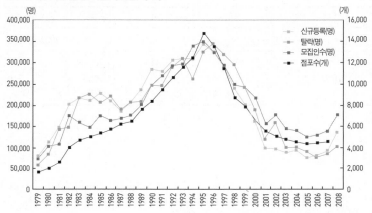

　　IMF로 인한 많은 신설사의 도산, 기존사의 구조조정으로 인한 점포수 축소와 함께 증원인원 규모가 줄어들기 시작했다. 저금리 시대 도래 후 보험사들이 내실경영으로 돌아서면서 증원인원 규모가 크게 줄었다. 2001~2002년 저능률 모집인의 대량 해촉 후인 2003년 이후에는 탈락인원 규모가 안정화되기 시작했다.

　　일본의 경우에도 1970년 중반까지는 정착률이 크게 부진했다. 하지만 1976년부터 모집 체제 정비계획을 다섯 차례 이상 진행해 정착률 및 유지율이 크게 향상되었다. 특히 대량 등록 억제와 도입 후 육성에 철저를 기하기 위해 실시한 신인등록 T/O제, 기간 직원 육성률관리는 일본의 신인 도입, 육성 체계의 큰 근간을 이루어 왔다.

〈표 6〉 일본의 모집 체제 3개년 계획의 개요

|  | 제1차 | 제2차 | 제3차 | 제4차 | 제5차 |
|---|---|---|---|---|---|
| 기간 | 1976~1978년 | 1979~1981년 | 1982~1984년 | 1985~1987년 | 1988~1990년 |
| 주요 내용 | 신규등록 T/O제 실시 | 일본 경제 저성장으로 지표개선 미흡 | 13차 월차 전업모집인 재적률 신설 | 보험료 인하 일시납 양로 판매 | 기간직원 육성률 20% |

## 3. 보험수지차 영업

### 보험수지차 중심의 영업 추진 배경

6 · 28 금리 인하 조치 이후 수신금리인 보험사의 예정이율이나 은행의 정기예금이율은 낮았지만, 자금 수요가 많은 자금부족 시대였기에 회사채금리나 대출금리 등 시장실세금리가 높은 시기가 지속되었다. 때문에 자금만 끌어오면 자산 운용에는 문제가 없었고 신계약분 예대마진(회사채 AA⁻ 수익률 － 은행 정기예금 또는 예정이율)은 상당히 큰 수준이었다.

한 두 해를 빼고는 신계약분 예대마진이 5% 이상 유지되었던 1980년대부터 1992년까지는 보험수지차 확대 요구가 클 수밖에 없었다. 이러한 요구는 1993년 이후 다소 둔화되었다가 IMF 금융위기 하 유동성 위기에서는 보험수지차 확대 요구가 극에 이르렀다.

1980년대에는 자산 운용 여건이 매우 좋았다. 생명보험사의 수지차 중심의 영업과 함께 생명보험사의 보유자산이 급속히 커지면서 1980년대 생보업계의 총 자산도 1980년 말 약 1조 원에서 1990년

〈표 7〉 연도별 신계약분 예대마진(회사채수익률 - 정기예금금리 or 예정이율)

(단위 : %)

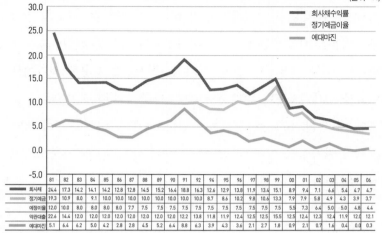

| | 81 | 82 | 83 | 84 | 85 | 86 | 87 | 88 | 89 | 90 | 91 | 92 | 94 | 95 | 96 | 97 | 98 | 99 | 00 | 01 | 02 | 03 | 04 | 05 | 06 |
|---|---|---|---|---|---|---|---|---|---|---|---|---|---|---|---|---|---|---|---|---|---|---|---|---|---|
| 회사채 | 24.4 | 17.3 | 14.2 | 14.1 | 14.2 | 12.8 | 12.8 | 14.5 | 15.2 | 16.4 | 18.8 | 16.3 | 12.6 | 12.9 | 13.8 | 11.9 | 13.4 | 15.1 | 8.9 | 9.4 | 7.1 | 6.6 | 5.4 | 4.7 | 4.7 |
| 정기예금 | 19.3 | 10.9 | 8.0 | 9.1 | 10.0 | 10.0 | 10.0 | 10.0 | 10.0 | 10.0 | 8.7 | 8.6 | 10.2 | 9.8 | 10.6 | 13.3 | 7.9 | 7.9 | 5.8 | 4.9 | 4.3 | 3.9 | 3.7 | | |
| 예정이율 | 12.0 | 10.0 | 8.0 | 8.0 | 8.0 | 8.0 | 7.7 | 7.5 | 7.5 | 7.5 | 7.5 | 7.5 | 7.5 | 7.5 | 7.5 | 7.5 | 7.5 | 5.5 | 7.3 | 6.4 | 5.0 | 5.0 | 4.8 | 4.4 | |
| 약관대출 | 22.6 | 14.4 | 12.0 | 12.0 | 12.0 | 12.0 | 12.0 | 12.0 | 12.0 | 12.0 | 12.2 | 13.8 | 11.8 | 11.9 | 12.4 | 12.5 | 12.5 | 15.5 | 12.5 | 12.4 | 12.3 | 12.4 | 11.9 | 12.0 | 12.1 |
| 예대마진 | 5.1 | 6.4 | 6.2 | 5.0 | 4.2 | 2.8 | 2.8 | 4.5 | 5.2 | 6.4 | 8.8 | 6.3 | 3.9 | 4.3 | 3.6 | 2.1 | 2.7 | 1.8 | 0.9 | 2.1 | 0.7 | 1.6 | 0.4 | 0.0 | 0.3 |

말 약 31조 원으로 31배(연 평균 41%) 증가되었다. 1990년대에는 IMF 이전까지만 하더라도 자산 운용 여건이 양호해 2000년 말까지 약 120조 원으로 연 평균 15%가 증가했다.

〈표 8〉 연도별 수입보험료, 환급금, 자산의 증가율

(단위 : 억 원)

| | 1980년 | 1985년 | 1990년 | 1995년 | 2000년 | 연평균 증가율 | |
|---|---|---|---|---|---|---|---|
| | | | | | | 1980→1990년 | 1990→2000년 |
| 수입보험료(A) | 6,040 | 5조 5,560 | 16조 440 | 35조 2,880 | 51조 6,540 | 39% | 12% |
| 환급금 (B) | 820 | 1조 4,070 | 6조 2,580 | 16조 8,860 | 28조 5,250 | 54% | 16% |
| 환급률 (B/A) | 13.6% | 25.3% | 39.0% | 47.9% | 55.2% | - | - |
| 자 산 | 9,890 | 6조 9,220 | 31조 20 | 69조 6,770 | 120조 7,300 | 41% | 15% |

### 보험수지차 영업을 위한 상품개발

6·28 금리 인하 이전에는 정기예금이 실세금리에 가까워 정기예금이율을 보장하던 확정배당제도로써도 상품경쟁력이 충분했다. 하지만 6·28 금리 인하 이후에는 정책적으로 은행 정기예금이율을 실세금리보다 낮게 운용했다. 때문에 은행 정기예금과 동일한 예정이율 8% 상품으로서는 상품소구력이 없어 수지차 영업전개가 불가능했다. 이에 탈퇴율 상품과 금리연동형 저축보험이 출시되었다.

탈퇴율 상품은 예정이율 8% 상품이었으나 중도탈퇴급부금을 작게 설계하는 대신 만기 시 수익률을 높인 변칙적인 상품이었다. 이는 1983년부터 보험회사의 주력 상품으로 3~5년 저축성 월납과 1년형 상품으로 운용되면서 보험회사 수지차 개선에 많은 기여를 했다.

이 업계 공동의 탈퇴율 적용 상품은 특정 회차인 13회차의 환급금률을 높게 설정했다. 때문에 1989년부터 1년형으로(연납 가입 후 13회 월납 변경 후 해약) 변칙 운영되면서 고액의 단기 부동자금 확보에 기여한 상품으로 1993년 3월까지 10여 년간 판매되었다. 1988년 회계연도 중에는 개인보험의 수입보험료 중 64.7%까지 차지하는 등 생보업계의 주력 상품이 되었다.[11]

이 상품은 만기수익률의 경쟁력을 확보하기 위해 탈퇴급부금을 계단식으로 설계함으로써 수익률 차가 다른 회차보다 큰 부분이 발생해 해약이 13회, 25회 등 특정 회차에 편중되었다. 이로 인해 수

| | 1982년 | 1983년 | 1984년 | 1985년 | 1986년 | 1987년 | 1988년 | 1989년 | 1990년 |
|---|---|---|---|---|---|---|---|---|---|
| 수 보 | 771 | 4,413 | 8,840 | 1조 4,583 | 2조 4,915 | 2조 9,865 | 3조 8,454 | 3조 6,941 | 2조 7,676 |
| 점유율 | 6.3 | 27.1 | 42.7 | 47.3 | 55.0 | 53.0 | 64.7 | 38.9 | 23.0 |

※ 점유율은 탈퇴형 상품 수입보험료의 개인보험 총 수입보험료에 대한 비율

지관리에 문제가 발생했으며 해약식 준비금이 아닌 탈퇴급부금 지급액을 준비금으로 계상함으로써 준비금관리 및 생보사 손익관리 면에서 비합리성이 노출되었다.

이에 따라 1987년 3월 재무부는 '보험료 산출 기준 및 상품개발 지침개정(재무부 생보 22330-199)'을 통해 동 상품의 판매를 1990년 3월 31일까지 중단토록 조치했다. 그러나 보험업계의 건의로 1993년 3월 31일까지 판매기한을 연장하게 되었다.[12]

우리나라는 보험역사가 짧지만 금리연동형 저축보험이 다양하게 비교적 빨리 출시되었다. 1983년의 투자수익보험은 대출금리연동형으로, 1987년 노후설계연금은 정기예금연동형으로, 1987년 가정복지보험은 약관대출금리연동형 상품으로 개발되었다.

2000년대 이후 초저금리기가 도래했을 때에도 2000년 이전에 판매한 보험기간은 짧지만 보험료가 큰 저축성보험은 금리연동형으로 개발했기 때문에 이차 리스크가 크지 않았다. 일본이 일시납 양로보험을 확정금리 6.5% 수준으로 개발해 막대한 이차손을 입었던 것과는 대조가 된다.

다만, 당시엔 시중금리보다 현저히 낮은 예정이율을 사용해 판매

〈표 10〉 보험수지차 영업의 핵심 상품

| | 상품구조 | 활용 |
|---|---|---|
| 탈퇴율 상품 | · 예정이율은 8%였으나 탈퇴율 사용으로 만기 시 수익률 제고<br>· 특정 회차(13회) 수익률이 높아 1년형 상품으로 운용 | · 3~5년 저축성 월납 상품과 1년형 목돈거치형 상품으로 활용 |
| 투자수익보험 | · 대출금리연동형 상품으로 개발<br>· 통장식 자유입출금 기능 부여 | · 일시납 상품으로 주로 판매<br>(1년형 목돈거치형으로 활용) |
| 노후설계 연금보험 | · 은행 정기예금 +1.5%<br>· 저축과 투자를 분리해 보장을 최소화하여 수익률 제고 | · 연금보다는 주로 5년 저축성 월납으로 활용<br>(보험차익 비과세가 5년인 점을 부각) |
| 가정복지보험 | · 약관대출금리연동형 상품으로 개발 | · 주로 3~5년 일시납으로 활용<br>(탈퇴율 상품 판매 중지에 대응) |

가 어려웠던 보장성보험이나 금리확정형 연금보험에는 예정이율 7.5~8.5%가 적용되었는데, 2000년 이후 많은 이차손 발생의 주된 원인이 되었다.

보험수지차 확대 중심의 영업은 저축성 상품 판매에 집중하게 되었다. 3~5년 월납 상품을 주력으로 판매했지만 일시납 등 목돈자금의 유치에도 눈을 돌리게 되었다.

그동안 보험회사는 월납 계약 중심으로 신계약과 초회 보험료, 유지율과 지속 보험료관리에 중점을 두어왔다. 고액계약자 중심으로 목돈자금을 유치하기 위해 교보생명은 1982년 8월 '자유설계 투자수익보험'을 개발했다. 이는 은행처럼 자유입출금 기능을 부여해 통장에 잔고를 명기하는 상품이다. 이 상품은 투자 보험료와 보장 보험료를 분리시킨 후 투자 보험료에 대해서는 회사가 운용하는 주식·

채권투자 수익률 또는 대출투자 수익률로 이자를 계속 붙여나가 가입자에게 지급하는 일종의 유니버설보험인 선진형 상품이었다.[13]

은행업계의 이의제기에 따라 1984년 4월에는 보장을 가미한 '투자수익연금부 부부금슬보험' 을 판매했다. 이 상품은 보장은 거의 강조되지 않고 투자 중심으로 판매되었는데 고소득층 시장을 공략하는 데 기여했다. 이 당시만 하더라도 장기 자금보다는 단기 자금이 많았기 때문에 거치기간이 3~5년인 일시납보다도 1년형 상품이 시장에서 인기가 많았다. 보험수지차 확대 요구가 커지면서 단기 부동자금의 유입 필요성이 증대되었기 때문에 고수익을 제공하는 1년형 상품으로 주로 운용되었다.

이러한 금융형 상품은 단기적으로는 수입보험료 증대에 적잖은 기여를 했다. 다만 장기 유지를 꺼리는 고객의 성향에 대한 대응책 미비로 인해 유지율이 저조하고 수지차의 지속 증대에는 한계가 있었다. 이에 1988년부터는 거치기간 확대 등 완전판매를 위해 노력했다.[14]

은행의 연금형 장기신탁 상품인 노후생활연금신탁 판매에 대응해 1987년 업계 공동으로 노후설계 연금보험을 개발·판매했다. 이 상품은 당시 생보사의 대고객신뢰도를 감안해 은행의 금리 변화에 연동되도록 부리이율을 '1년 만기 정기예금이율 +1.5%' 로 했다. 또한 저축과 보장을 분리해 보장을 최소화하고 수익률을 극대화한 상품으로 납입 보험료 규모에 관계없이 보장을 일정하게 고정시킴으로써 고액일수록 수익률이 높아지도록 설계되었다.[15]

<표 11> 노후설계연금의 판매 추이[16]                     (단위 : 억 원, %)

| | 1987년 | 1988년 | 1989년 | 1990년 | 1991년 | 1992년 | 1993년 |
|---|---|---|---|---|---|---|---|
| 노후설계연금(A) | 7,847 | 2조 1,541 | 4조 835 | 6조 2,541 | 8조 2,572 | 8조 4,334 | 5조 271 |
| 개인보험(B) | 5조 9,402 | 7조 7,341 | 9조 4,971 | 12조 333 | 15조 1,405 | 18조 4,185 | 19조 8,874 |
| A / B | 13.2 | 27.9 | 43.0 | 52.0 | 54.5 | 45.8 | 25.3 |

또한 이 상품은 종래의 단기 저축성 상품보다 월등히 높은 예정사업비가 부가되어 설계사 및 판매 일선에 대한 시책 등을 통해 판매 동기를 유발했다. 당시 보험차익 비과세 기간이 3~5년인 점을 이용해 연금 지급보다는 대부분 3~5년 중심의 단기 저축성 상품으로 판매됨으로써 판매실적이 높았다.

또한 1987년 10월 탈퇴형 상품 판매 축소에 따른 수지 악화를 방지하기 위해 가정복지보험이 개발·판매되었다. 그 후 1990년 3월 새가정복지보험으로 변경인가되었다.[17] 이 상품은 약관대출금리연동형 상품으로써 1993년 3월 탈퇴형 상품 판매 중지에 대응, 1년형 상품이 아니라 3~5년 일시납 중심으로 운영되었다.

### 보험차익 비과세의 효과[18]

1980년대 보험수지차 중심의 영업에 크게 기여한 것이 보험차익 비과세였다. 주식양도차익에 대해서는 아직도 비과세하고 있듯이 1990년 이전에는 보험차익에 대해서 일체 과세하지 않아 고소득층 고객들로부터 큰 호응을 받았다.

하지만 1991년부터 3년 미만 유지계약을 대상으로 보험차익에도 과세하게 되었다. 그 이후 1996년 초부터 5년 미만 유지계약에 대해 보험차익 과세를 실시하면서, 연간 금융소득합계 4,000만 원 초과분에 대해 종합과세를 실시하게 되었다. 그리고 더 나아가 1996년 5월 13일부터는 7년 미만 유지계약도 과세하게 되었다.

그러나 1998년 4월 1일 IMF 사태로 인해 금융종합과세가 유보되면서 보험차익 과세도 1996년 1월과 같은 5년 미만 유지계약에 대한 보험차익 과세로 환원되었다. 2001년 1월 금융위기 상황을 벗어나면서 금융종합과세의 부활과 함께 7년 미만 유지계약에 대한 보험차익 과세제도가 복원되었다.

2004년부터 10년 미만 유지계약에 대한 보험차익 과세가 실시되어 현재 10년 이상 유지계약에 대한 보험차익 비과세가 실시되고 있다. 대부분의 만기가 종신인 종신보험과 CI보험, 80세 만기인 건강보험은 물론, 10년·20년 이상 유지 후 지급 개시 시기가 도래하는 연금보험 등의 판매활성화에 보험차익 비과세는 큰 강점이 되고 있다.

2000년 이전까지는 보험차익 과세가 확대될 때마다 절판화법으로 막대한 규모의 일시납보험이 판매되었다. 그러나 2001년 이후 초저금리기에 진입했기 때문에 금리 리스크가 큰 일시납은 판매를 장려하지 않아 업적이 크게 감소했다. 그러나 최근 변액연금보험 판매활성화와 방카슈랑스 채널을 통해 일시납이 다시 증가하고 있다.

보험차익 비과세제도가 점차 축소되어 10년 이상 유지계약에 대해서만 인정되게 된 것은 중장기 보장성 상품 확대와 10년 이상 연금, 저축보험 활성화로 경영의 장기적인 안정성을 추구하게 된 계기가 되었다고 판단된다.

### 보험수지차 영업의 장단점

보험수지차 중심의 영업은 보험사의 급성장에 기여해 자산 규모가 대폭 증가했다. 또한 당시 예대마진이 커서 순보식 준비금을 100% 적립하고도 이익이 많이 발생했다.

투자 부문에서 보면 단기 저축성 상품, 그 중에서도 1년형 상품은 자금부족 시대에 시중 부동자금을 최대한 끌어오는 데에 필요한 상품이었다. 다만 영업 부문에서 작년과 동일한 보험수지차를 확보하기 위해서는 작년 판매량보다 10~15% 많은 판매량을 계속 유지해 나가야 하는 부담이 있었다.

이 시기는 수신금리보다 시중 실세금리가 높았기 때문에 실효·해약률이 매우 높았던 시기여서 해약환급금이 계속 증가 추세에 있었다. 때문에 해약환급금이나 만기보험금, 사고보험금, 사업비 등의 증가분 합계만큼 더 판매하지 않으면 보험수지차는 역신장하게 되었다.

이러한 연유로 보험영업 부분의 관리 항목 및 평가 항목에 과거의 수입보험료에서 지급보험금과 사업비를 뺀 보험수지차를 1986년부터 중점적으로 반영하기 시작했다. 보험수지차 평가의 폐단은 임의 약관대출, 사채 활용 등에 따른 대형 금융사고의 원인이 되기도 했다. IMF 당시에는 더욱 절박한 상황이어서 보험수지차에서 약관대출 증가분을 공제한 자금수지차를 관리하기도 했다.

이 같은 수지차 중심의 영업체질이 심화되면서 보험 본연의 중장기 보장성 상품 판매가 소홀해 장기적인 이익경영이 저조해졌다. 다행히 1988년부터 중장기 상품의 성적을 상품의 부가가치와 유지율에 따라 비례 계상하는 환산효율성적제도의 도입, 계약자 이익배당 실시 등으로 중장기 상품의 판매가 증가되기 시작했다. 다만 수지차 중심의 영업으로 중장기 상품 판매 활성화에는 한계가 있었다.

당시 황학수 삼성생명 사장은 1993년도에 보험수지차 역신장을 감수하고 1년형 판매를 중지하는 과감한 결단을 한 바 있었다. 1년형 상품을 판매 중단하는 대신 가정복지 일시납 3~5년 상품을 중심으로 대체했다. 이는 보험 본연의 상품인 중장기 상품 판매 확대에 보다 집중함으로써 경영효율을 제고하고 종합적인 손익 개선은 물론 설계사의 실질적인 소득 향상에도 기여했다.

특히 보유자산을 매각해야 할지도 모르는 보험수지차 역신장 리스크를 감수하면서 1993년 1년형 금융 상품 판매를 중지하고 중장기 상품 판매 확대에 매진했던 것은 매우 바람직한 일이었다.

## Chapter 02

# 생보업계 고도성장의 비밀

우리나라 생보업계는 이러한 역경을 극복하고 생명보험산업(이하 생보산업) 규모 면에서 세계 7위에 랭크되었다. 1975년부터 1995년까지 20년간 국민소득이 39배로 연평균 20%씩 증가한데 비해 수입보험료는 535배로 연평균 37%씩 증가함으로써 GDP 대비 수입보험료의 비율이 0.6%에서 8.6%까지 확대되어 1인당 수입보험료가 연평균 35%씩 증가한 것이다.

앞에서 서술한 '점포의 대량 증설, 모집인의 대량 증원'과 수지차 중심의 영업 등 외형 위주의 경쟁으로 여러 가지 부작용과 문제점도 있었지만, 그것이 고도성장의 큰 견인차 역할을 한 것은 부정할 수 없다. 즉, "양(量) 속에 질(質)이 있다"라는 말처럼 대량 증원된 사람들 중 역경을 딛고 최고의 전문모집인이 된 훌륭한 인재들이 고도성장의 큰 원동력이 된 것이다. 그러나 지속적인 고도성장을 위해서는 모집인조직의 질적 레벨 업과 제반 경영효율을 개선하기

〈표 12〉 한국 생보산업의 발전 추이

| | 단위 | 1975년(A) | 1980년 | 1985년 | 1990년 | 1995년(B) | B/A | 연평균 성장률 |
|---|---|---|---|---|---|---|---|---|
| 모집점포수 | 개 | 919 | 2,010 | 5,404 | 8,344 | 13,661 | 15배 | 14.4 |
| 모집인수 | 명 | 3만 6,651 | 8만 6,217 | 17만 2,575 | 24만 5,794 | 34만 9,206 | 10 | 11.9 |
| 1인당 보험료 | 원 | 1,900 | 1만 6,000 | 9만 8,000 | 37만 4,000 | 79만 2,000 | 417 | 35.2 |
| 세대가입률 | % | 24.1 | 26.9 | 34.5 | 40.3 | 57.8 | 2.4 | 4.5 |
| 신계약 | 억 원 | 1조 1,910 | 10조 390 | 69조 1,290 | 238조 8,860 | 672조 9,260 | 565 | 37.3 |
| 보유계약 | 억 원 | 1조 1,260 | 11조 3,780 | 79조 6,440 | 361조 7,240 | 1,198조 7,370 | 1,064 | 41.7 |
| 수입보험료 | 억 원 | 660 | 6,040 | 3조 9,870 | 16조 2,440 | 35조 2,880 | 535 | 36.9 |
| 자산 | 억 원 | 1,050 | 9,890 | 6조 9,220 | 31조 20 | 69조 6,770 | 664 | 38.4 |
| GDP | 억 원 | 10조 4,780 | 39조 1,100 | 85조 6,990 | 191조 3,830 | 409조 6,540 | 39 | 20.1 |
| 수보/GDP | % | 0.6 | 1.5 | 4.6 | 8.5 | 8.6 | 14 | 14.2 |
| 1인당 연간 | 만 원 | 29 | 101 | 205 | 446 | 905 | 31 | 18.8 |
| 국민소득 | 달러 | 607 | 1,660 | 2,355 | 6,303 | 1만 1,735 | 19 | 16 |

※ 1995년 세대가입률은 1994년 수치이며 2005년 세대가입률은 2006년 수치로 기재

위한 다양한 노력이 있었기에 가능했다는 것도 빼놓을 수 없다.

단체보험에 있어서 우리나라 생보업계의 모집인은 남성 중심으로 발달해 왔다. 하지만 개인보험은 일본과 마찬가지로 여성 중심이었다. 그 중에서도 가정주부들이 가사를 돌보면서 모집 활동을 병행하는 경우가 많았다.

모집인조직의 질적 레벨 업은 이러한 부업 중심의 모집인에서 탈피해 어떻게 전업 고능률 모집인으로 육성하느냐가 관건이었다. 이를 위해서는 우수 신인 확보, 육성시스템 정비, 모집인의 고능률화 및 전문화가 요구되었다.

한국 생보산업의 고도성장의 비결을 7가지 관점에서 조명하고자 한다.


## 1. 환산효율성적제도의 도입

그동안 많은 폐해를 가져왔던 비효율적인 외형 계약고 위주의 경쟁을 지양하고 환산효율성적제도의 도입에 의해 내실 위주의 경영구조를 확립하게 된 것이다.

1980년 중반까지 보험업계는 경쟁사와의 M/S 경쟁이 극심해서 이른바 '작성계약'이 만연했다. 당시 업계는 회사 간 월말 업적 마감속보를 교환했는데 M/S 산정의 기준이 공칭계약고였다. 때문에 아주 적은 보험료로 높은 계약고를 계상할 수 있는 상품으로 공칭계약고를 부풀리기 위해 작성계약이 극에 달하는 등 과당 경쟁이 이루어지고 있었다.[19]

이러한 현상은 우선 일선 영업 관리자나 모집인에게 경제적 피해가 돌아갈 뿐 아니라 회사의 입장에서도 사업비관리상 문제점이 있는 등 내실경영에 지장을 초래하게 되었다. 무엇보다 고객들이 생명보험 자체에 대한 신뢰를 잃어버린다는 점이 심각한 문제였다.[20]

공칭계약고 및 단기회차 유지율 중심으로 신계약 부문을 평가하면 누가 잘 하고 있는지 제대로 알기 어려웠다. 또한 설계사에 대한 평가나 수당 지급에 있어서는 상품의 부가가치와 효율을 보다 정교하게 반영해야 할 필요가 커지고 있었다.

나의 입사 초기에는 제반 업적 평가, 보험료 산출, 설계사의 자격 및 수당 체계의 기준이 된 것은 공칭계약고, 표정계약고, 수정계약고의 세 가지였다. 보험료 산출이나 예정사업비 부가는 표정계약고(기준계약고)를 기준으로 이루어졌다. 공칭계약고는 사망보험금이나 만기보험금(중도환급금 포함) 중 큰 금액을 기준으로 산정하게 되어 있었다.

점포장의 업적 평가나 대외 통계자료로는 공칭계약고를 사용했다. 한편 모집인에 대한 자격 심사 및 수당 지급 기준에는 수정계약고를 사용했다. 수정계약고는 표정계약고를 표정계약고 1만 원당(當) 월납보험료로 수정한 금액이었다.

---

**수정계약고 = 표정계약고 × 1만 원당 월납보험료/100**

(단, ① 1만 원당 월납보험료가 100을 초과하는 경우, 100으로 간주

② 단기 저축성 상품의 경우에는 1만 원당 월납보험료를 50으로 간주)

---

설계사의 수당은 모집수당과 신계약기본수당, 성과수당, 장려수당, 집금수당 등으로 구성되었다. 모집수당을 제외한 신계약 관련 제반수당은 수정계약고에 비례해, 집금수당은 2회 이후 보험료 수금실적에 비례해 지급되었다.

모집수당은 상품별 모집수당 분급표에 의해서 책정되어 지급되었다. 모집수당 분급표는 해당 상품의 1만 원당 보험료별로 모집수당 지급재원 범위 내에서 만들었다.

**모집수당 지급재원**

= 영업보험료 - 해약환급금 - 예정유지·수금비 - 신계약 관련 제반수당 및 경비

당시의 계약고 계상방법은 외형 업적 경쟁을 부추기는 한계가 있었다.

첫째, 대외 통계자료와 점포장 업적 평가를 공칭계약고 기준으로 했기 때문에 중간·월말 마감 시 공칭계약고 목표달성을 위해 무리한 업적 푸쉬(Push)가 상존했다. 또 공칭계약고 확보를 위한 지나친 외형 경쟁은 부실가공계약이 만연하게 된 원인이 되었다. 나중에는 변칙적인 공칭계약고 산정 등 그 폐해가 심화되고, 공칭계약고 계상방법을 소급해서 변경하는 사례까지 발생하면서 공칭계약고 산정에 대한 불신은 깊어 갔다.

둘째, 공칭계약고는 상품별 부가가치가 제대로 반영되어 있지 않아 이를 기준으로 한 평가로는 실질적인 회사 이익 기여도를 평가할 수 없었다. 뿐만 아니라 공칭계약고당 보험료가 낮은 부실계약을 조장할 우려가 컸다. 실제로 판매 상품 중 공칭계약고당 보험료 수

준이 가장 낮은 상품에 부실계약이 집중되었고 장기 유지율은 매우 저조했다.

셋째, 공칭계약고는 초회에 일시 계상 이후 유지가 안 될 경우에도 이를 환수하는 시스템이 없었다. 따라서 점포 간 업적 경쟁이나 시책 획득을 위해 자발적인 부실계약이 만연할 수밖에 없었다. 유지율을 별도 평가해 반영하고 있었으나 2회, 4회, 6회 등 단기 유지율 평가였기 때문에 저보험료계약으로 유지율을 조작하는 사례까지 발생했다.

사실상 장기 유지 회차의 유지율관리는 점포장의 잦은 이동, 유지율 산출 시점의 장기화 등으로 평가나 경비 집행에 반영하기 어려웠다.

넷째, 수정계약고의 경우에는 초회 일시 계상한 후 성적환수제도가 확립되어있지 않았다. 또한 단기 저축성 상품에 유리한 성적 계상방법이었기 때문에 중장기 보장성 상품 활성화를 방해하는 요소가 되고 있었다.

필자는 입사 초기부터 설계사자격, 수당, 복리후생제도의 운영 등 외야관계제 경비 지급 기준 설정과 사업비관리를 담당하고 있었다. 따라서 이러한 문제를 해결하기 위해서는 계약액 산정, 즉 성적제도를 개선해야 한다는 생각을 갖게 되었다. 즉 상품의 부가가치의 척도인 예정신계약비와 유지율에 비례하는 성적 계상이야말로 합리적인 수당·경비 집행과 제대로 된 평가를 담보할 수 있다는 확신을 가진 것이다. 이런 확신을 가지고 회사의 중기 계획인 'BIP

30' [21])과 'MIT 11' [22])에 환산효율성적제도의 도입을 반영했다. [23])

우선 1986년 특수 점포인 리젤팀의 제반 규정에 환산효율성적제도를 시범 도입한 후, 업계 공동 도입을 위한 많은 노력을 했다. 필자는 환산효율성적제도의 도입이 필요하다는 것을 재무부에 건의했다. 회사 간 무리한 외형 경쟁을 지양하고 건전한 영업 풍토를 조성하기 위해서이다. 재무부에서도 제도의 취지를 충분히 이해해 업계 공동 도입이 가능하도록 지원한 것은 매우 기쁜 일이었다.

그러나 당시 협회주관으로 6개 생보사 영업기획과장이 모여 이제도를 공동 도입하는 것은 매우 어려운 일이었다. 반대하는 회사도 있었기 때문에 서로 다른 의견을 조정하는데에는 거의 1년이란 시간이 걸렸다. 하지만 인내심을 갖고 설득한 끝에 최종적으로 합의에 이르렀다.

환산효율성적제도 도입으로 점포의 업적이나 설계사 수당의 근간이 되는 성적 계상 시 단기 저축·양로보험보다는 부가가치가 높은 중장기 상품을 우대했다. 또한 조기 실효·해약 시 성적 환수와 유지 회차에 따른 성적의 분할 계상 등으로 점포장이나 설계사들이 중장기 상품 판매를 확대하고 유지율을 개선하려고 노력했다. 이런 노력이 지속되어 설계사의 소득 향상과 더불어 회사의 손익도 크게 개선되는 경영의 선순환구조를 확립하게 되었다.

환산효율성적제도의 핵심 성공요인은 첫째, 상품의 예정사업비 재원에 비례해 환산성적을 책정함으로써 보험 본연의 중장기 보장성 상품 판매를 장려할 수 있게 되었다. 상품의 예정사업비가 높은

〈표 13〉 성적제도 개정 방향

| | 개정 전(수정고방식) | 개정 후(환산효율성적) |
|---|---|---|
| 내용 | · 보험료 위주의 성적 계상<br>(예정사업비와 무관) | · 사업비재원에 비례한 성적 계상<br>· 계약의 유지에 비례한 성적 계상 |
| 특징 | · 상품 간 비교지표 미흡<br>(단기 상품 우대)<br>· 월납 계약의 유지율 악화 요인<br>· 경비 집행의 불합리로 비차손 발생 | · 상품별 부가가치 비례<br>(중장기 상품 우대)<br>→ 상품구성의 건전성 확보<br>· 수당 및 평가 체계의 합리화<br>→ 비차 손익 개선 및 건전 영업 풍토<br>조성 |

중장기 보장성 상품을 높이 인정하고 예정사업비가 낮은 단기 저축성 상품은 낮게 인정했다. 즉 종래 상품별 부가가치와 무관하게 성적을 계상하던 것을 상품별 예정사업비재원에 비례해 성적을 계상하게 되었다.

둘째, 평가 시에는 유지된 만큼만 평가와 수당에 반영함으로써 유지율을 획기적으로 개선하는 계기가 되었다. 유지가 되지 않은 부분은 철저히 성적을 환수하고, 수당 지급 시에는 환산성적을 유지 회차에 따라 분할 계상했다.

업계의 합의 도출 이후 재무부가 환산효율성적제도를 업계공동으로 도입해 일선 점포 및 모집인에 대한 업적 평가와 수당 지급 기준에 반영하도록 했다(재무부 생보22333-125,1987.2.25). 협회는 이에 따라 각 생보사의 상품별 공칭계약고 산정과 환산율의 적정성을 심의하기 위해 1988년 10월부터 생명보험 상품의 계약액 산정 및 심의절차 기준을 제정하고 계약산정위원회를 설치 · 운용했다.[24]

〈표 14〉 환산효율성적제도

| 구 분 | 내 용 | | | | |
|---|---|---|---|---|---|
| 환산 성적 | ○ 기준 계약고를 예정신계약비 규모에 비례하여 환산한 성적<br>- 환산 성적 = 기준 계약액×상품별 환산률<br>- 상품별 환산률 = 상품별 예정신계약비재원/기준 계약고 1,000만 원당 30만 원<br>- 예정신계약비 = 영업보험료 - 해약환급금 - 위험보험료 - 예정유지수금비 | | | | |
| 조기<br>실효 · 해약 시<br>성적 환수 | ○ 조기 실효 · 해약 건에 대해 환산 성적을 환수 | | | | |

| 미유지 회차 | 2회 | 3회 | 4회 | 5회 | 6회 |
|---|---|---|---|---|---|
| 환수률 | 100% | 80% | 70% | 60% | 50% |

효율 성적

○환산 성적을 계약의 유지 회차에 따라 분할 계상한 성적

| 회차 | 1 | 2 | 3 | 4 | 5 | 6 | 7 | 8 | 9 | 10 | 11 | 12 |
|---|---|---|---|---|---|---|---|---|---|---|---|---|
| 분급률 | 10 | 10 | 10 | 10 | 10 | 10 | - | 10 | 10 | - | 10 | 10 |

환산효율성적제도의 도입 성과는 매우 컸다. 무엇보다도 외형 업적 경쟁의 종식이었다. 업계의 공칭계약을 둘러싼 경쟁보다는 내실 추구가 시작되었다고 볼 수 있다. 삼성생명의 시장점유율 우위가 경쟁사 대비 2~3% 수준에서 10% 수준까지 확대되었고 이를 전환점으로 내실경영을 펼칠 수 있게 되었다.

중장기 상품 판매 확대와 유지율 향상은 환산효율성적 도입의 실질적인 효과라 할 수 있었다. 삼성생명의 경우 중장기 상품이 1988년과 1989년 각각 전년 대비 28%, 53% 신장하는 등 획기적인 중장기 상품 판매 확대가 시작되었다. 중장기 상품의 13회 유지율 또한 34%에서 50% 수준(총량유지율 62%)까지 획기적으로 개선되었다. 중장기 상품의 판매 확대와 유지율 향상으로 인해 설계사 소득이 높

아지고 회사의 손익도 개선되었다. 이에 따라 계약자 이익배당재원의 충실화도 가능하게 되었다.

이 같은 경영의 선순환으로 1989년 이후 장기 근속 고능률설계사를 중심으로 복리후생을 지속적으로 강화하고 신입설계사에 대한 초기보장급을 확대해 더욱 강건한 일선조직을 구축했다. 그리고 계약자 이익배당재원의 충실한 확보로 이익배당 자유화 시대에 동업 타사와는 차별화된 이익배당 실시의 기초를 닦는 등 일석삼조 이상의 효과를 거두게 되었다. 다만 이러한 효과는 1988년 올림픽 특수로 인한 국민소득 향상, 이익배당제도의 본격 실시 등과 아울러 외부 여건의 도움도 컸었다.

## 2. 초기보장급제도와 설계사 육성시스템의 강화

설계사의 입사초기 보장급제도와 설계사 육성시스템의 정비로 강력한 여성 전속 채널을 구축했다.

### 업계 공동의 모집인 초기보장급제도

한국 생보업계의 고도성장의 원동력 중 가장 중요한 것은 질적으로 우수한 신인을 유인할 수 있는 모집인 초기보장급여의 확대라고 할 수 있다. 생보업계가 1981년 3월 고정보수제도를 도입한 것은 당시에는 진전된 것이었으며 이는 고정보수 확대의 근간이 되었다.[25]

〈표 15〉 모집인 등급별 기본수당 및 최저보장수당

| | | 전문 | 우적 | 전업1 | 전업2 | 일반1 | 일반2 | 연수 | 수습 | 특별 연수 |
|---|---|---|---|---|---|---|---|---|---|---|
| 표준분포비율(%) | | - | 1-3 | 2-6 | 4-10 | 6-14 | 8-18 | 11-21 | 15-25 | 23-33 |
| 심사 기간(월) | | - | 6 | 6 | 6 | 3 | 3 | 3 | 3 | |
| 1981년 | 기본수당(천 원) | - | 60 | 40 | 40 | 30 | 30 | 25 | 20 | |
| | 최저보장수당(천 원) | - | 120 | 90 | 70 | 55 | 50 | 45 | 40 | |
| 1988년 | 기본수당(천 원) | 150 | 120 | 100 | 80 | 70 | 60 | 50 | 40 | |
| | 최저보장수당 | 등급에 관계없이 월 10만 원 보장 | | | | | | | | |

이는 모집인 자격을 8등급으로 통일하면서 자격별로 기본수당과 보장수당을 신설해 기본 활동비를 지급하는 제도이다.

물론 고정보수금액이 충분한 것은 아니지만 직급별로 기본수당을 월 2~6만원, 최저보장급을 4~12만 원 보장하면서 모집인의 소득 안정화를 위해 많은 노력을 기울였다. 이는 종전 능률급만으로 되어있던 모집인수당제도를 개선해 모집인의 정착률을 높이는 효과를 거두었다. 당시 마련된 모집인 보수 체계는 모집인 자격등급과 수당 체계를 대응시킨 것으로 이후 보수 체계의 골간이 되었다.

1988년 4월부터는 환산효율성적제도 전면 도입과 함께, 고정성 수당을 인상했다. 기본수당은 직급별로 4~15만 원으로 책정하고 최저보장수당은 직급에 관계없이 10만 원을 보장했다.

**획기적인 보장급제도와 신인 육성 체계 확립을 통한 리젤팀의 성공**

한국 생보업계가 1980년대와 1990년대 비약적인 발전을 한 배경에는 업계의 일반 고정보수제도에서 한 단계 더 나아간 제도를 도입했기 때문이다. 이 획기적인 제도로 입사 초기 6개월 또는 1년간 고졸 여성의 초임봉급 수준을 보장함으로써 우수한 여성설계사를 영입했다. 나아가 이들을 직역 및 지구 시장 개척을 위한 점포에 배치 운영했다. 그 결과 여성설계사의 질적 수준 향상과 시장 개척을 통한 생산성을 향상시키는 견인차 역할을 하게 되었다.

1984년 5월 동방생명은 직역 개척을 위한 우수한 설계사를 도입하기 위해 입문 합숙 교육과 1개월간의 직역 개척 교육을 실시했다. 그후 직역 중심의 개척 활동에 투입했는데 이는 큰 성과를 거두었다.

그 이듬해부터 중장기 상품 판매만 전담하는 팀을 신설해 1986년부터 이를 6대 도시로 확산시켜 '리젤(Ligel)팀'으로 명명했다. '리젤'이란 '인생 및 생활을 뜻하는 Life(라이프)와 천사의 의미이자 동방생명의 상징인 Angel(엔젤)의 조합어'이다. '고객의 인생설계를 함께하고 생명보험가치를 전달하며 고객에게 봉사하는 동방생명의 사자(使者)'라는 의미를 담고 있다.[26] 교보생명도 1983년 11월부터 직장 전담 점포인 리라조직을 운영했다.[27]

리젤팀의 도입은 보험모집인의 대명사인 보험아줌마라는 인식을 바꾸어 놓았으며 동방생명의 비약적인 발전을 이끌었다. 특히 리젤팀은 기존 성적제도와는 다른 환산효율성적제도를 1986년 업계 처음으로 도입해 시범 적용했다. 동방생명이 리젤팀에 환산효율성적제도를 업계 최초로 적용한 것은 상품구성의 건전성 확보와 사업비 및 손익 체계의 확립의 일환이었다. 또한 향후 이 제도의 전사 및 업계 확대 실시에 대비하기 위한 것이었다.

삼성생명은 1989년부터는 직역 시장 공략을 위해 '리젤'과 '직역'을 리젤로 단일화했다. 기존 조직을 리젤로 전환해 1994년에는 전체 조직에서 리젤조직이 차지하는 비율이 25%에 달했다.[28] 리젤의 약진에 자극을 받은 일반영업국들도 1990년에는 직역공략특화팀을 운영했다. 증원선 차별화를 위해 1992년 4월에는 대졸 여성을 공개 채용해 '대졸 개척 점포'를 신설했다. 1994년에 가서는 전 점포의 초기보장급을 월 40만원으로 인상 보장하는 등 초기보장급여제도의 지속적인 확충이 이루어졌다.

이러한 초기보장급 확대로 직역이나 리젤점포에는 젊고 우수한 설계사가 많았다. 당시 고문으로 와 있던 일본생명의 고문들은 삼성생명의 설계사들이 일본생명보다 젊고 활기차며 생산성도 높다고 부러워했다.

그러나 아무리 우수한 신인을 도입했다 하더라도 초기 육성 체계가 제대로 확립되어 있지 않다면 세일즈 중 가장 어렵다고 하는 보험 세일즈에서는 실패하기 십상이다.

보험은 무형의 상품이고, 보험 모집 활동은 잠재되어 있는 보험 니즈를 현재화시켜야 하는 과정으로 다른 판매보다 어렵다. 또한 접근 및 니즈 환기의 화법 그리고 고객의 거절처리화법 등은 1대1 동행훈련을 통해 배우지 않으면 터득하기 어렵다.

1983년 설계사의 활동관리 혁신을 위한 신외야제도 실시와 함께 개척 점포를 설립한 배경은 바로 신인의 연고 시장 고갈로 인한 탈락을 막기 위해 직역·지구 시장을 부여해 개척 활동의 노하우를 가르치자는 취지였다. 직역 개척 점포에서 지도장은 신인에게 부여할 시장을 미리 시장 조사를 통해 사전 확보한다. 그 다음 육성실 교육 기간 중 신인에게 부여한 시장 중심으로 동행훈련을 실시했다.

특히 동방생명은 1984년 입사 초기 집중적인 육성실 교육을 실시했다. 1986년부터는 동행훈련을 철저히 시키기 위한 육성지도장제도(일종의 SM제도)를 도입해 6개월 이내 신인에 대해서는 시장을 부여했다. 이는 입사 초기 연고 중심 판매 시 4차월 이후 연고 고갈로 조기 탈락하는 문제점을 해소하기 위함이었다.

또한 그 당시 보험영업본부에는 일본생명 출신의 사노(佐野)고문이 상주하고 있었다. 그는 일본생명의 외야조직 성장의 요체가 바로 육성소장제도라고 강조했다. 일본생명에는 점포당 3~4명의 육성소장을 두어 입사 2년 미만의 신인을 집중 육성하고 있었다.

동방생명의 경우 처음에는 육성지도장 자원이 부족해 우수한 점포부터 점진적으로 육성지도장을 배치해 6개월 이내 신인의 동행훈련을 전담하게 했다. 특히 육성지도장은 직급 체계와 수당 및 복리후생제도를 개선해 신인 육성에 집중하도록 했다. 이는 사실상 최근 SM제도의 모태라고도 볼 수 있다.

일본생명에 비해 육성 스탭인 육성지도장 수가 훨씬 부족했다. 하지만 판매력 있는 우수설계사의 육성지도장 배출로 인한 판매력 감퇴와 육성지도장 급여 보전에 따른 고(高)코스트화(化)를 우려해 제도의 확충에는 보수적인 관점에서 이행되었다.

당시에 설계사의 증원은 주로 설계사들을 통한 동료 유치에 의존해 왔기 때문에 우수한 신인 도입에는 한계가 있었다. 뿐만 아니라 80년대 점포의 대량 증설 및 80년대 후반 이후 신설사의 급증으로 신규 등록 모집인과 총 등록 모집인 수가 대폭 증가했으나 신규 등록 인원의 85%에 해당하는 인원이 매년 탈락해 대량 도입·대량 탈락 현상이 심화되었다.

대량 등록, 대량 탈락을 막기 위해 삼성생명은 1990년 익월등록제도를 도입했다. 이는 시험 합격 후 육성실 교육 완료 전인 시험 당월에 등록해 초기 연고 위주의 업적을 많이 유도한 것이 탈락의 원인이 되었기 때문에 이를 개선하기 위한 것이었다. 시험 익월 육성실 교육 이수 후 등록해 신인의 선별 등록을 강화하고 시험 후 육성실 교육을 더욱 강화할 수 있어 신인 육성 체제를 공고히 할 수 있게 되었다. 그 결과 정착률이 향상될 수 있었다.

이러한 익월등록제도는 각사의 형편에 맞게 자율적으로 도입, 운영해 제반 효율을 향상시켜 나가게 되었다.

### 뉴 웨이브 운동

항상 '선견(先見), 선수(先手), 선제(先制)'를 강조하던 당시 황학수 사장의 방향 제시와 이시용 영업본부장의 지대한 관심하에 영업기획 부장이었던 필자는 우수한 일선 점포장들과 함께 1991년 일본 생명의 영업 일선조직을 벤치마킹했다. 이를 토대로 1992년 1월부터 3년여에 걸쳐 영업체질을 개선해 영업효율을 배가시키기 위해 노력했다. 그중 '뉴 웨이브(New Wave) 운동' 29)을 추진했다. 이는 실질적으로도 상당한 성과를 시현한 바 있었다. 이 운동은 신육성 체계, 신활동 체계, 협력자관리 체계 등을 확립하고 일선 관리자의 관리 패턴과 고객 서비스 체계의 개선을 추진하는 운동이다.

신육성 체계 확립을 위해 배양증원제도의 도입과 신육성반제도 의 도입으로 정착률 개선과 유지율 향상에 큰 효과를 거두었다. 우수한 신인의 도입을 위해서는 증원 채널의 다변화가 요청되었다. 관리자 중심의 우수 신인 발굴 노력이 강조되었으며, 설계사 중심의 증원도 더 체계적인 관리와 사전 배양이 강조되었다. 이에 직역 시장이나 아파트 등 담당구역(이하 Area, 에어리어라 한다) 내 고객 또는 가망 고객 중심으로 우수한 자질을 가진 후보자를 증원후보자로 등록했다. 그 후에 이들에 대한 친숙, 설득 자료를 개발해 배양 활동을 전개한 후 선별 등록하는 데 노력을 기울였다.

우수 신인의 선별 도입을 위해 '적격 신인' 개념을 도입해 각종 경비 및 평가에 반영했다. 또한 배양증원용 VTR제작, 탁아시설 확대 등 회사 차원의 지원을 강화했다. 동시에 회사 이미지 및 설계사 이미지 제고를 위한 홍보 활동을 꾸준히 실시했다.

뉴 웨이브 운동에서 가장 역점을 두었던 것은 신육성반의 운영과 Area 활동이었다. 전사적으로 300개의 신육성반을 설치해 육성지도장을 배치했다. 6차월 이내의 신인에게 Area를 부여하고 동행훈련을 강화해 Area 내 활동관리를 철저히 했다. 30)

신육성반의 견실한 육성을 위해 제도 및 평가 기준을 보완했다.

육성지도장의 육성을 통한 육성반의 점진적인 확대로 1996년 말 신육성반 운영 점포는 1,200여 개에 달했다. 또 트레이너의 선발 기준을 강화하고 활동 성과에 따른 수당을 차등 지급함으로써 트레이너 운영의 효율성을 제고했다.

우수한 자질의 신인을 확보해 육성지도장에 의한 동행훈련 등 육성시스템을 갖춘다 할지라도 신인에게 활동할 수 있는 일터인 시장을 부여하지 않으면 안 된다. 입사 초기의 설계사에게 시장을 부여하지 않으면 신인은 연고 시장을 찾게 된다. 그러면 입사 후 3~4개월이 지나면 연고 시장 고갈로 4~6차월에 급격한 업적 감소와 초기 보장급여 지급 기준 미달로 인해 탈락하는 경우가 많았다.

뉴 웨이브 운동에서는 신활동 체계 확립을 위해 점포의 전진배치와 원거리 설계사 전배를 통해 개인별 시장 부여를 위한 기반을 조성했다. 개인별 Area를 부여하되 직역 시장은 리젤에서 공략하고, 일반 점포는 사업주 시장이나 지구 시장을 공략하게 되었다.

개인별 Area는 지구 시장 약 400세대, 직역 시장 약 300명을 부여하되 Area 내의 보유계약 정보와 직역 정보를 담당설계사에게 제공한다. 탈락설계사 수금건도 관장지구 내로 이양해 설계사의 Area 내의 활동 및 서비스 책임을 강화했다.

협력자의 선별 등록과 함께 일제 방문 캠페인을 전개했다. 우수 협력자에 대해서는 영업 관리자가 설계사와 동행 방문하되 월간 10회 이상의 협력자 방문을 일상화했다. 그리고 협력자 초대 행사 및 사은품 전달 등 협력자 확보에 많은 힘을 기울였다. 영업 관리자 전

〈표 16〉 뉴 웨이브(New Wave) 운동의 개요

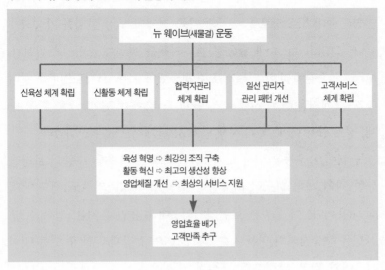

배 시에는 인수인계를 철저히 하도록 했다.

또한 일선 관리자의 표준 활동 모델을 제시하고 업무를 표준화했다. 조회 준비를 철저히 할 수 있도록 '조회 및 판매기법 자료제공 시스템'을 개발 활용했다. 설계사에 대해서는 조회 전후 및 귀소 후 면담 등 하루에 Two Touch(투 터치)를 일상화하도록 했다.

설계사에게는 Area 내 보유계약정보와 수금 건을 제공해 설계사의 집약적인 활동량 증대를 도모하고자 했다. 그러나 시간이 흐르면서 기존 제도가 한계를 드러내고 영업 현장은 관리 소홀로 방치되기 시작했다.

이런 문제점을 해소하기 위해 1997년 7월부터 신Area(담당구역)제도를 도입했다. 성과가 예견되는 설계사 중심으로 Area를 부여하고 인별·세대별로 정보를 제공해 가족 전체의 보장 설계를 가능하게 했다. 그리고 Area 내 활동량 관리지표를 설정해 Area 내 신계약, Area 내 증원에 대한 인센티브를 제공했다. 신Area제도는 '새 일터 찾기' 캠페인을 통해 시장 조사 단계, 구역 부여 단계, 구역 친숙 단계, 정보 활용 단계, 본격 시행 단계 등 단계적으로 추진되었다.

뉴 웨이브 운동은 입사 초기 1년간 고졸 초임 봉급 수준의 보장을 통한 직역 개척 점포인 리젤팀의 운영, 신육성반과 Area제도가 핵심 내용이다. 이 운동은 보험영업의 3대 효율인 유지율, 정착률, 생산성을 향상시키기 위한 지속적인 노력의 결정체라 할 수 있을 것이다. 이와 같은 노력으로 오늘날 삼성생명이 세계 1위의 MDRT (Million Dollar Round Table: 100만 달러 원탁회의) 회원 배출 회사가 되었고, 한국이 세계 2위 MDRT 회원 최다 배출 국가가 된 원인이 되고 있다.

그러나 1999년 이후 FC(Financial Consultant)제도가 도입되면서부터 즉, 대졸 남성조직의 모집 패턴인 연고 및 소개 모집이 확산되면서부터 Area제도가 소홀해지기 시작했다. 또한 외부 컨설팅 이후 신인설계사의 생산성을 높게 요구하면서부터 종래의 입사 초기 개척 모집 활동을 강조하던 Area제도가 더욱 소홀해졌다. 따라서 신인에 대한 관리자 및 육성지도장의 시장 부여 기능은 사라지게 되었다.

또 다른 원인은 보안이 강화되면서 출입증 없이는 대기업의 사무실, 공장 등에 출입하기 어려워졌다는 것이다. 이는 설계사의 출입

중 확보를 위한 특단의 노력이 필요하게 되면서 직역 시장 활동이 크게 위축된 데에도 기인한다.

설계사의 활동량과 인당 신계약 건수가 크게 감소하고 있는 것은 시장 성숙에도 그 원인이 있을 것이다. 하지만 Area 활동을 통한 고객 방문 활동이 크게 위축된 데에도 그 원인을 찾을 수 있을 것이다.


## 3. 설계사의 직업관과 로열티 향상

모집인에서 설계사로 호칭을 변경해 이에 맞는 설계 판매 활성화를 통한 직업관 고취와 복리후생 강화 및 표창제도 운영으로 로열티를 향상시켰다.

### 설계사의 전업화 유도 및 복리후생 증진

보험은 창구에서 상품을 진열해 놓고 소비자가 원하면 직접 판매할 수 있는 것이 아니다. 따라서 잠재화되어 있는 수요를 모집인의 설계 판매 화법에 의해 현재화시키는 과정이 어렵고 상당한 노력이 필요하다.

한 가정에서 라이프사이클상 필요한 보장금액 및 연금액 산출, 부족한 금액에 대한 보험 가입 설계, 재테크 및 재무 상담 등 전문적인 상담이나 컨설팅이 요구된다. 은행 창구에서 비교적 단순한 저축이나 연금보험을 판매한다 하더라도 불완전판매가 되지 않기 위해서는 다른 금융 상품과의 비교 설명 및 세무 상담 등이 필요하다. 따라서 판매원에 대한 상당 수준의 교육이 필요하다.

사회보장제도의 한 축을 맡고 있는 민영보험을 활성화하기 위해서는 신계약 모집 활동에 관한 수수료를 지불하기 위한 신계약비를 인정해야 한다. 이를 모집 초기에 사용할 수 있도록 인정하는 것은 글로벌 스탠더드로 확립되어 있다.

또한 보험은 보험기간이 10년, 20년으로 짧은 것도 있지만 80세 만기 또는 종신이 대부분이기 때문에 보유계약 건수가 계속 늘어나 수백만, 수천만에 이르게 된다. 이를 관리하기 위해서는 수금이나 보전, 클레임관리에 막대한 비용이 소요된다. 따라서 이를 커버하기 위한 비용으로 수금비와 유지비를 인정하고 있다.

6·28 금리 인하 조치로 예정이율이 12%에서 8%로 인하되자 중장기 상품의 경우 가격이 2~3배 비싸지게 됐다. 그러자 보험료 인상폭을 조금이라도 줄이기 위해 예정사업비를 크게 인하했다. 예정신계약비의 감축은 물론 예정유지비와 예정수금비를 지나치게 인하해 1983년부터 상당 기간 만성적인 비차손 상태가 도래하게 되었다. 지금도 선진국에 비해 예정유지비와 예정수금비가 적어 보험상품의 수익성이 낮은 원인을 제공하고 있다.

1983년부터는 비차손을 줄이기 위해 설계사의 수수료를 삭감할수밖에 없는 상황이었다. 그러나 비례수당을 직접 삭감하기 보다는 새로운 자격을 신설하면서 자격별 책임액을 상향 조정해 생산성 향상을 유도함으로써 고정성 수당과 간접비의 코스트를 절감했다. 이를 통해 점진적으로 비차손을 개선시켜 약 5년에 걸쳐 비차익으로 전환시킬 수 있었다.

1988년 환산효율성적제도 도입 이후 중장기 상품 판매가 확대되고 유지율이 높아지면서 비차익이 확대되기 시작했다. 그러자 당시 전 삼성생명 임직원 및 설계사들의 존경의 대상이었던 삼성생명 이수빈 회장은 비차익의 일부를 설계사의 복리후생 강화와 지역 본부의 자율경영 차원에서의 영업 부문 재투자를 할 수 있다는 방침을 천명했다.[31] 이로 인해 매년 연도상 시상식 때마다 최고경영진은 새로운 수당이나 복리후생제도의 신설 및 확충을 약속할 수 있었다. 이와 함께 제반 수당이나 경비를 효율 및 생산성 향상과 연계함으로써 비차손익은 더욱 개선시켜 나갈 수 있었다.

설계사의 전업화, 고능률화를 위해서 프로, 슈퍼, 명인 등의 자격이 신설되면서 한층 대우를 개선시켜 나갔다. 설계사의 복리후생제도는 1984년 의료보험조합이 결성되어 의료보험료 지원을 시작으로, 1988년 자녀 장학금 지급, 1년 이상 전업급 이상자에 대한 신용대출, 고능률 우수설계사에 대한 종합 건강진단 혜택, 보험료 전액 회사 부담으로 사망·장애 시 단체 정기보험 가입, 경조비 등을 지원했다. 1989년에는 장기 활동자에 대한 기념품, 해촉 후 생활자금 마련을 위한 저축지원제도 실시, 1991년에는 휴가철 콘도 미니엄 제공 등 리프레쉬 지원, 1993년에는 탁아수당 지급, 1994년에는 연금지원수당을 지급하는 등 많은 복리후생제도를 운영하게 되었다.[32]

이러한 삼성생명 설계사들에 대한 복리후생제도는 웬만한 회사 정규직원의 복리후생 수준을 능가한다고 볼 수 있을 것이다. 이것이 For FC(포 FC) 문화 확산과 함께 설계사의 로열티 제고에 큰 역할을 했다.

삼성생명은 비차익의 일부를 설계사의 복리후생 강화와 지역 본부의 자율경영 차원에서의 영업 부문 재투자를 하게 됨으로써 설계사의 로열티를 크게 향상시킬 수 있었다. 이것이 1988년 이후 본격적인 시장 개방으로 인한 스카우트 열풍에도 우수설계사 키핑에 많은 도움을 주었다.

고능률자를 표창하기 위한 제도로는 연도상 시상제도와 MDRT 멤버십 가입 및 회사 차원의 초고능률 설계사 멤버십제도가 있다. 보험사들은 각사마다 연도상 행사를 개최하고 있는데, 외국 보험사들이 연도상 행사를 고급화한 것에 영향을 받아 2000년대 들어와 더욱 화려하게 개최되고 있다.

MDRT는 전미생명보험협회(NALU)의 하부 기구로 1927년에 설립되었다. 2007년 현재는 79개국 이상의 국가에 걸쳐 있는 475개 회사들을 대표하는 약 3만 5,000여 명의 가입자들로 구성되어 있다. MDRT는 생명보험 판매 분야에서 명예의 전당으로 여겨지고 있으며 MDRT 협회는 생명보험 판매 서비스의 질을 높이고 각 회원들의 전문성을 고취하기 위해 많은 강연을 준비하고 있다. 한편 매년 회원들이 서로의 세일즈 아이디어와 노하우를 교환할 수 있는 전 세계적 규모의 연차 총회를 개최하고 있다.

MDRT 회원이 되는 것은 베스트 오브 베스트로서 높은 전문지식, 판매기술과 더불어 높은 윤리의식을 갖추고 있다는 것을 의미한다. 보험영업인이라면 누구나 선망해 마지않는 '최고의 꿈'이다.

MDRT 회원은 크게 정회원과 준회원으로 구분된다. 정회원은 성적자격회원(Qualifying Member), 성적자격종신회원(Qualifying and Life Member) 그리고 종신회원(Life Member)의 3종류로 구분된다. MDRT 회원으로 가입하기 위해서는 초년도 수수료가 일정 수준 이상이어야 한다. 또한 실제 소득은 연봉 1억 원 이상이 되어야 한다.[33]

2008년 우리나라 MDRT 회원 기준 달성자 수는 9,322명으로 미국에 이어 두 번째로 많은 회원 기준 달성자를 보유하고 있다. 2000년 322명 수준에서 약 30배가 증가된 숫자이다. 삼성생명의 경우 2005~2007년 세계에서 가장 많은 MDRT 회원 수를 3년 연속 배출하고 있다. 단, 2008년 세계적인 금융위기 이후 우리나라 업계의 경우 MDRT 회원 수가 8,326명으로 줄어들었고 삼성생명 MDRT 회원 수도 뉴욕생명에 이어 2위로 하락했다.

MDRT 가입 조건의 3배를 달성하고 있는 COT(Court of the Table)와 6배를 달성해야 하는 TOT(Top of the Table) 등에 가입한 설계사들도 계속 늘어나고 있다.

또한 초고능률 설계사에게는 회사 차원의 별도 클럽을 운영하면서 차별화된 컨퍼런스나 세미나 개최, 고객 초청 프로그램 제공, 고급 건강검진, 멤버십 카드를 지원해준다. 뿐만 아니라 1:1 전담

FP(Financial Planner) 매칭 지원, 지정 언더라이터 지원, 챔피언 라운지 이용 등을 통해 초고능률 설계사를 한 단계 더 레벨 업 될 수 있도록 적극 지원하고 있다.

### 설계사로의 호칭 변경

1991년 7월 모집인에서 생활설계사로 호칭을 변경한 것은 보험아줌마로서의 이미지를 벗고 니즈 셀링을 하는 설계사로서의 사회적 지위를 확보해 나갈 수 있었던 전환점이 되었다.

보험모집인이라는 호칭은 연고모집 중심의 보험아줌마를 연상하게 한다. 하지만 모집인의 학력이 높아지고 연령은 낮아지는 추세와 함께 연고모집에서 탈피해 직역을 중심으로 한 개척 모집이 보

〈표 17〉 보험모집인과 생활설계사의 차이점

|  | 보험모집인 | 생활설계사 |
|---|---|---|
| 이미지 | 보험아줌마 | 전문직업인 |
| 모집 패턴 | 연고 중심 | 개척 활동 중심 |
| 활동 패턴 | 동분서주형 | Area 중심<br>(직역, 지구, 사업주 시장) |
| 판매기법 | 인정에 호소 | 니드 환기에 의한 설계 판매<br>· 필요 보장액 진단<br>· 보장 부족액 진단<br>· 노후 준비 부족액 진단 |
| 사후관리 | 수금 활동 중심 | 고객에 대한 경제 · 레저 정보 제공<br>(다양한 전산 판촉자료 활용)<br>상속 및 세무 상담 |

편화되고 있었다. 따라서 호칭 변경에 대한 필요성은 절실한 과제였다.

　과거 보험 모집, 수금 활동이라는 단조로운 업무 영역에서 자동이체가 급속히 확산되면서 수금 활동보다는 다양한 상품에 대한 니즈 환기에 의한 설계 판매와 더불어 재산증식 상담, 각종 세무 상담, 각종 경제·레저정보 제공 등으로 일의 외연이 확대됨에 따라 모집인을 전문가로 대우해야 한다는 인식이 광범위하게 확산되었다. [34]

　이에 삼성생명은 보험영업의 근간이 되는 모집인의 역할을 재정립하고 대내외적으로 이미지를 향상시키기 위해 모집인의 호칭을 생활설계사로 변경했다. 리딩 컴퍼니인 삼성생명의 이러한 호칭 변경은 사회적으로 보험아줌마라는 단순 이미지에서 전문직업인으로서의 이미지로 점차 바꾸어 나가는 계기가 되었다. 설계사 스스로도 전문직업인으로서의 자긍심을 갖게 되어 업무능률 향상에 도움이 되었다.

　당시에 이미 PC를 이용한 전산 판촉 자료가 다양하게 활용되고 있었는데, 고객속성별 판촉 자료를 66종에서 96종으로 늘려서 활용했다. 자료 내용은 주력 상품 니즈 환기 자료, 고객에 대한 정보 제공 자료, 계약자배당 활용 자료, 계속유지설계서 등이 있었다.

　가장 중요한 설계 판매를 위한 정보 자료로써 생활설계 3단계 자료인 필요보장액 진단, 보장안심도 및 보장부족액 진단, 노후설계 진단 등의 자료를 개발·보급했다. 더불어 설계사의 설계 판매 능력 향상을 위한 R/P경연대회 등을 개최했다.

<표 18> 생활설계 3단계 자료

| 자료별 | 주요 내용 |
|---|---|
| 필요보장액 진단 | L/C단계별 각종 필요보장액 제시로 보험 가입 권유 |
| 보장안심도 진단 | 필요보장액 대비 기계약보장액 차이를 제시해 추가 계약 유도 |
| 노후설계 진단 | 국민연금, 퇴직금 등을 예측해 노후 준비 부족액을 개인연금보험과 연계 |

당시 표준활동지표를 살펴보면 생활설계서(L/C)와 가입설계서의
활용은 일상화되고 있었음을 알 수 있다.

<표 19> 표준활동지표(1991년)

| 방문 횟수 | 고객카드 | L/C | 가입설계서 | 신계약건수 |
|---|---|---|---|---|
| 일 7회 | 일 1매 | 주 5매 | 주 3매 | 월 3.3건 |

1992년 3월부터 도입된 '레이디컴'이라고 명명된 휴대용 컴퓨터
보급은 고객관리와 설계 판매에 큰 도움을 주었다. 이는 생활설계
사로의 호칭 변경에 때맞춰 생활설계사로서의 이미지 향상을 뒷받
침하게 되었다. [35]

1997년부터 본격적으로 도입된 신레이디컴은 각종 예약 발행을
가능하게 했으며, 이를 통해 설계사 활동 패턴을 변화시키고 활동량
증대를 기할 수 있게 되었다. [36]

한편 생명보험협회에서는 전문모집인 육성을 위해 1984년 12월
부터 중급 과정 시험을 실시해 2급 생명보험설계사 자격을 부여했
다. 1987년부터는 고급 과정을 운용하면서 1급 생명보험설계사 자
격을 부여하기 시작했다.

## 4. 계약자배당제도의 시행

계약자배당제도의 시행이 보험인식을 향상시키고 중장기 상품 판매를 확대시키는 데 큰 역할을 했다.

### 계약자배당제도의 의의

6·28 금리 인하 이후 IMF 이전에는, 은행 정기예금이율이 예정 이율보다는 시중 실세금리나 자산 운용 이익률이 비교적 높았다. 때문에 은행 정기예금이율 수준을 배당하는 금리차배당으로는 중장기 상품이 잘 팔릴 수 없었다.

1984년부터 사차배당이 실시되고 1988년 이차배당과 장기 유지 특별배당이 본격적으로 시행된 이후에야 중장기 상품 판매가 신장하게 되었다. 계약자배당이란 유배당 상품의 보험료 산출 시 사용된 예정이율, 예정위험률, 예정사업비율 등에 의한 보험료와 실제율 차이를 정산하는 것이다.

중장기 상품 판매가 1988년부터 크게 확대되기 시작한 이유는 배당제도 이외에도 올림픽을 전후한 국민소득 1만 달러 달성, 상품의 성적을 부가가치와 유지율에 비례해 계상하는 환산효율성적제도의 도입, PC에 의한 인쇄 판촉 자료의 다양화 등이다.

그러나 배당제도는 유배당 상품을 판매하면서 이익이 났을 때 주주에게 일정 비율을 배당하고 나머지는 계약자에게 배당한다는 전제가 있다. 때문에 생보사가 이익이 발생하기 시작했던 1988년부터 계약자배당제도를 정비하는 것은 당연한 일이었다.

보험계약의 장기성에 따른 리스크관리에 중점을 두어 예정이율은 낮게, 예정위험률은 높게 보수적으로 책정했다. 이와 함께 이차익 또는 사차익이 발생하면 그 차액의 계약자 몫을 배당으로 지급하는 것이 매우 바람직한 리스크관리방법이 되었다.

### 배당제도의 종류[37]

우리나라 배당제도의 효시는 1965년 10월에 도입된 특별배당제도이다. 이는 1972년 8월에 폐지되었다가 1979년부터 확정배당으로 정기예금이율과 예정이율과의 차이를 보전해주기 위해 도입되었다. 하지만 1997년 10월 이차배당에 흡수, 이후 폐지되었다.

6·28 금리 인하 조치에 따라 생보사의 이차손이 지속되고 만성적인 비차손이 더욱 악화되어 계약자배당을 위한 여건은 성숙되지 않았다. 하지만 보험료 산출 시 사용한 예정위험률 부분에서는 지속적으로 사차익이 발생됨에 따라, 1984년 3월 '계약자배당금 적립 및 배당에 관한 지침(재무부 보일 1233-222)'에 의해 1984년 4월부터 사차배당제도가 도입되었다.

1983년 대한교육보험(현 교보생명), 1988년 삼성생명, 1990년 흥국생명 순으로 만성적인 적자에서 벗어나 순보험료식으로 책임준비금을 적립하고도 이익이 발생하기 시작했다.[38] 주식 시장 등 자본 시장의 활황에 힘입어 누적손이 해소되고 내부 유보 이익이 발생되었기 때문에 충실한 배당을 실시할 수 있는 여건이 마련되었다.

대한교육보험의 경우 계약자배당을 위해 이미 적립한 준비금을 3년 이내에 사용해야 했다. 따라서 협회가 재무부에 계약자배당 실시를 건의해 재무부에서 1988년 4월 8일 '계약자배당 준비금 적립 및 배당에 관한 지침(재무부 생보 22330-153)'으로 이차배당제도를 도입했다. 동시에 장기 유지 계약자 우대를 통해 유지율을 높일 목적으로 장기 유지 특별배당제도까지 도입하게 되었다.

이차배당금은 해약환급금식 보험료적립금에 이차배당률을 곱하여 지급된다. 이차배당률은 이차배당 기준율에서 확정배당률을 포함한 예정이율을 차감해서 산출한다. 그 지급 대상은 1988년에는 2년 이상 유지된 계약이었으나 1997년 1년 이상 유지된 계약으로 확대되었다.

이차배당 기준율은 1988~1990년까지 전 회사가 12%의 단일률을 공통적으로 사용했다. 1991년 이후는 10~12%의 범위요율을 도입해 회사별 이차배당률이 차별화되었다가 1993년 10.5%의 상한규제가 적용되어 왔다.

1997년부터 이차배당 준비금을 선(先) 적립한 회사는 이차배당이 자유화되었으며 1999년부터 배당재원 미적립사에 대한 배당제한 규정이 폐지됨으로써 이차배당이 완전 자유화 되었다.

장기 유지 특별배당금은 해약환급금식 보험료적립금에 장기 유지 특별배당률을 곱해 산출하는데, 장기 유지 특별배당의 대상 계약은 6년 이상 유지된 계약이다. 처음에는 배당률이 너무 높게 설정되었으나[39] 차츰 낮아졌고, 1997~1999년도에는 이차배당처럼 완전

자유화되었다.

## 배당제도 실시의 효과와 그 리스크

1988년 이차배당 및 장기 유지 특별배당 등 본격적인 배당제도의 실시는 배당예시 자료를 활용해 중장기 상품 판매 확대에 크게 기여했다. 하지만 금리와 주가 등 금융 여건의 변화 시 배당이 축소될 수 있다는 부분에 대한 설명이 부족하다는 이유로 민원이 많이 제기되어 왔다.

미국의 대형 보험사의 경우 배당예시가 과장되어 막대한 벌금을 물게 된 것을 우리는 예의 주시할 필요가 있었다. 우리나라도 배당예시 자료에 관한 민원은 상당히 많았다. 특히 이차배당 및 장기 유지 특별배당금액이 점차 커져서 보험 가입 후 상당 기간 후에는 배당금으로 보험료 납입을 상계 처리할 수 있다는 안내가 그 후 금리여건의 변화로 배당금 발생이 크게 축소됨으로써 많은 민원을 유발한 계기가 되었다. 계약자배당의 예시는 컴플라이언스 리스크를 일으키는 주요한 원인이 된다. 따라서 여건 변화에 따라 계약자배당금이 크게 달라질 수 있음을 철저히 안내 자료에 반영하는 것이 바람직하다.

## 무배당 상품의 출현과 전 상품의 무배당화

1992년 9월부터 무배당 상품이 도입되었는데, 국내 보험회사들이 전부 주식회사 형태임을 감안한다면 무배당 상품 도입은 늦은 것이라 할 수 있다. 무배당 상품 도입은 배당경쟁력이 취약한 신설사로 하여금 보장성보험의 전문화 및 특화를 유도하기 위한 것이 그 취지였다. 따라서 무배당 상품 도입 이후에도 대형사들은 배당예시에 의한 유배당 상품에 주력했다. 배당재원이 아직 충분히 확보되지 않는 신설사의 경우는 무배당 상품을 주력으로 판매하기 시작했다.[40]

1999년 이후 상장문제가 크게 이슈화되면서 금감원에서는 한국의 생보사들은 유배당 중심으로 팔아왔기 때문에 '상호회사적 주식회사'로서 상장 차익의 일부를 계약자에게 배분해야 한다는 논리를 전개했다. 이에 따라 2000년도부터 유배당 상품에 대한 주주이익배분비율을 15%에서 10%로 축소하게 되었다. 이것이 보험회사들이 퇴직보험과 세제적격연금보험 등 극히 일부를 제외하고는 유배당 상품 판매를 완전히 포기하게 되는 계기가 되었다. 상장을 앞두고 있는 보험회사로서는 기업가치 증대가 경영 목표가 될 수밖에 없는데, 주주이익배분비율이 10% 밖에 되지 않는 유배당 상품 판매는 바람직하지 않기 때문이었다.

이 이후 보유계약에 대한 이익배당제도는 그대로 존속하지만, 신계약에 대해서는 이익배당제도가 유명무실하게 되었고 배당 활용 판촉 자료나 화법 등은 더 이상 활용되지 않고 있다.

유배당 상품에 의한 배당제도가 보험 상품의 금리 리스크 및 위험률차 리스크를 완충할 수 있는 버퍼(Buffer)였으며 경영 결과에 따라 계약자에게 이익배당을 함으로써 건전한 경쟁을 유도할 수 있는 좋은 제도였다. 그렇기에 주주배당의 과도한 축소로 생명보험사들이 유배당 상품을 완전히 포기한 것은 매우 아쉬운 일이다. 따라서 앞으로 금융당국은 배당보험의 활성화를 위해 현 배당규제를 대폭 완화해 회사가 자율적으로 배당률을 결정할 수 있는 시스템으로 개선하는 것이 바람직하다고 판단된다.


## 5. 종업원퇴직보험의 고도성장

종업원퇴직보험의 고도성장이 생보산업 성장에 크게 기여했고, 손보와의 규모 역전의 계기가 되었다.

종업원퇴직적립보험은 정부가 1977년을 '보험의 해'로 정하고 지원책의 하나로 기업이 종업원 퇴직금의 사외 적립을 위해 납입하는 보험료를 손비로 인정해 주는 혜택이 부여된 상품이다. 이는 생보사 자산 증가에 큰 기여를 했음은 물론 생명보험과 손해보험의 위상을 역전시키는 역할을 했다.[41]

우리나라 퇴직금제도는 1953년 임의제도로 출발했지만 1961년

〈표 20〉 종업원퇴직적립보험의 판매 추이     (단위 : 억 원, %)

| | 1979년 | 1982년 | 1985년 | 1988년 | 1991년 | 1994년 | 1997년 |
|---|---|---|---|---|---|---|---|
| 수입보험료 | 1,471 | 2,448 | 5,619 | 1조3,652 | 3조4,249 | 3조7,852 | 7조9,045 |
| 점유율 ① | 66.2 | 54.1 | 62.0 | 83.0 | 80.8 | 74.1 | 50.4 |
| 점유율 ② | 30.7 | 14.5 | 14.1 | 14.6 | 17.7 | 13.6 | 16.1 |

※ 점유율 ① : 단체보험 수입보험료 대비, 점유율 ② : 총수입보험료 대비 점유율

이를 강제함으로써 사회보장제도의 주요한 근간이 되었다. 그러나 퇴직 시 일시금 지급으로 노후소득보장 기능이 미흡하고 퇴직금의 사외예치제도가 확립되지 않아 수급권이 보장되지 않는 문제가 있었다.

1977년 퇴직금의 사외 적립을 유도하기 위해 세제 지원으로 보험사의 종업원퇴직보험 가입을 유도하게 되었다. 법인세법 시행령 제13조에서는 퇴직을 보험금 지급사유로 하고 사용인을 피보험자 및 수익자로 하는 종업원퇴직보험의 보험료를 법인이 납입 시 손비처리가 가능했다. 이때는 최소한의 보장 내용이 포함된 상품 형태로 생보사만 취급했다.

그러나 종업원퇴직보험은 기업 중심의 제도 운영으로 특히 기업에 환원대출 되는 경우가 많아서 사외 적립 효과도 취약했고 수급권 보장 기능(해약환급금의 수급권이 기업에 귀속)과 노후생활자금 준비 기능도 매우 취약했다.

한편 동 상품의 개발 취지상 기업의 퇴직급여 충당금 범위 내에서 가입되어야 함에도 이를 훨씬 초과해 가입함으로써 1991년부터는 추계액 범위 내에서 가입하도록 개선 조치가 있었다. 또한 1996년 12월 근로기준법 전면개정 시 도입 근거가 마련되었으나, 취급 기관과 상품 형태와 관련한 논란으로 시행이 지연되었다. 그후 1999년 4월부터 퇴직보험을 판매토록 인가하면서 종업원퇴직보험은 3년 정도의 유예기간을 두고 2000년 10월부터 판매 중지 되었다.

하지만 생보업계가 사업 초기에 성장할 수 있는 기반을 제공했다는 점에서 그 역할이 컸다고 할 것이다. IMF 이전만 하더라도 자금 부족 시대였기 때문에 기업은 자금 확보와 손비인정 이외에도 자금 확보 목적으로 종업원퇴직보험에 가입할 니즈를 가졌었다. 보험사는 종업원퇴직보험을 기업대출과 연계해 판매함으로써 높은 외형 성장과 수익률 시현이 가능했다.

회사 내부에서는 듀레이션(Duration)[42]이 상대적으로 길고 안전한 채권에 투자하는 것이 바람직한지, 종업원퇴직보험과 연계한 기업대출로 운용하는 것이 나은지에 관해 다툼이 있었다. 하지만 리스크관리보다는 당장의 매출액 M/S와 단기 수익률 향상에 도움이 되는 종업원퇴직보험과 연계한 기업대출로 운영되는 비율이 훨씬 높았다.

다만 IMF 금융위기 당시 대기업대출의 부실화로 상당한 손실을 입었던 점을 부인할 수 없다. IMF 이후 저금리 시대 도래와 함께 보험회사 자산 운용상 ALM(Asset Liability Management) 리스크가 강조되면서 기업대출 비중을 줄이고 채권투자 포트폴리오를 확대하기 시작했다.

퇴직금제도의 변천 과정에서 제도의 본질을 크게 훼손시키고 제도 발전에도 걸림돌로 작용하고 있는 퇴직금중간정산제도가 1997년부터 시행되었다. 이는 기업으로서는 퇴직금누진제도의 부담을 해소할 필요가 있었고 근로자로서는 주택 구입 및 자녀 교육 등 퇴직금의 중도인출 필요성이 증가했기 때문이었다. 기업부도로 인한 퇴직금 수급 불가능에도 사전 대응해야 하기에 근로기준법 제34조 3항에서 근로자의 요구가 있는 경우 사용자가 근로한 기간에 대한 퇴직금을 미리 정산해 지급할 수 있도록 허용하게 되었다.

또한 임금 체계가 성과급연봉제로의 전환이 확산되면서 연봉제 근로자의 퇴직금 지급방식이 변화되었다. 한국노동연구원 조사에 따르면 퇴직 시 퇴직금을 지급하지 않고 연봉금액에 포함하거나 매년 중간정산하는 방식 등으로 미리 지급하는 경우가 43%를 차지했다.

이와 같이 퇴직금중간정산제와 연봉제의 확산으로 퇴직금의 노후보장 성격이 점차 약화되고, 퇴직금을 담보로 한 기업의 근로자대출 등 기업의 후견적 역할이 위축되면서 종업원의 기업에 대한 로열티가 약화되었다. 이에 퇴직금 수급권 보장을 강화하기 위해 퇴직이나 중도해지 시 수급권을 종업원에게 귀속시키고 적립금의 양도나 담보대출 제공을 금지시키는 퇴직보험(1999년)과 퇴직일시금신탁(2000년)을 도입하게 되었다.

근로기준법 시행령에서는 퇴직보험의 적격 요건을 퇴직자가 직접 사업자에게 청구할 수 있을 것, 계약 해지 시 환급금을 근로자에게 지급할 것, 근로자의 수급권을 양도하거나 담보로 제공할 수 없도록 하고 원본을 보전토록 하고 있다. 퇴직보험은 보험사에만 허용했고, 퇴직일시금신탁은 은행(농·수·축협 포함)과 투자신탁에서 취급할 수 있게 했다.

하지만 이러한 퇴직보험과 퇴직일시금신탁의 경우도 이직이나 중간정산 시 퇴직일시금 지급으로 정년까지의 보전이 곤란했다. 뿐만 아니라 근로자의 수급권 보장 장치도 미흡했고, 퇴직 이후 노후소득을 보장하기 위한 연금수급권 구현에도 한계가 있었다.

## 6. 최고경영진의 탁월한 리더십과 임직원들의 로열티

당시 삼성생명이 리딩 컴퍼니로서의 역할을 수행하면서 생보업계를 비약적으로 성장시킨 원동력에는 당시 최고경영진의 탁월한 리더십과 임직원들의 로열티를 빼놓을 수 없다.

이수빈 회장은 1985년 동방생명 사장으로 부임한 이후부터 보험업은 사람이 경쟁력의 핵심이라는 경영철학을 가지고 있었다. 이 회장은 보험영업을 회사 발전의 기본으로 보고 영업 현장의 설계사와 영업소장의 전문성 증진과 사기 진작으로 회사의 성장과 발전에 크게 기여해 전 임직원의 존경을 받았다.

그의 또 다른 업적은 1989년 7월 동방생명에서 삼성생명으로 사명을 바꾼 것이다.[43] 당시 많은 임직원들은 사명 변경을 탐탁지 않게 생각했다. 그러나 나중에는 사명을 변경해 '삼성'이라는 브랜드를 사용한 것이 고객에 대한 이미지 제고와 시장 개방 및 국제화 시대의 경쟁력 강화에 큰 도움이 되었다는 것을 이해하게 되었다.

사명 변경 이전에 삼성생명은 이미 리젤이라는 개척 점포와 환산 효율성적제도의 정착으로 2위사와의 격차가 벌어져 경쟁사라는 용어 대신 차위사라는 용어를 사용했다. 사명 변경 이후에는 더욱 발전해 2위사와 3위사의 업적을 합친 것과 삼성생명의 업적이 거의 같은 규모로 성장했다.[44]

보험영업의 3대 효율인 유지율, 정착률, 생산성을 높이기 위한 결정판인 뉴 웨이브 운동을 1992년부터 3년간 주도해 삼성생명을 크게 레벨 업 시켰던 황학수 사장은 세계 최초의 보험품질보증제도를 실시해 보험에 대한 인식 개선에 크게 기여했다.

1994년 5월 삼성생명은 소비자 주권보호 차원의 그룹 신경영 실천에 적극 부응하기 위해 계약 초기 단계부터 고객의 불만을 제거하기 위해 완전판매를 지향하게 되었다. 가입 단계에서의 세 가지 기본 지키기인 약관 전달, 자필서명, 청약서부본 전달을 지키지 않아 3개월 내에 고객이 이의를 제기하면 이미 납입한 보험료를 환급해 주거나 계약을 전환해 주기로 한 것이다.[45]

주도면밀한 사전 계획에 의해 철저한 내실 위주의 건실한 경영에 탁월한 역량을 발휘한 이시용 대표이사는 후배들을 우수한 보험전문가로 양성하는 데 심혈을 기울였다. 그리고 당시 영업부서 핵심 부서장과 임원을 역임했던 배정충 부회장, 신은철 부회장, 서효식 부사장, 이재돈 부사장 등 훌륭한 분들이 후배들에게 애정 어린 지도를 아끼지 않았다.

당시의 삼성생명의 임직원들은 애사심으로 똘똘 뭉쳐 어떠한 역경도 딛고 함께 협력하며 일어설 수 있는 강인한 정신이 있었다.

일선 영업조직은 동업 타사들에 비해 본사의 정책이나 제도에 대한 건전한 비판정신을 잃지 않았으며 본사도 일선 영업 지원에 총력을 기울였다. 이 당시 교보생명의 경우에도 교보생명 사장과 생명보험협회 회장 및 대한생명 사장을 역임했던 이강환 회장을 비롯해 김영석 사장, 김재우 사장 등 훌륭한 분들이 많았다. 특히 기획과 상품 분야에서는 삼성생명을 앞섰다.

## 7. 정부의 선단 행정과 대형 3사의 열띤 경쟁

정부의 선단 행정과 대형 3사의 열띤 경쟁이 고도성장의 디딤돌이 되었다. 특히 보험에 대한 인식이 워낙 좋지 않아 정부로서는 보험산업을 보호·육성할 필요가 있었다.

보험업계가 과다한 신계약비 지출을 계속하자, 당시 재무부는 사업비의 주축을 이루는 외야 제경비의 효율을 개선하기 위해 1974년 외야관계 제수당 표준지급규정 통일협정을 체결해 시행토록 했다. 또한, 상품이 다기화되어 소비자들이 이해하기 어렵고 피해를 보는 사례가 많아 1976년부터 보편적인 상품인 생존, 사망, 양로 등은 공동으로 개발토록 했다. 각사의 단독 상품은 특수한 보험 종류에 한한다는 공동상품개발제도를 도입하고 표준약관을 제정해 시행하는 선단 행정이 시작되었다.

1977년을 보험의 해로 정하고 1978년부터 보험료 소득공제제도 도입,[46] 1994년 개인연금에 대한 세제 혜택 부여,[47] 보험차익에 대한 비과세 등 정부의 보험산업 보호육성책은 업계 고도성장의 디딤돌이 되었다.

대형 3사 간의 외형 업적 경쟁은 많은 폐해도 있었으나, 선의의 경쟁관계로 업계 고도성장의 견인차 역할을 했다. 대한교육보험은 상품개발 면에서 앞서갔으며, 삼성생명과 대한생명은 일선조직 면에서 조직력이나 로열티 면에서 우위에 있었다.

대한생명은 현존하는 생보사 중 최초로 1946년에 설립된 회사로서 역사가 깊고 일선조직이 강한 회사이다. 지역별로 보면 인천을 비롯한 수도권 지역과 광주 등 지방권에서도 M/S 수위 지역이 많았다. 상위 3사 중에서는 준비금 적립이나 손익 면에서 부진해 어려움을 겪었다. 결국 공적자금이 투입되었음에도 조직이 흔들리지 않았고, 한화그룹이 인수하면서 경영이 안정화되었다. 3사 중에서는 제일 먼저 증권 시장에 상장했다.

대한교육보험은 창립자인 신용호 회장의 신념에 따라 창립 초기인 1958년부터 국민 교육 진흥이라는 기치를 내걸고 세계 최초의 교육보험이라 할 수 있는 '진학보험'을 개발했다. 당시의 진학보험은 사회적으로도 큰 의의가 있었다. 일제시대와 6.25를 경험한 부모들의 "나는 배우지 못했어도 가난은 대물림하지 않겠다"는 뜨거운 교육열에 부응하는 상품이었고 초창기 단체보험에만 의존하던 시절에 개인보험 발전을 위해 기여한 상품이었다.[48]

그 외에도 1980년 암보험 개발에서 업계를 앞서갔으며,[49] 1982년 물가연동의 인플레 보상 부부금슬보험과 대출금리연동형 자유설계 투자수익보험[50] 등 독창성 있는 상품개발력을 보여주었다.

대한교육보험은 우리나라 특유의 교육열을 보험제도와 연결해 초고속으로 성장을 했으나, 교육보험 시장의 변화와 더불어 연금보험과 보장성보험의 성장기를 맞이하면서 1995년 4월 사명을 교보생명으로 변경했다. 이는 보험 시장의 구조 변화에 대응하는 한편 교보문고 등 관계 회사들과 통일된 기업 이미지를 형성해 미래사업 기반을 추구하는 전환점이 되었다.

교보생명의 1997년 무배당차차차보험[51]은 판매 개시 5개월 만에 100만 건을 돌파한 상품이었으며 삼성생명에서도 같은 해 무배당퍼펙트보험으로 개발되어 비슷한 기록을 갖고 있다. 다만 이 상품들은 특정 교통-재해나 휴일 사고, 장해급부 등에 대해 지나치게 높은 급부를 설정했던 관계로 위험률차 손익이 악화되어 판매 중지한 바 있었다.

교보생명은 교육보험을 비롯한 보장성보험 판매가 많아 손익이 양호해 삼성생명보다 순보식 준비금 100%를 먼저 달성했다. 반면 삼성생명은 연금보험이나 고액 일시납 고객이 많았으며 1980년대 중반 이후부터는 일선 영업조직 부분에서 교보생명을 크게 앞서가기 시작했다.

1980년대까지는 삼성생명과 교보생명 간의 경쟁이 치열했던 반면 1990년대 이후에는 교보생명과 대한생명 간의 경쟁이 치열했다.

대한생명은 한화그룹의 종합 네트워크를 구성하는 주축회사로 한화손해보험, 한화증권 등 다른 금융계열사와의 조화를 이루면서 시너지 효과를 얻기 위해 사명 변경을 검토 중에 있다.

## Chapter 03

# 시장 개방의 영향과 IMF 금융위기의 극복

## 1. 시장 개방의 영향

### 많은 신설사들의 설립과 도산[52]

1980년대 중반 이후 미국은 국내 생명보험의 시장 개방을 정식으로 요구하기 시작했다. 국내 보험 시장의 대외 개방은 생보산업의 국제경쟁력이 갖추어진 이후로 연기해달라는 업계의 건의에도 불구하고 한·미 양국은 1년여의 협상 끝에 1986년 7월 21일 국내 보험 시장 개방에 대해 원칙적인 합의에 이르렀다.

이에 따라 1987년 4월 라이나생명을 시작으로 알리코, 아플락, 죠지아 등 지사 형태의 외국사와 동부애트나, 동양베네피트, 코오롱메트, 고려CM, 삼신올스테이트, 영풍매뉴라이프, 고합뉴욕 등의 합작사, 한국푸르덴셜(네덜란드), AGF(프랑스) 등의 현지법인 형태의 외국사 등 세 가지 형태로 진출하게 되었다.

원래 대내 개방은 대외 개방이 마무리되고 자율경쟁 체제가 구축된 후 다시 고려해야 한다고 건의되었었다. 하지만 대외 개방 후 대내 개방을 하는 것은 불공평하다는 국내의 반론에 밀려 결국 대내 개방과 대외 개방이 거의 맞물려 대규모 개방이 이루어졌다.

이에 따라 1986년 5월 30일 전국 규모 순수 내국 생보사 신설 기준이 허가되어 1989년 6월 대신생명(현재는 녹십자생명에 계약이전)을 필두로 태평양생명(현 동양생명에 흡수), 국민생명(현 미래에셋에 흡수), 한덕생명(현 미래에셋에 흡수), 한국생명(현 대한생명에 계약이전), 신한생명 등 6개 전국사가 새로 영업을 시작했다.

또 1987년 12월에는 지방생보사 설립허가 기준이 발표되어 1988년 2월 부산을 시작으로 대구, 광주, 대전, 인천, 마산, 전주, 청주, 춘천에 근거를 둔 9개 지방보험사도 새로 설립되었다. 이에 따라 1985년까지는 6개사였던 생보사가 무려 33개로 늘어나 치열한 경합을 벌이게 되었다.

전국사 가운데는 신한생명이 유일하게 오늘에 이르고 있고 나머지 전국사 및 지방사들은 외환위기를 거치면서 대부분 경영난 때문에 기존사에 계약을 이전하거나 대주주가 바뀌고 상호가 바뀌면서 미래에셋, 금호(현 KDB)생명 등 새로운 대기업 또는 은행계열 생명보험사에 흡수되었다.[53]

외국사나 합작사 중에는 차별화전략을 강구하거나 손익을 고려해 점진적인 조직 확대를 추진했던 상당수의 회사가 살아남았다는 것은 시사점이 크다.

〈표 21〉 외국생보사의 국내 진출 현황

|  | 설립일 | 진출 형태 | 비 고 |
|---|---|---|---|
| 라이나 | 1987.04.22 | 지사 | 미국계 생보사 |
| 알리코 | 1987.05.18 | 지사 | 아메리카생명에 계약이전(1997.03.25) |
| 아플락 | 1988.07.12 | 지사 | 교보생명으로 계약이전(1991.05.28) |
| 죠지아 | 1988.09.01 | 지사 | 네덜란드생명으로 계약이전(1991.12.04) |
| 동부애트나 | 1989.04.14 | 합작사 | 동부악사(1995.02.13)→동부생명(2000) |
| 동양베네피트 | 1989.04.20 | 합작사 | 합작선 철수(1999.01.01) |
| 코오롱메트 | 1989.06.01 | 합작사 | 코오롱지분 인수→ 메트생명(1998.06.01) |
| 한국푸르덴셜 | 1989.06.16 | 현지법인 | 미국 푸르덴셜생보사 |
| 고려CM | 1989.06.27 | 합작사 | 허가 취소(1998.11.11) |
| 삼신올스테이트 | 1989.08.09 | 합작사 | 2001 대한생명에 계약이전 |
| 영풍매뉴라이프 | 1990.06.18 | 합작사 | 2002 영국푸르덴셜(PCA) |
| 네덜란드 | 1991.09.09 | 현지법인 | ING생명으로 상호 변경(1999.03.01) |
| AGF | 1991.11.25 | 현지법인 | 2003년 하나생명으로 상호 변경 |
| 고합뉴욕 | 1992.02.25 | 합작사 | 고합지분 인수→ 뉴욕생명(1999.11.15) |
| 아메리카 | 1997.03.25 | 지사 | 알리코의 계약 인수(1997.03.25) |

대부분의 전국 규모 내국사와 지방사들은 신설 초기부터 기존사의 영업방식대로 많은 점포 증설과 기존사 인력의 스카우트 또는 대량 증원에 의한 조직 운영을 추구했다. 이로 인해 많은 기존사의 핵심 인력들이 신설사로 흩어지게 되었으며, 점포장과 설계사도 스카우트의 핵심 대상이 되었다. 특히 1989년 이후 극심한 스카우트전에 의해 자리를 이동한 설계사의 승환계약 등으로 모집질서도 붕괴

될 조짐을 보였다. 이에 스카우트 방지를 위한 여러 가지 제도적 장치가 마련되었지만 그 대세를 막을 길이 없었다.

기존사들은 본사의 핵심 인력과 일선의 영업소장 및 우수설계사의 스카우트 때문에 조직관리에 커다란 애로를 느끼고 있었으며 관리자들은 산하직원들이 유출될까봐 전전긍긍하던 시절이었다.

당시 재무부서에서는 생보전문인력 양성 방안(생보 22330 · 199. 89. 4. 15)을 시달해 허가일로부터 1년 이내의 영업점포 50개까지는 1:3률을 적용해 스카우트 인원비율이 25%까지 허용했다. 그 외는 1:9률을 적용, 스카우트 인원을 10% 미만으로 유지토록 하여 필요 인력을 자체 양성하도록 했다. [54]

그러나 이러한 조치에도 불구하고 많은 편법이 동원되어 실질적인 스카우트 의존도는 매우 높았다. 일시에 너무 많은 신설사가 생겨 대량 스카우트에 의해 과도한 사업비를 지출했던 것 또한 많은 신설 보험사들의 대량 도산으로 이어지는 이유가 되었다. 특히 전국 규모 내국사와 지방사 등 신설된 국내 생보사들이 대부분 도산하게 된 것은 점포와 설계사가 부족했던 시절 대형사가 성장해 오던 전략을 그대로 답습해 지급여력이 충분하지 않음에도 불구하고 점포의 대량 증설과 설계사의 대량 증원 정책을 구사한데 있었다.

그리고 지급여력제도 도입이 지연되면서 시장 개방 이후 설립된 다수의 신설 생보사들이 재무적 건전성 유지보다는 외형 성장 위주의 경영전략을 추진할 수 있었던 것도 대량 도산의 원인이 되었다.

이에 따라 재무부는 1994년 6월 지급여력을 충실히 확보하도록 규정했다. 지급여력이 미달되고 증자명령을 받은 회사는 계약자배당 제한, 보험사업의 일부 제한, 회사 합병, 정리권고 등의 제제조치를 취할 수 있도록 했다. 대부분의 신설사들이 경영이 악화되어 증자명령을 받게 되었으며, 증자명령을 이행하지 못한 회사들도 속출했다. 1998년 IMF 금융위기 이후 대부분의 신설사들이 사실상 파산 상태에 도달하게 되었고 대대적인 부실 생보사 정리가 이루어졌다. [55]

## 시장 개방에서 얻은 교훈

대량 스카우트에 의존하지 않고 대졸 설계사의 신규채용, TM영업 등 차별화전략을 썼던 회사만이 살아남게 된 것은 우연이 아니었다. 이는 시장 개방에서 보험업계가 얻었던 큰 교훈이라 할 것이다.

첫 번째 교훈은 푸르덴셜이 보장성보험의 맏형격인 종신보험 판매를 한국 시장에 뿌리내렸다는 점이다.

그동안 한국에서는 저축과 연금보험 중심으로 판매되었으며, 보장성보험은 재해보장이나 암보장 등 건강보험만 소액으로 팔렸을 뿐이었다. 따라서 사망보장에 대한 일반 국민들의 인식이 저조한 상황에서 비싼 보험료로 사망보장을 고액 설계하는 데 성공했다는 것은 높게 평가할 사항이었다.

설계사가 아닌 유망한 직종에 근무하는 대졸 이상자를 스카우트해 초기 2년간 고액연봉을 보장하면서 종신보험 가입이 곧 가정의 미래를 책임지고 구원한다는 '가족사랑 실천 전도사'라는 십(Ship)을 배양해 의사 및 변호사 등 고소득층을 공략했다. 이를 통해 정착률과 유지율, 생산성을 높게 유지한 것은 당시 영업기획 담당임원이었던 나에게는 큰 충격으로 다가와 대졸 남성조직의 도입을 건의하기에 이르렀다. [56)]

그래서 삼성생명도 1998년 9월경에 대졸 남성조직인 LT(LifeTech)를 신설해 LC(Life Consultant)를 채용·훈련하기 시작했고, 1999년부터 여성설계사의 FC화를 추진했다. ING생명은 삼성생명보다 한발 앞서 대졸 남성설계사를 도입하기 시작했으며, 메트라이프를 비롯한 PCA, AIA, 뉴욕생명 등 외자계 생보사와 교보, 대한, 미래에셋, 동부 등 국내사들도 대졸 남성조직를 강화하게 되었다.

둘째는 신설사들의 TM조직의 약진이었다.

라이나, 신한, 동양생명 등 신설사들이 추구한 차별화전략 중 TM조직에 의한 다이렉트 마케팅이 상당한 성과를 나타내었으며 앞으로도 크게 성장할 움직임을 보이고 있었다.

특히, 신한생명의 경우 신한금융지주회사 출범 이전에도 TM영업체제를 잘 구축해 TM이 효율적이고 이익기반이 양호하여 성공한 채널이었다. 신한금융지주회사 출범 이후에는 은행과 카드의 수천만이 넘는 막대한 고객 정보를 활용한 CRM기법을 통해 우량고객 중심으로 아웃바운드에 의한 TM영업이 가능했다. 때문에 타 보험사가 갖지 못한 탁월한 경쟁력을 갖추고 있다. 이는 최근 KB, 우리아비바, 하나HSBC, KDB 등 은행계열 보험사들의 성공 모델이 되고 있다.

반면 해외에서 건강 상품에 대한 많은 경험과 노하우를 갖고 있는

AIG(현 AIA)생명은 TM과 홈쇼핑 영업을 통해 많은 고객을 확보했다. 이는 회사에 대한 홍보와 아울러 대면 채널의 생산성 향상을 위한 데이터베이스로 활용한 전략으로 추정된다. 이 과정에서 공격적인 상품 운영에 따른 일부 부작용이 있었다.

1997년 말 삼성생명도 TM실을 만들어 인바운드에 의한 TM을 시작했고 이후 아웃바운드 TM을 준비했다. 또한 TM과 방문 판매를 겸하는 하이브리드 채널인 TC 채널도 시작되어 좋은 성과를 나타내고 있었다.

그러나 TM 채널을 구축한지 5년쯤 되었을 때 텔레마케터의 신분상의 문제 등으로 TM 채널을 포기한 것은 다이렉트 채널을 키워나갈 수 있는 기반 인프라를 포기한 것으로 아쉬운 일이었다. 나는 TM 채널과 대졸 남성설계사 채널을 도입한 지 얼마 안 된 시기에 기획관리실 경영관리 담당임원으로 자리를 옮기게 되어 신채널에 대해서는 깊은 경험을 가지고 있지 못하게 된 것이 크게 아쉬웠다.

1999년 삼성생명은 경쟁력강화 T/F를 만들어 '드림 플랜 21(Dream Plan 21)'을 추진하게 되었다. 그 추진배경은 새로운 강자와의 무한경쟁에 대응한 사업구조 개혁의 필요성을 느끼고 고객 및 시장지향적인 풀(Pull)형 마케팅 체제를 구축하는 것이었다. 그리고 고객 중심의 열린 사고와 프로 중심의 기업문화 혁신을 기하고 자율과 책임의 원칙에 의한 경영 체제 확립을 위한 것이기도 했다. [57]

푸르덴셜의 대졸 이상의 남성설계사조직은 재정설계와 프리젠테이션 영업으로 니즈 환기에 의한 풀형 영업방식으로 부가가치가 높

〈표 22〉 설계사 경쟁력 비교

| | | 여성설계사<br>(국내 생보사) | 남성설계사<br>(한국 푸르덴셜) |
|---|---|---|---|
| 속성 | 학력<br>전직 | 고졸 여성 중심<br>가정주부 | 대졸 남성 중심<br>직장경력 3년 이상 자 |
| 판매 스킬 | | 푸쉬(Push) 판매<br>- 목표 및 시책 중심<br>- 신종 상품 중심<br>　(질병, 상해, 연금, 저축보험 중심) | 니즈 베이스드 풀(Needs Based Pull)형 판매<br>- 재정설계 판매, 프리젠테이션 영업<br>- 종신보험 중심 |
| 활동 패턴 | | 비효율적 활동<br>- 사전 방문계획 및 약속 미흡 | 계획적인 판매 활동<br>- 사전 방문 약속 |

은 종신보험을 주로 판매했고 사전 전화 약속에 의한 계획적인 판매 활동을 전개했다. 이에 비해 여성설계사조직은 목표 부여 및 시책에 의한 푸쉬(Push)형 영업방식에 의존해 부가가치가 낮은 상해, 질병보험이나 연금, 저축보험을 중점 판매하고 있었다. 활동 패턴도 사전 방문 약속에 의한 계획적인 활동이 아닌 비효율적 활동 패턴을 갖고 있었다. 따라서 당시 푸르덴셜의 남성설계사조직에 비해 생산성과 효율이 상대적으로 낮았다.

또한 영업 관리자의 경쟁력에서도 미국 노스웨스턴(Northwestern) 등에 비해 실전능력이 없어 플레잉 코치(Playing Coach)로서의 역할을 수행하지 못하고 지시, 통제, 관리 위주의 슈퍼바이저(Supervisor)로서의 역할을 수행할 뿐이라는 데에 대한 자기반성이 일어났다. 그리고 제한된 성과급을 가미한 연공서열식의 고정성 임금 체계는 성과 위주의 오버라이딩(Overriding)에 의한 변동성 임금구조에 비해

| | 국내 생보사 | 외국 선진사<br>(노스웨스턴, Northwestern) |
|---|---|---|
| 고용 형태 | 정규직 봉급생활자<br>(공동채용 정규사원 중 선발)<br>- 3년 이내 전배치 | 계약직 준 사업자<br>(설계사 중 실전능력 우수자 선발)<br>- 판매조직 구축 후 장기근속 |
| 역할 | 지시, 통제관리 위주의 슈퍼바이저 | 실전능력 중심의 플레잉 코치 |
| 보상 체계 | 연공서열형 고정성 임금<br>(15% 수준의 제한적 성과급)<br>승진 승격에 의한 동기부여 | 성과 위주의 변동성 임금구조<br>(오버라이딩에 의한 차등급여 지급)<br>철저한 금전적 성과보상 체계에 의한<br>동기부여 |

동기부여가 크게 부족했다.


## 라이프플래너와 재무컨설턴트

한국 푸르덴셜은 일본 푸르덴셜에서 성공한 모델을 한국 시장에 접목시켜 종신보험 판매에 성공했다. 그 성공 비결은 '라이프플래너 십'이라 할 수 있다. 라이프플래너 십이란 생명보험의 진정한 가치인 '가족 사랑, 인간 사랑'이라는 이념을 라이프플래너만이 제대로 전달할 수 있다는 투철한 직업정신이다. 즉 고객들에게 종신보험을 가입시키는 것이 가족 사랑의 실천 전도사로서의 역할을 이행하는 것으로 이해될 수 있다.

고객 각자에게 필요한 보장을 정확하게 분석해 재정안정계획을 제대로 세울 수 있는 능력과 보험 상품 판매 후 지급 시점까지 꾸준히 서비스를 해 줄 성실함과 정직성을 갖춘 평생의 동반자로서의 역할을 수행한다는 직업정신이다. 이러한 '라이프플래너 십'을 갖도록 대졸 남성과 직장경험이 있는 우수한 인력을 철저한 채용 프로세스 즉, OT(Orientation, 오리엔테이션) CIS1, CIS2, CIS3[58], TS1, TS2[59], 가족 면담, 가정 방문 등을 거쳐 선발하고 이들을 SM(Sales Manager, 세일즈 매니저)이 철저한 1대1 OJT(On-the-Job Training, 직장 내 교육훈련)를 통해서 양성하는 체계가 차별화된 경쟁력을 갖고 있다.

이는 한국 푸르덴셜이 생명보험 분야에서 NCSI(국가고객만족지수) 6년 연속 1위를 차지하게 된 원동력이 되었다. 특히 시장의 흐름이 판매자 시장(Seller's Market)에서 구매자 시장(Buyer's Market)으로의 변화가 뚜렷해지면서 고객 개개인의 재정 상태를 분석 판매하는 1대1 마케팅의 중요성이 부각되었다.

한국 푸르덴셜의 대졸 남성조직의 성공에 자극받아 삼성생명도 대졸 남성조직인 LT조직을 도입했다. 기존 설계사를 레벨 업 시키고자 재정안정설계시스템을 구축하고 기존의 설계사조직을 FC로 전환하게 되었다. 삼성생명은 기존 설계사들을 별도의 교육 과정을 통해 FC로 전환시키고자 1999년 10월 처음 FC양성센터를 시범 운영했다. 이후 2001년 11월부터 전 지점에 FC양성센터를 확대 운영했다.

FC들은 기존 설계사들과는 달리 업의 본질에 대한 사명감, 'FC Ship(FC 십)'으로 무장했다. 단순히 보험 상품을 판매하는 것이 아니라 가족 사랑과 인생의 가치를 전달한다는 자긍심을 갖고, 고객에게 차별화된 서비스를 제공하고, 높은 수준의 윤리의식을 갖추는 등

고객 우선의 프로정신을 가지도록 요구되었다. [60]

또 재정안정설계서를 활용해 고객의 정보를 정확히 분석한 후 고객 요구에 부합되는 1대1 맞춤형 컨설팅을 도입했다. 이로써 고객에게 높은 만족을 주게 되고 나아가 FC에 대한 신뢰로 소개를 통한 신규 시장 창출이 가능하게끔 했다. 특히 FC 개개인은 프로직업인답게 성공계획서에 의거한 체계적인 활동계획을 수립하고 그에 맞추어 활동하면서 주(週) 단위로 고른 업무성과를 성취토록 유도해 나갔다.

재무컨설턴트인 FC의 호칭은 2001년 변액보험 도입과 함께 주식, 채권은 물론 펀드 및 파생 상품에 이르기까지 다양화되어가는 금융상품에 대한 충분한 지식과 노하우가 요구되는 오늘날에는 매우 적합하다. 변액보험자격증, 수익증권자격증 등을 보유하지 않고는 생존해 나가기 어려운 시대에 접어들었기 때문에 고객의 자산 포트폴리오를 재구성해 가족보장은 물론 노후 생활보장, 상속플랜(Plan) 등을 제시할 수 있는 재무설계사(Financial Planner)로서의 역량을 가진 전문설계사의 양성이 절대적으로 필요한 시대이다.

물론 FC들은 고졸 이상의 여성설계사들로 평균적인 측면에서 푸르덴셜의 대졸 남성 라이프플래너보다는 자질이나 기반 시장 면에서 취약해 한계가 있는 것은 사실이다. 하지만 대면 채널의 주력부대로서 매년 MDRT 멤버십 기준을 달성하는 인력이 삼성생명에서만 수년째 2,000명을 상회하고 있다. 이를 보면, 여성 FC 중 상위 그룹은 대졸 남성 라이프플래너 이상의 역량을 가지고 있다고 볼 수 있을 것이다.


## 2. IMF 금융위기의 극복

IMF 금융위기는 1997년 말 한국경제의 국제신뢰도 하락에 따른 외환 시장 위기에서 시작되었다. 정부의 경기부양정책, 무분별한 금융 개방과 규제 완화가 재벌그룹의 과잉투자와 이에 따른 경제거품의 발생을 초래했다. 1995년 중반 이후의 엔저 현상과 이로 인한 수출여건의 악화에도 불구하고 국내에서의 투자 붐은 계속되었다. 그 결과 기업의 수익률이 크게 떨어지고 높은 부채비율에 따른 금융 부담으로 쓰러지는 기업들이 속출하기 시작했다.

1997년 초의 한보사태와 7월 기아부도로 사태는 크게 악화되었다. 1997년 9월 일련의 사태를 산업은행 출자방식으로 해결하기로 한 것도 국가신인도를 떨어뜨리는 계기로 작용하면서 해외차입여건이 나빠졌고 외국인 투자자금이 이탈하기 시작했다. 인도네시아, 태국 등 동남아 국가의 위기에 이은 홍콩의 주가폭락은 한국으로부터의 외국자본 탈출을 본격화시켜 결국 한국의 외환위기를 현실화시켰다.

단기 외채가 많았던 리스, 종금사들이 순식간에 다 거덜났다. 삼성그룹이 삼성자동차 과잉투자로 인해서 어려워질 것이라는 루머가 확산되면서 삼성생명은 해약이 급증하기 시작했다. 하루 1,000

억 원 이상의 돈이 빠져 나가는 등 심각한 유동성 위기에 봉착했고, 회사채금리는 25~30% 이상 치솟고 있었다. 최고경영층에서는 빨리 대책을 세우라는 강력한 지시가 있었다. 그러나 일상적인 판매 증대를 위한 시책이나 해약방지 대책은 전혀 먹혀들지 않는 비상시국이었다.[61]

이 당시 업계 전체의 해약환급금이 전년 대비 최고 94% 증가되는 등 심각한 유동성 위기를 겪었다. 일부 경영이 부실한 회사는 지급 불능 상태에 처하게 되었다. 이에 따라 정부는 금융기관의 모든 예금을 2000년 말까지 한시적으로 전액 보장하고 부실 금융기관에 대한 조속한 구조조정 추진방침을 천명하게 되었다.[62]

시중금리가 25~30%까지 올라간 상황에서 자금사정이 꽁꽁 얼어붙었기 때문에 예정이율이 7.5% 확정금리인 상품의 경우 계약자는 해약을 해서 긴급한 자금으로 사용하거나 채권에 대체투자하는 것이 유리한 상황이었다. 또한 보유계약 중 은행 정기예금이율에 연동되어 있던 노후복지보험은 확정금리보다는 나았지만 은행이 정기예금이율을 많이 올리지 않아 해약을 방어하기가 어려웠다.

당시 보유계약 중 약관대출이율에 연동되었던 가정복지보험의 경우 해약을 막기 위해서 약관대출이율을 대폭 인상해 계약자의 수익률을 제고한 것이 유효한 전략이었다. 또한 약관대출을 억제하기 위해서도 약관대출이율 인상은 필요한 조치였다.

그러나 확정금리 상품이나 은행 정기예금이율연동 상품의 경우 해약을 막을 수 있는 수단이 없었기 때문에 이를 방어하는 방법을 강구해야 했고 새로운 신규자금 유입을 위한 전략이 필요했다. 이러한 것을 해결하는 키(Key)는 공시이율제도의 도입, 이를 적용한 슈퍼재테크 상품과 거치전환제도였다.

종래의 금리연동형 상품의 부리이율 체계는 몇 가지 약점이 있었다. 즉 약관대출에서 얻은 이익은 약관대출연동형 상품의 준비금 부담으로 상쇄되어 회사가 약관대출에서 자유롭게 운용 수익을 확대할 수 없는 문제가 있었다. 또한 은행 정기예금이율연동형 상품의 경우에는 은행의 행동에 의해서 금리가 결정되기 때문에 보험회사가 자유롭게 금리를 변경해 환경에 대응하는 전략을 구사할 수 없는 단점이 있었다. 이에 반해 공시이율은 일정한 범위 내에서 보험사가 자유롭게 공시이율을 정할 수 있기 때문에 능동적으로 전략을 구사할 수 있는 장점이 있다.

삼성생명은 이후 금리의 향방을 알 수 없을 만큼의 초고금리(연 25~30%)에 달했을 때 다행스럽게도 당시의 금리가 일시적일 것으로 판단하여[63] 공시이율제도를 도입했다. 이를 활용한 슈퍼재테크 상품을 개발하여 3개월간 3조 2,000억 원의 수입보험료를 거적해[64] 유동성 위기를 극복할 수 있었다. 유입된 자금으로는 고수익 확정 채권에 투자함으로써 자산 포트폴리오 구조를 개선해 자산운용수익률을 크게 개선할 수 있어 일석이조의 효과를 거두었다.

또한 슈퍼재테크 일시납의 공시이율 최저한도가 5%였기 때문에 확정금리 상품에 비해서 금리 리스크도 훨씬 적었다. 확정금리 상품이나 은행 정기예금이율연동 상품의 부리이율을 거치전환제도를 활용해 공시이율로 바꾸어서 이자를 계속 붙였던 것도 당시에 금리 리스크를 크게 지지 않으면서 수입보험료를 확대하고 해약을 막는 데 상당한 효과가 있었다.

1980년대 초 금융권 간 금리 경쟁 본격화로 유동성 위기를 맞이했던 미국의 생보사들이 고이율의 확정금리형 상품을 대량 판매해 1980년대 후반기 저금리 진입으로 많은 회사가 파산하게 된 것과는 대조가 된다.

IMF 이전만 하더라도 채권투자비율이 저조했다. 그 이유는 당시에 장기채권 발행물량이 얼마 되지 않아 자산과 부채 간 매칭투자(ALM)가 어려웠던 면도 있었기 때문이었다. 하지만 주식, 부동산 등 자본이득(Capital Gain)자산 비중이 컸고, 종업원퇴직보험 인수를 위해 기업대출에 많은 자금을 배정했던 데도 그 원인이 있었다.

IMF 금융위기 당시 보험업계는 주식, 부동산 등 자본이득자산과 기업대출에서 많은 손실을 보게 되었다. 이것이 계기가 되어 자산운용 포트폴리오 운영상 주식, 부동산 등 자본이득자산을 줄이고 이자소득자산 중에서도 리스크가 큰 저신용기업에 대한 기업대출을 축소하는 자산 부채 매칭 즉 ALM경영을 적극 도입하게 된 계기가 되었다.[65]

공시이율 상품인 슈퍼재테크보험 판매 호조는 유동성 위기를 극복함은 물론 고금리 회사채에 투자할 수 있는 여력을 창출했다. 그 결과 1997년 총자산 중 13%에 불과하던 채권비율을 1999년 28%로 높일 수 있게 되었고 이것이 계기가 되어 2002년에는 44%까지 늘어날 수 있었다.

이와 같이 어려웠던 유동성 위기에 해약을 막고 변동금리 상품 판매를 통해 금리 리스크를 줄이면서 고금리 회사채에 투자할 수 있는 여력을 창출해 자산구조를 개선한 것은 위기를 기회로 반전시킨 '전화위복의 경영사례' 라 할 수 있을 것이다. 또한 이는 경영위기 시에 전 임직원이 애사심으로 똘똘 뭉쳐 합심해 노력한 결과 가능한 일이었다.

## IMF 금융위기 이후 재무적으로 안전한 회사 선호

IMF 사태를 겪으면서 보험업계도 지각변동이 나타났다. 1980년대 후반의 보험 시장 개방으로 33개사에 달하던 생보사가 22개로, 11개사나 줄어들었다. 금융위기 이전부터 경영이 부실해졌던 대한생명은 공적자금이 투입되었다. 교보생명의 경우 대우, 기아 등 대기업대출 등으로 많은 손실을 보아 큰 자산 손실을 떠안아야 했으며 주식 시장의 침체로 경영이 어려워졌다.[66]

생보사들의 파산 원인을 분석해보면, IMF 이전까지 누적되어 온 외형 경쟁을 위한 과도한 사업비 지출과 자산 운용의 부실화가 IMF 사태를 맞이하면서 더 이상 견딜 수 없이 악화되었기 때문이다.

많은 생보사들의 파산으로 당시 5,000만 원 이하는 예금보험으로 보장 받게 되어 있었다. 하지만 실제로는 대형 보험사들로 하여금 파산한 회사의 보유계약을 모두 인수케 했기 때문에 계약자들의 피해는 없었다.

그러나 계약자들은 앞으로는 재무적으로 안정된 보험회사에 맡겨야겠다는 생각을 하게 되었다. 이는 삼성생명의 M/S가 40% 수준까지 상승하게 되는 주요 원인이 되었으며, 글로벌 경쟁력을 갖춘 외자계 보험사의 M/S도 약진하게 된 계기가 되었다. IMF 금융위기 초기 삼성생명은 유동성 위기를 겪었지만, 이를 극복한 이후에는 오히려 크고 좋은 회사는 안전하다는 인식이 고객에게 확산되면서 2000년 삼성생명의 시장점유율은 41%까지 급격하게 확대되었다.

삼성생명은 재무적인 안정성 외에도 우수한 직원과 컨설턴트 보유, 전국적인 네트워크, 탁월한 IT기반하에 신속하고 고객지향적인 업무처리시스템 확립 등 강력한 브랜드 파워를 가지고 있었다.

## Chapter 04

# 잃어버린 10년

그러나 2000년 이후 생보업계 전체의 성장률이 크게 둔화되어 국민소득 증가율에 비해 수입보험료 신장률이 낮아 수입보험료/GDP가 2000년 8.6%에서 2009년 7.2%로 떨어졌다. 삼성생명을 비롯한 대형사들로 볼 때 잃어버린 10년이 지속된 것이다.

국민소득이 2.86배 늘어났음에도 불구하고 대형 3사의 수입보험료 규모는 전혀 늘어나지 않아 M/S는 2000년 약 80% 수준에서 2010년 50% 수준으로 급락했다.

또한 생보업계의 2010년 보장성보험의 수입보험료가 2000년에 비해 10% 감소한 데 비해, 손보업계의 장기보험은 비약적인 발전을 거듭해 10년간 4.2배 증가했다. 그 결과 손보업계의 장기보험의 수입보험료가 2000년 생보업계 보장성보험 수입보험료의 21% 수준에서 2010년 98% 수준까지 따라와 있다.

잃어버린 10년이 전개된 데에는 여러 가지 원인이 있었다. 이를

<표 24> 연도별 주요 지표 변화

| | 단위 | 1995년 (A) | 2000년 (B) | 2005년 (C) | 2010년 (D) | 배수 (D/A) | 배수 (D/B) |
|---|---|---|---|---|---|---|---|
| 모집점포수 | 개 | 1만 3,361 | 6,535 | 4,360 | 4,287 | 0.32 | 0.66 |
| 모집인수 | 명 | 34만 9,206 | 21만 4,793 | 12만 3,850 | 14만 7,490 | 0.42 | 0.69 |
| 1인당 보험료 | 원 | 79만 2,000 | 112만 3,000 | 130만 7,000 | 155만 2,000 | 1.96 | 1.38 |
| 세대가입률 | % | 57.8 | 86.2 | 89.2 | 87.5 | (29.7) | (1.3) |
| 신계약 | 억 원 | 672조 9,260 | 302조 5,240 | 361조 9,840 | 349조 2,830 | 0.52 | 1.15 |
| 보유계약 | 억 원 | 1,198조 9,370 | 828조 8,330 | 1,436조 7,370 | 1,793조 2,100 | 1.50 | 2.16 |
| 수입보험료 | 억 원 | 35조 2,880 | 51조 6,540 | 61조 4,720 | 83조 70 | 2.35 | 1.61 |
| 자산 | 억 원 | 69조 6,770 | 120조 7,300 | 239조 3,620 | 416조 6,520 | 5.98 | 3.45 |
| GDP | 억 원 | 409조 6,540 | 603조 2,360 | 865조 2,410 | 1,172조 8,020 | 2.86 | 1.94 |
| 수보/GDP | % | 8.6 | 8.6 | 7.1 | 7.1 | (-1.5) | (-1.5) |
| 1인당 연간 | 만 원 | 905 | 1,277 | 1,796 | 2,400 | 2.65 | 1.88 |
| 국민소득 | 달러 | 1만 1,735 | 1만 1,292 | 1만 7,531 | 2만 759 | 1.77 | 1.84 |

※ 1995년 세대가입률은 1994년 수치, 2005년은 2006년 수치, 2010년은 2009년 수치임.

일곱 가지 관점으로 살펴보고자 한다.

## 1. 채널 구조개혁의 실패

채널에 대한 구조개혁 실패와 대체 채널 구축 미흡으로 채널경쟁력이 크게 후퇴되었다.

초저금리기가 도래했을 때의 대처로 상품구조를 확정형에서 변동형 및 변액보험 중심으로 가져가야 하는 것에 대해서는 의문이 없다. 채널에 대해서도 설계사 중 저능률 설계사를 단계적으로 정리하고 관리조직상 방만한 부분이 있다면 군살을 빼고 새로운 대체 채널의 구축에 자원을 투입하는 것은 당연한 과제일 것이다. 그러나 대형 3사의 설계사 채널 구조조정은 성급했던 부분이 있었다.

2001~2002년 여성설계사 채널에 대한 대대적인 구조조정 당시, 다른 대체 채널의 구축에 대한 확고한 청사진이나 전략 방향이 수립되지 않은 채 구조조정이 진행된 것은 무척 아쉬운 일이다.

당시에는 GA(독립대리점)와 같은 비전속 채널이 출현하기 전이라 막연히 미국처럼 비전속 채널이 고능률 저(低) 코스트 채널이고 여성전속설계사 채널이 저능률 고(高) 코스트조직으로 수익성이 낮다고 판단했던 것으로 추정된다. 지금 판단해 보면 여성설계사 채널은 전속 채널로서 로열티가 높고 코스트는 대졸 남성조직이나 GA에 비해 낮아 수익성이 양호한 채널이었는데 이를 일시에 축소시키려 했던 것은 무리한 정책이었다고 판단된다.

왜냐하면 전속 채널의 축소 조치는 비전속 GA 채널 확대를 촉진한 결과를 가져왔는데 비전속 채널은 채널 통제가 잘 되지 않을 뿐아니라 수익성 면에서 크게 취약한 실정이었기 때문이다.

미국의 전속설계사 채널의 경우 법적으로 책임이 있는 건강보험료 지원에 막대한 비용이 소요되기에 비전속에 비해 고(高) 코스트 채널이다. 또한 설계사의 일사(一社)전속제가 폐지되어 전속설계사도 자기계약을 브로커조직에 넘겨줄 수 있는 등 설계사에 대한 통제권도 약화되었다. 이에 코스트 절감을 위해 설계사 채널을 전속 GA

로 바꾸거나, 비전속 채널을 활용하게 된 것이다.

그러나 우리나라의 경우에는 설계사의 일사(一社)전속제가 유지되고 있고 공적 건강보험 시행과 더불어 의료수가가 저렴해 설계사의 건강보험료 지원에 많은 비용이 소요되지 않는 등 전속 채널이 비전속 채널보다 수익성이 높았다면 굳이 전속 채널을 줄일 이유는 없었다.

그리고 미국의 경우 설계사조직보다 우수한 비전속 채널이 금융시장에 많이 존재하고 있을 때, 변액보험의 불완전판매로 막대한 벌금을 물게 되었다. 따라서 변액 및 뮤추얼펀드 등 투자형 상품 판매에는 고객의 금융지식 증가에 따라 전문능력을 갖추고, 다양한 회사의 상품지식을 갖춘 독립 비전속 채널을 선호하게 된 것이다. 이에 반해 당시 우리나라 시장은 비전속 채널이 제대로 형성되기 전이었기 때문에 대체 채널이 없는 상황에서 전속 채널의 구조조정은 시기상조였다.

즉, 전속 채널의 경쟁력이 강하고 외부 환경이 크게 변하지 않는 한 회사가 전속 채널을 비전속 채널로 급속히 변화시키는 것은 바람직하지 않다.[67] 미국 유수의 보험사도 채널 정책의 급속한 변화로 회사의 위상이 크게 흔들렸던 경우가 있다. 특히 미국의 A사는 전속 조직을 비전속 네트워크로 전환한 후 업적이 급감하는 등 회사경영상 위기에 봉착한 사례가 있었다.

저능률 설계사를 대폭 정리하면서 점포도 함께 축소하다보니 점포장과 육성지도장 등도 같이 그만두게 되었다. 결국 로열티가 강했던 우수설계사도 점포장이나 육성지도장 등을 따라 동업 타사로 옮겨가는 상황이 발생했다. 하지만 그들의 마음을 붙잡을 수 있는 역할을 수행할 동력이 없어 짧은 시간에 설계사조직은 거의 반토막이 났다. 참으로 안타까운 일이었다.

〈표 25〉 상위 3사 점포조직 및 설계사 수 변화

|  | 2000년(A) | 2001년(B) | 2002년(C) | C-A |
|---|---|---|---|---|
| 지역 본부(개) | 21 | 14 | 14 | △7 |
| 영업국(개) | 316 | 231 | 224 | △92 |
| 영업소(개) | 3,948 | 3,354 | 2,876 | △1,072 |
| 설계사 수(명) | 14만 1,500 | 10만 8,650 | 8만 7,436 | △5만 4,064 |

구조조정 과정에 있어서 지역 본부를 일시에 없앤 회사도 있었는데 대형사의 경우 많은 설계사와 보유계약을 관리하기 위해서 지역 본부는 반드시 필요한 조직이다. 결국 몇 년 뒤 사업부라는 명칭으로 부활할 수밖에 없었다. 따라서 구조조정 당시 지역 본부의 기능과 조직 규모를 축소·조정하는 것이 바람직하지 않았나 판단된다. 또한 구조조정 과정에서 여성설계사조직에 대한 시장 부여와 동행훈련 등 육성 기능이 크게 소홀해진 것은 아쉬운 일이다.

그리고 설계사 채널의 구조조정으로 이탈한 설계사 중 상당수가 외국사, 중소형 생보사나 손보업계로 옮겨 M/S를 이중으로 크게 잃게 된 원인이 되었다. 당시 다른 회사로 옮긴 영업소장이나 육성지도장, 간부설계사들은 본인들과 인간관계가 깊었던 설계사들을 데

려갔기 때문이다.

또한 설계사 채널의 구조조정은 많은 고아계약(관심계약)[68]을 양산해 보유계약관리가 소홀해졌으며 이로 인해 많은 고객을 잃어버리게 된 것은 큰 손실이 아닐 수 없다.

안타까운 일은 대형 3사가 설계사 채널 구조조정 이후 10년이 지난 지금도 수익성 있는 대체 채널을 제대로 확보하지 못해 지난 10년간 수입보험료가 전혀 늘지 않은 일이다.

가장 역점을 두었던 대졸 남성조직은 업계 각사 간의 과열된 스카우트 경쟁으로 초기보장급과 선지급 수수료 등을 수혜 받고 다시 떠나는 '먹튀 현상'이 만연했다. 또한 대기업 경력사원들의 리쿠르팅도 점차 어려워져 대부분의 회사들이 많은 비용 투자에도 불구하고 대졸 남성조직 구축에 실패를 거듭하고 있다.

미국의 경우 전속 채널이 고(高) 코스트조직인 데 비해 비전속 채널인 독립대리점(GA)이 상대적으로 저(低) 코스트 채널이다. 때문에 미국의 보험사들이 탈상호회사화(脫相互會社化)하거나 주식회사가 상장하면서 회사가치 제고를 위한 코스트 절감대책으로 전속 채널보다 비전속 채널을 확대해 왔다.

이에 반해 우리나라 비전속 채널은 보험사가 제대로 수익을 낼 수 없는 잘못된 구조로 발전되고 있다. 방카슈랑스나 GA 등 비전속 채널 업적을 확보하기 위해 높은 공시이율과 높은 수수료 수준 등 출혈 경쟁을 하고 있어 오히려 설계사 채널보다 비전속 채널이 고(高) 코스트 저(低) 수익 채널이 되고 있다.

우리나라의 비전속 채널은 다양한 상품 선택이 가능한데다 높은 수수료 확보가 가능하다. 또 전속설계사가 비전속 채널인 GA로 옮겨가고 대형 GA가 보험계약의 매집행위까지 가능한 구조가 되어 있어 전속 채널의 비전속화가 가속화될 전망이다.

대형 3사의 경우 전속 채널이 2001년에 비해 크게 위축되었으나 상대적으로는 전속 채널 의존도가 크기 때문에 비전속화가 가속화될 경우 어려움은 다른 회사보다 클 것으로 예상된다. 그러므로 고(高) 코스트의 GA 채널을 직접 육성하기도 난감한 상황이다. 다만 대체 채널 활용 면에서는 대한생명이 GA 채널 활용도가 가장 높고 교보생명은 방카슈랑스 채널 활용도가 높다. 삼성생명의 경우 GA, 방카슈랑스, 다이렉트 등 비전속 채널에서 M/S를 크게 잃고 있다.

삼성생명과 교보생명은 거의 비슷한 시기에 컨설팅을 받으면서 철저한 구조조정을 했다.[69] 교보생명은 IMF 외환위기 때 기업대출과 주식 시장 침체로 인한 손실로 재무 상태가 절박한 상황이었기에 구조개혁을 통한 코스트 절감과 이익률이 양호한 보장성 상품 위주의 상품전략이 긴요했다. 그 결과 재무 상황이 크게 개선된 것으로 자체 평가하고 있다.[70] 삼성생명의 경우 당시 저금리에 대응한 상품구조개혁은 바람직했으나, 순보식 준비금의 환입에 의한 특별 이익으로 손익이 양호한 상황이었기 때문에 설계사 채널은 점진적인 구조조정이 바람직하지 않았나 사료된다.

## 2. 혹독한 금리 리스크의 경험

2001년부터 그동안 겪어보지 못했던 금리 리스크를 생보사들이 혹독하게 경험하게 되었다.

우선, 우리나라의 저금리 시대에 대한 대응전략을 살펴보기 전에 미국과 일본의 실패사례를 살펴보고자 한다.

### 미국의 고금리기 대응 실패사례

미국의 경우 1980년대 초 금리자유화의 본격 진행으로 금융회사 간의 고금리 수신 경쟁이 유발되었다. 타 금융권 대비 금리열세였던 생보사의 실효·해약 및 약관대출 급증으로 미국 생보사는 대규모 자금 유출로 인한 유동성 위기를 맞게 되었다.

이에 미국 생보사들은 고이율의 확정금리형 상품(Guaranteed Interest Contract)의 판매 확대와 고위험, 고수익 자산 운용을 추진하게 되었다. 많은 생보사가 보험기간 3~15년의 고금리 확정이율을 보장하는 확정금리형 상품(GIC)을 판매했다. 이는 유동성 위기와 경쟁만을 고려했고 금리 리스크는 간과했다. 시장금리는 1981년을 정점으로 하락추세에 있음에도 불구하고 시장금리보다 높은 수준의 보증금리를 제공한 것이다.

확정금리형 상품은 1980년 초 금리 경쟁을 위한 생보사의 주력 상품으로 등장했다. 준비금 중 비중은 1975년 25% → 1980년 36% → 1985년 46%를 차지했다.

<표 26> 미국의 금리 추이

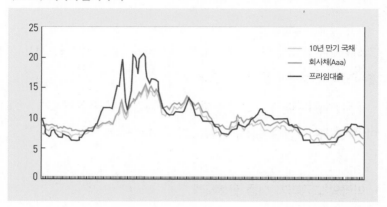

（단위 : %）

|  | 1975년 | 1977년 | 1979년 | 1981년 | 1983년 | 1985년 | 1987년 | 1989년 | 1991년 | 1993년 | 1995년 |
|---|---|---|---|---|---|---|---|---|---|---|---|
| 10년 만기 국채 | 7.99 | 7.42 | 9.43 | 13.92 | 11.10 | 10.62 | 8.39 | 8.49 | 7.86 | 5.87 | 6.57 |
| 회사채 | 8.83 | 8.02 | 9.63 | 14.17 | 12.04 | 11.37 | 9.38 | 9.26 | 8.77 | 7.22 | 7.59 |
| 프라임대출 | 7.86 | 6.82 | 12.67 | 18.87 | 10.79 | 9.93 | 8.20 | 10.87 | 8.46 | 6.00 | 8.83 |

　에퀴터블의 경우 1980년 초 최고 15%의 이율을 보장하는 등 확정 금리형(GIC) 상품의 판매를 확대해 1986년에는 준비금의 40%를 점 했다. 반면 푸르덴셜은 ALM(Asset Liability Management, 자산과 부채 의 잔존만기를 일치시켜 잔존만기의 불일치로 인한 리스크를 줄이는 경영 기법)위원회의 거부로 리스크가 큰 확정금리형 상품은 판매하지 않 고 국채와 연동하는 금리연동형 상품만 출시해 대조를 보였다.

　1980년대 중반 이후 금리 하락에 따른 고이율 확정금리형 상품의 자산 운용을 위해 고위험·고수익 자산 운용전략을 전개했다. S&P 신용등급 BB 이하의 회사채인 정크본드에 집중 투자했는데 1989년 이후 정크본드 부도율이 급증(정크본드 부도율 1989년 5.0% → 1990년 11.5%)하기 시작했다. 총자산 대비 정크본드의 비중은 업계 평균 6~7% 수준이었지만 일부 회사들은 20% 이상을 정크본드에 투자하기도 했다. 1989년 말 정크본드 발행 잔고의 1/3을 보험회사가 보유함으로써 최대투자자가 되었다.

또한 1980년대 초 부동산 경기에 편승해 부동산 저당대출을 적극 확대했으나 1987년 이후 부동산 버블 붕괴로 부실채권이 급증했다. 뮤추얼 베네피트(Mutual Benefit)는 총자산의 38%를 부동산 관련 부문에 투자한 결과 부실채권 비율이 1986년 1.0%에서 1991년 5.4%까지 증가되었다.

정크본드의 평가손이나 매각손 계상과 부실대출 증가를 계기로 해당 생보사의 신용등급이 하락해 해약이 쇄도했다. 또 부실보험사의 계약이 우량보험사로 이전되는 현상이 초래되어 부실생보사의 경영위기는 더욱 심화되었다. 1980년대 후반부터 경기침체 및 저금리 가속화로 시장 환경이 급격히 악화되자 생보사의 손실 및 파산이 확산되었다.

GDP성장률은 1980년 8.8%에서 1990년 5.1%로, 10년 국채금리는 1980년 11.5%에서 1990년 8.6%로 하락했다. 1980년대 중반에는 중·소형사 중심으로 파산이 일어났으나 1990년대 들어 일부 대형사로 확대되었다. 1990년에 뮤추얼 베네피트(Mutual Benefit, 15위), 퍼스트 이그젝티브(First Executive, 33위)가 파산하고 1991년에는 에퀴터블(Equitable, 4위), 트레블러스(Travelers, 10위)가 경영위기에 빠져 인수합병되었다.


## 미국 생보업계의 대응전략

이러한 1980년대의 실패로 미국 보험사의 대응은 금리 역마진을 최소화하는 데 있었다.

첫째, 우선 신계약 상품의 예정이율을 인하하고 상품 포트폴리오를 확정금리형 중심에서 변동금리형이나 실적배당형으로 전환하는 것이었다. 금리확정형 종신보험에서 금리연동형 유니버설보험이나 실적배당형인 변액종신, 변액유니버설종신으로 전환시키고, 금리확정형 연금보험에서 금리연동형 연금보험이나 변액연금보험으로 전환시켰다.

〈표 27〉 미국 보험사의 상품 포트폴리오 추이 (단위 : %)

|  | 1978년 | 1980년 | 1985년 | 1990년 | 1995년 | 1997년 |
|---|---|---|---|---|---|---|
| VL, VUL |  |  | 4 | 7 | 15 | 23 |
| UL |  |  | 38 | 26 | 24 | 21 |
| 정기보험 | 15 | 18 | 11 | 13 | 15 | 18 |
| 종신보험 | 85 | 82 | 47 | 54 | 46 | 38 |

둘째, 자산 포트폴리오 역시 국공채, 회사채, 주식 등의 비중을 늘리고 대출과 부동산은 축소했다. 투자비적격 정크본드 채권은 줄이고 국채의 투자 비중을 확대했다. 부동산 저당대출의 증권화로 유동성이 높은 공모채로 전환했으며 특별계정(VL, VUL 등) 확대에 따

|  | 국공채 | 회사채 | 주식 | 대출 | 부동산 | 약관대출 | 기타 | 계 |
|------|------|------|------|------|------|------|------|------|
| 1985년 | 15.0 | 36.0 | 9.4 | 20.8 | 3.5 | 6.6 | 8.7 | 100 |
| 1990년 | 15.0 | 41.4 | 9.1 | 19.2 | 3.1 | 4.4 | 7.8 | 100 |
| 1995년 | 19.1 | 40.5 | 17.3 | 9.9 | 2.4 | 4.5 | 6.3 | 100 |

라 주식투자비율이 증가되었다.

셋째, 부채인 보험 상품과 보유자산의 양면의 리스크를 감안해 자산과 부채의 듀레이션을 일치시켰고 손실이 발생할 경우 준비금을 적립하는 ALM시스템 도입을 확산했다.

넷째, 보험 종류별 특성에 따른 자산 운용을 위해 구분계리 및 분리계정을 우선 도입했고, 자본·부채의 현금흐름을 중시한 현금흐름(Cash Flow)형 ALM 구축으로 금리 변동 위험의 체계적 관리를 추구했다.

다섯째, 목표수익률을 사전 설정하고 매분기 성과를 측정해 의사결정에 반영하는 ROE(Return on Equity)관리를 강화했으며, RBC(Risk Based Capital)제도 도입에 대비하는 등 신용기관이 자기자본을 중시한다는 점을 고려했다. 상호회사는 후순위채를 적극 발행했고, 자본조달에 한계를 느낀 상호회사들은 탈 상호화(Demutualization)해 주식회사로 전환했다. 주식회사는 신주를 발행해 자기자본을 강화하거나 상장을 추진했다. 그리고 대부분의 회사들이 조직 축소, 분사화, 인수합병 등의 대규모 조정을 시행했다.

여섯째, 생명보험사들은 생산성 향상을 위해 모든 사업 분야에서 리엔지니어링을 착수해 상품개발에서 판매, 계약의 유지관리에 이르는 모든 업무 프로세스를 개편했다. 비용절감 추진에 중점을 두는 것이 아니라 고객만족 향상이라는 측면에서 업무 리엔지니어링을 추구했다.

## 일본의 초저금리기 대응 실패요인

일본 생보사들은 1987년 당시 금융권 상품 중 최고의 수익률(배당률 포함)을 내세워 외형을 확대했는데 예정이율 6.25%, 배당포함 이율 8.14%로 투신 상품보다도 약 2% 높은 수준의 금리를 제시했다. 당시 대형 생보사는 금융자유화가 진전되면 규모가 큰 금융기관이 금융계를 지배할 것이라고 판단, 1986~1989년 버블 팽창기에 고이율 양로보험을 총 수입보험료 대비 40% 수준으로 집중 판매했다. 닛산생명은 개인연금이 총 수입보험료의 72%를 점유하는 등 1987~1990년 3년 동안 보유계약고가 10배 성장했다.

1988년의 10년 장기 국공채금리가 4.75%, 장기 우대금리가 5.9%임을 감안할 때 배당률 포함 7%를 제시하고 판매한 것은 주식의 미실현 이익과 주가 상승을 염두에 두었던 무모한 경영이었다. 버블 붕괴 후에도 예정이율 책정 시 충분한 스프레드를 설정하지 않고 신계약 예정이율을 계속 인하했다. 그 결과 신계약 판매 당시부터 시중금리 수준을 초과해 역마진이 발생했으며 보유계약 전체의 부담금리는 자산운용수익률보다 크게 상회해 역마진이 눈덩어리처럼

|  | 1991년 | 1992년 | 1993년 | 1994년 | 1995년 | 1996년 | 1997년 | 1998년 | 1999년 |
|---|---|---|---|---|---|---|---|---|---|
| 시중금리 ① | 5.42 | 4.77 | 3.31 | 4.57 | 3.07 | 2.76 | 1.94 | 2.21 | 1.65 |
| 예금이율 ② | 5.75 | 5.75 | 4.75 | 3.75 | 3.75 | 2.75 | 2.75 | 2.75 | 2.15 |
| 스프레드 ①-② | -0.33 | -0.98 | -1.44 | 0.82 | -0.68 | 0.01 | -0.81 | -0.54 | -0.50 |
| 운용수익률③ | 5.27 | 4.16 | 3.48 | 2.94 | 2.71 | 2.71 | 2.24 | 1.59 | 2.87 |
| 부담금리 ④ | 5.45 | 5.46 | 5.44 | 5.13 | 5.01 | 4.34 | 4.26 | 4.16 | 3.81 |
| 마진　③-④ | -0.18 | -1.30 | -1.96 | -2.19 | -2.30 | -1.63 | -2.02 | -2.57 | -0.94 |

커져갔다.

이와 같은 복합 불황에 따른 제로(Zero)금리정책의 장기화에 생보사들은 선제 대응에 실패하고 주식 미실현 이익의 매각에 의해 간신히 결산을 지탱해 왔으나 한계에 이르렀다.

이에 따라 보유계약의 예정이율을 내리기 위해 계약전환제도를 활용했다. 전환제도의 효과를 극대화하기 위해 준유배당보험, 무배당 금리연동형 보험을 개발·판매하기 시작했다. 준유배당보험은 사차익, 비차익배당은 실시하지 않고 이차익만 5년마다 실시하는 상품인 바, 운용 수익률이 예정이율보다 하락 시 이차배당을 하지 않아도 되는 상품이어서 배당압력을 회피할 수 있다.

1997년부터 전환계약을 대대적으로 활용해 신계약대비 전환계약의 비율이 증가하기 시작했으나, 보유계약 대비 전환계약의 비중은 1999년 업계 전체 8.2%로 크지 않았다. 장기적으로는 효과가 커질 것이지만, 이미 적기를 상실해 닛산(日産), 도호(東邦), 다이햐쿠(第

百), 다이쇼(大正), 치요다(千代田), 쿄에이(協榮), 도쿄(東京) 등 7개 생보사가 파산했으며, 니혼단다이(日本團體), 헤이와(平和), 니코스(NICOS), 오리코(ORICO) 등 4개사는 외자계 보험사에 인수되었다.

## 일본 생보업계의 대응전략[71]

첫째, 금리연동형 상품개발 및 준유배당 상품개발이 향후 금리 리스크를 줄일 수 있는 유효한 전략이다. 그러나 일본 생보사들이 금리 리스크를 헤지할 수 있는 금리연동부 상품이나 변액보험의 도입에 소극적이었던 것이 실패의 큰 원인이 되었다.

즉, 무배당 금리연동형 보험은 닛산생명이 파산한 이후인 1998년에야 도입해 부담금리 인하를 위한 상품 포트폴리오 개혁에 실기했다. 그 이유는 투자 리스크 및 금리 리스크를 회피할 수 있는 변액보험은 1986~1989년 판매 실패로 위축되어 국내사의 경우 변액 포트폴리오가 1% 정도에 불과했기 때문이다.

스미토모생명, 메이지야스다생명과 외국계 생보사들은 변동금리형 상품을 적극 도입하기 시작했으나, 일본생명이나 제일생명은 변동형 상품 도입에 소극적이었다.

둘째, 가입기간의 단기화 및 갱신형 운영이다. 보험사가 금리 변동 리스크를 과도하게 부담하지 않기 위해서는 앞서 살펴본 금리연동형 상품을 개발하는 것이다. 또는 가입기간을 짧게 하고 갱신형으로 구성해 갱신 때에 새로운 기초율을 적용할 수 있도록 함으로써 리스크를 헤지해야 한다.

제일생명의 갱신형 종신이행보험은 계약 전체를 10년마다 갱신하게 하고 최종적으로는 종신 또는 연금으로 전환하도록 상품을 구성했다. 금리연동형 무배당 개인연금보험은 5년마다 한 번씩 기존 계약의 예정이율을 변경하도록 설계했다.

셋째, ALM을 고려한 자산연계형 상품개발이다. 외국계 생보사를 중심으로 개발·운영되고 있는 자산연계형 보험은 상품 판매 시 이에 맞는 자산 운용 상품을 함께 매칭했다. 때문에 도중에 해약하게 되면 금리 변동에 따른 자산가격의 손실가능성을 계약자에게 부담시키기에 중도해약 시 패널티를 가하거나 해약환급금이 없는 상품을 매칭해 팔고 있다.

넷째, 전환제도의 적극 활용이다. 기존 고이율계약의 전환을 유도하기 위해서는 전통적인 사망보장 상품이나 저축 상품에서 노령화 시대를 맞이한 고객의 니즈에 맞게 암, 특정 질병, 개호 등을 보장하는 의료건강 상품을 적극 개발해 계약 전환을 적극 유도했다.

1997년부터 전환계약을 대대적으로 활용해 신계약 대비 전환계약의 비율이 증가하기 시작했으나, 전환계약자의 구성을 보면, 가장 높은 예정이율로 운영했던 1985~1990년대 계약은 전환실적이 저조했다. 반면 상대적으로 예정이율이 낮게 운영되었던 1990년대 후반의 계약이 많아 전환 효과는 적었다.

다섯째, 정기 특약의 주보험화이다. 일본의 버블 붕괴 시기이던 1990년대 저금리 시대에 계약자들은 경제사정이 어려워지자 갱신형으로 되어 있던 사망특약은 해지했으나 주보험인 종신보험이나 저축보험은 계속 유지하고자 했다.

주보험에서는 이차역마진이 발생하고, 사차익이 발생하던 정기 특약에서는 계약자들이 갱신하지 않아 사차익이 줄어드는 2중의 어려움에 처했다. 따라서 이를 방지하기 위해 정기 특약 자체가 주보험이 되도록 상품을 개편해 사차익을 확보하게 되었다.

여섯째, 리스크관리위원회의 운영이다. 이 당시 일본생보사들은 리스크관리의 기본인식이 부재해 리스크관리위원회 체제가 정착되지 않았었다. 따라서 상품개발 시 프라이싱 리스크, 금리 리스크, 신용 리스크 등을 계량화해 관리하지 못해 회사 이익구조상 문제가 있는지를 파악치 못했다.

다만 당시의 다이도생명(大同生命)은 2000년 3월 ALM위원회를 신설해 신상품개발, 기(旣)판매 상품의 리스크 검토, 운용 리스크 대비 수익률 등에 대해 실질적으로 검토했다. 또한 2001년 3월 리스크 총괄위원회를 설치 운영하면서 유동성 리스크, 사무 리스크, 시스템 리스크, 경영 리스크 등을 종합적으로 관리하기 위해서 종합리스크관리부를 신설했다.

이 회사는 1990년에 취임한 가와하라 사장이 ALM 도입을 강력하게 추진했으며, 금리 리스크가 적은 정기보험을 주력으로 판매했다. 버블기에 양로보험, 연금보험을 많이 팔았으나 다행히 3년마다 예정이율 조정이 가능한 단체연금의 비중이 높아 금리 리스크를 줄일 수 있었다. 또한 주식 및 부동산, 외국증권 등의 고(高) 리스크 자산 비중을 축소하고 채권 위주의 안정적인 자산구조로 전환한 것이

위기 극복의 요인이었다.[72]

일곱째, 금융당국의 준비금 및 지급여력에 대한 적정성 감독이다. 준비금 적정성 감독을 강화하기 위해 표준책임준비금제도를 실시했고 지급여력을 위해서는 솔벤시마진제도를 실시했다.

2003년 7월 보험업법 개정으로 보험감독당국의 개입 없이 회사가 최악의 상황을 맞이했을 경우 자발적인 경영합리화 조치를 취할수 있도록 기존 계약의 예정이율을 포함한 기초율을 인하할 수 있게 보험업법을 개정했다.

즉, 1996년에 금지시켰던 기존 계약에 대한 계약조건을 경영파탄전에 변경할 수 있도록 했다. 다만 이 조항의 시행을 위해서는 상당히 까다로운 조건을 충족해야 하기에 보험회사가 거의 파산 수준에 이르렀을 때 취할 수 있는 마지막 수단이라고 보아야 한다. 실제로도 일본 생명보험사들은 이 제도를 이차역마진 해소 방안으로 전혀 고려하지 않고 있다.

### 선진국사례에서의 교훈

금리 리스크로 인한 생보사 파산사례를 보면, 대형 보험사들이 많이 포함되어 있다. 이 점에서 '대마불사론' 만을 믿고 높은 확정고금리로 무리하게 외형 업적을 추구하는 경우 보유계약 역마진의 영향이 규모가 큰 회사일수록 오랫동안 지속된다는 것을 알 수 있다.

일본 생보사의 파산 과정은 대체로 '경영진의 과도한 성취욕→고이율 상품 판매→역마진 발생→역마진 해결을 위한 우량 유가증권 매각 및 고수익·고위험 투자→자산구조 악화와 투자 손실→손실누적→해약률 급증→파산' 으로 이어진다.[73] 이처럼 경영진이 적절한 리스크관리의 중요성을 인식하지 못하고 책임의식이 결여되어 있는 경우 보험회사는 위험에 빠지게 된다.

경영진이 유의할 사항은 경영전략이 중장기적으로 회사의 경쟁력을 확보하는 것인지, 아니면 보험산업을 공멸의 길로 인도하는 것인지 잘 파악하는 것이다.

예를 들어, 보험 상품에서 한 회사가 무리한 전략을 수립하면 대부분의 다른 회사도 따라갈 수밖에 없다. 한 회사가 급격히 보장금리를 올리면 다른 회사도 이에 준하는 수준으로 보장금리를 결정하는 것이 시장의 현실이다.

금리 인상이 영업 확대에 일시적으로 도움을 줄 수 있으나, 결국은 이로 인해 준비금 부담이 증가하면서 모든 회사가 어려움을 겪을 수밖에 없다. 이러한 비합리적인 전략은 보험산업 발전에 커다란 장애요인이다. 이러한 회사 간의 무분별한 경쟁사례는 지금도 가격, 급부설계, 수당설계, 언더라이팅, 보험금 지급 등 거의 모든 분야에서 찾아볼 수 있다.

상품의 경쟁력은 상품의 급부설계와 가격 등의 단순한 경쟁 차원이 아니라 판매시스템의 선진화, 자산 운용 연계, IT기술과의 접목, 고객의 신뢰 확보 등 전략적 행위가 함께 해야 한다.

경쟁사를 의식해 가격을 인하하거나 급부를 높게 설계하기보다는 전반적인 경영 상황과 보험산업에 미치는 영향을 종합적으로 고려하면서 판단해야 한다. 무모한 경쟁으로 인한 피해는 보험산업에 고스란히 반영돼 전 보험회사가 두고두고 나누어 질 수밖에 없게 된다.

## 한국 생보업계의 저금리기 대응

2000년 4월 보험가격 자유화 이전에는 감독당국이 시장금리를 감안한 예정이율을 지정 고시해 보험료 및 책임준비금 산출에 동일하게 적용하고 있었다. 비록 아무도 예측을 하지 못한 일이기는 하지만 2000년 4월 이전에 책정된 높은 예정이율로 2001년 초저금리기 진입 이후 발생하고 있는 막대한 이차손은 금융당국과 보험업계의 인식의 한계에 기인한 것이었다.

〈표 30〉 예정이율 고시 현황 (단위 : %)

| 적용기간 / 보험종류 | | ~ 1998년 3월 | 1998년 4월~ 1999년 3월 | 1999년 3월~ 2000년 3월 |
|---|---|---|---|---|
| 배 당 | | 7.5 | 7~8 | 5~8 |
| 무배당 | 10년 이하 | 9.5 | 9~10 | 6.5~10 |
| | 10년 이상 | 8.5 | 8~9 | |
| 개인연금 | | 5~7.5 | 5~7.5 | 5~7.5 |

보험 가격 자유화 이후 보험사가 예정이율을 자율적으로 책정할 수 있게 되었다. 이는 보험사가 자유 경쟁하에서 판매 확대를 위해 예정이율을 높게 책정해 보험료율을 과도하게 덤핑하려는 유인이 발생한다.

이러한 예정이율을 책임준비금 산출에 사용할 경우 책임준비금이 실제 보험금 지급에 필요한 금액보다 과소 적립되어 재무건전성 악화를 초래할 수 있게 된다. 그러므로 준비금 적립 시는 객관적이고 보수적인 이율을 적용할 수 있도록 감독당국이 예정이율과 별도로 책임준비금 산출·적립을 위한 이율의 최고한도를 정하는 '표준이율제도'를 도입하는 것이 필요하다. 이율이 낮을수록 책임준비금이 증가하므로 책임준비금 산출 시 예정이율과 표준이율 중에서 적은 것을 적용토록 한다.

　특히 이익의 대부분이 초기에 집중되어 있는 우리나라의 손익구조하에서는 보수적인 표준이율이 매우 중요하다. 높은 예정이율을 적용해 과도하게 낮은 보험료를 적용해도 계약 초기의 손익에는 별다른 영향이 없다.

　따라서 당장의 생존을 위협받는 보험사의 경우 자본 확충보다 예정이율 인상을 통해 부실을 이연시키려는 유혹에 빠지기 쉽다. 높은 표준이율은 재무구조가 부실한 회사가 오히려 더 높은 예정이율의 신계약을 발매하는 덤핑을 조장하는 역할을 하게 된다.

　대만의 경우 시중금리에 비해 턱없이 높은 표준이율의 지속 운영으로 업계가 그동안 높은 예정이율을 계속해서 사용해 온 결과 표준이율을 한꺼번에 내릴 때 대부분의 회사가 부실화될 수 있어 정상화조치를 못하고 있다고 한다. 이에 외국사들이 견디지 못하고 대만에서 영업을 철수하기를 원하고 있으나 이를 허용하지도 않고 있다고 한다.

이러한 비정상적인 가격 경쟁에 의한 신계약 확대는 결국 더 많은 계약자에게 피해가 돌아가게 되므로 감독당국의 적극적인 계약자 보호 노력이 필요하다.

우리나라의 경우 표준이율제도 도입 이후 감독당국이 표준이율을 정률로 고시하다가 2003년 4월 이후 표준이율은 회사채수익률에 연동해 자동 산출되는 방식으로 변경한 것은 바람직한 조치였다.

## 예정이율 적극 인하와 변동금리형 종신보험의 개발

우리나라의 경우 IMF 금융위기 이전까지만 하더라도 시중금리가 두 자리 숫자였으며 금리자유화가 이루어지기 전이었다. 때문에 2000년 이전에 판매한 계약은 정부의 규제금리로 예정이율이 7.5% 이상인 확정금리를 사용하고 있어 2001년 이후 저금리 시대 도래로 막대한 이차손을 입게 되었다.

그러나 다행히 일본과 달리 저축성 상품은 대부분 IMF 이전에 변동형 상품으로 판매해 금리 리스크가 적었다. IMF 위기 시에는 공시이율 상품으로 잘 대응했으나, 그 이후에 확정금리 상품을 일시납 위주로 집중 판매한 것은 리스크관리 차원에서 아쉬운 일이었다. 1999년부터 2000년까지 판매량이 확대된 무배당 저축보험이나 연금보험 일시납은 확정금리 상품으로서 상당한 이차손 증가의 요인이 되었다

2001년 하반기부터는 시중금리가 4%대로 초저금리기에 접어들면서 보유계약의 금리 리스크는 심각한 수준이었다. 이와 같은 보

유계약분의 금리 리스크가 워낙 컸기 때문에 이차손실을 면하는 데에는 15년 이상이 소요될 것으로 전망되었다.

2001년 이후 금리가 급격히 하락하면서(2001년 4월 6.6% → 10월 4.7%) 그동안 판매해 오던 예정이율 6.5%(무배당 7.5%) 상품은 도저히 감당할 수 없는 금리 리스크의 원인이 되었다. 그러므로 향후 예정이율을 어떻게 운용해야 하는가는 큰 과제가 아닐 수 없었다.

그러나 대형 3사를 제외한 다른 회사는 소극적으로 대응하고 있었다. 이때 삼성생명은 외형 업적 M/S 하락을 각오하면서도 선도적으로 예정이율을 대폭 인하했다(2001년 1월 7.5% → 2001년 4월 6.5% → 2001년 9월 4~4.5%). 또한 최저보증금리 4%의 금리연동형 종신보험을 업계 최초로 개발하게 되었다.

종신보험이나 연금보험 등 초장기 상품이거나 적립금 수준이 높은 저축성보험일 경우에는 금리확정형보다는 금리변동형으로 개발하는 것이 이차 리스크를 헤지하기 위한 중요한 전략이다. 당시에 연금보험과 저축성보험은 금리변동형으로 운영하고 있는 상품이 많았지만 종신보험과 같은 보장성보험에서의 금리변동형 도입은 국내에서 최초였다.

금리확정형 상품, 즉 보험기간 동안 적립금을 확정된 예정이율로 계속 이자를 붙이는 상품을 개발하는 경우 회사의 신중한 판단이 필요하다. 금리확정형 보험은 판매 초기에는 그 시기에 적합한 금리를 고려해 예정이율을 설정했으므로 당기 이익이 발생할 수 있겠지만 금리 변동 시에는 어려움을 겪을 수밖에 없다. 시장의 실세금리가 올라가면 계약자는 계약을 해지하고 높은 예정이율을 제공하는 새로운 계약을 선택할 것이고, 금리가 내려가면 보험료가 상대적으로 저렴해져서 계약을 계속 유지하려고 할 것이다.

이때 회사는 예정이율 수준만큼 투자수익을 올려야 하나 예정이율이 높은 경우에는 이를 보장하는 일이 쉽지 않아 준비금의 적립부담이 가중될 수밖에 없다. 결국 금리확정형 보험은 판매 초기에는 경영에 도움을 줄 것이나 유지기간이 장기화될수록 금리의 변동에 따라 이차역마진이 발생할 가능성이 높아져서 향후에는 경영부담으로 작용할 것이다.

대형 3사의 경우 우리나라가 일본과 같이 초저금리로 진행될까 크게 우려했다. 왜냐하면 일본의 경우 금리가 급격히 하락하고 있음에도 불구하고 고금리 일시납 양로 및 연금보험을 많이 팔아왔던 생보업계에서 많은 회사가 도산했기 때문이다.

이를 타산지석으로 삼아 2000년 이후 금리자유화가 되면서 2001년 9월 이후 삼성생명은 금리 리스크를 헤지하기 위해 적극적으로 예정이율을 인하했다. 종신보험을 비롯해 CI보험 등 주력 보장성보험도 금리연동형으로 개발·운영했다. 또한 금리 리스크가 없는 실적배당형 상품인 변액종신, 변액연금, 변액유니버셜 등의 변액보험을 팔기 시작해 신계약분 보험료의 90% 이상을 금리연동형 또는 변액보험으로 포트폴리오를 구성함으로써 신계약분의 금리 리스크는 거의 헤지되었다.

## 가격경쟁력 열세와 브랜드 프리미엄의 한계

삼성생명은 IMF 금융위기 직후 40%를 넘는 시장점유율과 강력한 브랜드 파워를 갖고 있어 시장으로부터 브랜드 프리미엄(Brand Premium)을 조금만 인정받으면 시장점유율을 유지할 수 있을 것이라고 생각했다. 그러나 우리나라처럼 예금자보호제도 등 파산에 따른 소비자보호장치가 잘 갖춰져 있는 경우에는 시간이 경과하면서 브랜드 프리미엄이 상대적으로 크지 않다는 교훈을 얻게 되었다.

IMF 금융위기 이후 초저금리기가 도래하자 삼성생명은 2001년 9월 초저금리기에 대응하기 위해 업계 최초로 보장성보험의 금리연동형 보험으로 종신보험을 개발했고 동시에 예정이율을 대폭 인하했다.[74]

그러나 예정이율이 자유화되어 있던 터라, 다른 생보사들은 예정이율 인하에 소극적이었다. 삼성생명보다 늦게 예정이율을 인하하면서 가격차별화를 마케팅전략으로 쓰기 시작했다. 이 당시 금리확정형 계약을 적게 보유해 상대적으로 금리에 대한 리스크가 적었던 외국사들은 예정이율 인하에 따른 리스크에 대한 대응전략보다는 저금리 도래를 오히려 시장 확대의 좋은 기회로 활용했다.

외국사의 경우 높은 예정유지비를 부가함으로써 상품수익성을 높게 가져가면서도 고(高) 예정이율 보유계약이 적어 금리 리스크에 적게 노출되어 있었다. 때문에 국내사보다 높은 예정이율을 확정금리로 유지함으로써 가격 면에서 국내사보다 유리한 것처럼 보여 이것이 외국사들의 M/S가 약진하게 된 원인이 되었다.

당시 보험료산출방법(프라이싱)상의 한계로 금리연동형 보험은 금리확정형 보험의 예정이율보다는 상당 수준 낮은 최저보증금리를 적용해 보험료를 산출했다. 그리고 공시이율과 최저보증금리의 차이만큼은 준비금으로 추가 적립해 고객에게 가산적립금을 보험금으로 지급했다. 따라서 같은 사망보장금액의 경우 금리연동형 보험이 금리확정형 상품보다 보험료는 비쌌지만 그 비싸진 만큼 가산적립금이 커져 저축 기능은 강화되었다.

초기에는 일선 점포장이나 설계사들은 보험료 차이를 삼성생명의 브랜드 프리미엄으로 어느 정도는 극복했다. 그러나 시간이 갈수록 보험료 차이는 극복하기 어려웠고 시장이 안정화되면서 삼성생명의 브랜드 프리미엄은 점점 줄어들기 시작해 보험판매력은 그만큼 약해져 갔다.

특히 동업 타사가 삼성생명과의 가격 및 보장차별화와 함께 삼성생명과의 상품 가격 및 보장 내용을 비교한 자료를 가지고 설계사 교육을 강화하면서 삼성생명의 시장점유율의 하락폭은 시간이 지날수록 점차 커져갔다.

제조업의 경우 제품의 성능이나 애프터 서비스가 탁월하다고 오랫동안 인식되어 브랜드 파워가 형성되어 있을 경우 프리미엄은 확고하게 인정되며 고가전략이 가능하다.

그러나 금융업의 경우 상품의 내용이 같다면 상품자체의 효용은 다를 것이 없다. 특히 우리나라와 같이 보험회사가 파산하는 경우 예금보험제도로 5,000만 원 이하의 보험금을 보장해 주는 제도적 장치가 있고, 실제로 보험회사가 도산한 경우 보험계약을 대형사로 하여금 인수하게 하여 계약자의 피해가 없었던 사례 등으로 볼 때 보험회사의 재무 상태나 신용도에 따른 브랜드 프리미엄은 크지 않을 것으로 보인다. 다만 전체 설계사의 설계 판매 역량이나 부가 서비스에 차별화가 있거나 변액보험의 경우 특별 계정의 운용 역량에 차이가 있다면 어느 정도 브랜드 프리미엄은 인정될 수 있을 것이다.

프랑스, 독일의 대형 보험사도 브랜드 프리미엄을 붙여 고가정책을 쓴 경우가 있었다고 하나 시장점유율이 떨어져 결국 실패했다고 한다.


### 보험료 산출방식의 개선(프라이싱 이율의 이원화)

가격경쟁력 열세에 대한 영업 부문의 불만이 고조되자 상품개발 부문을 맡고 있던 필자는 많은 부담을 느끼고 가격경쟁력 열세를 회복하기 위해 많은 연구를 했다. 그 결과 우리나라의 금리연동형 상품의 경우 최저보증이율로 프라이싱(Pricing)을 하고 있어 보장성 상품의 저축보험료 구성비가 너무 높다는 것을 알았다. 따라서 같은 보험료 수준으로는 확정금리형에 비해 보장금액이 적어지는 불합리성을 개선하게 위해 프라이싱 이원화를 추진했다.

'프라이싱 이율의 이원화' 란 최저보증이율이 아닌 일반 예정이율 수준으로 프라이싱하되, 최저보증이율과 일반 예정이율 수준의 차이에 대한 보증옵션 보험료를 별도 징구하는 것이다. 이것을 추진하는 데에는 가격차별화 효과가 크게 줄어드는 동업 타사들의 반대가 많아 업계와 당국을 설득하는 데 많은 노력과 시간이 걸렸다.

프라이싱 이율의 이원화로 인해 삼성생명의 가격경쟁력 열세는 상당 수준 회복되었으며, 보증옵션 보험료를 별도 적립해 금리 하락 시의 리스크를 상당 수준 준비하고 있다. 반면에 동업 타사들은 최저보증이율을 상대적으로 높게 사용하고 있음에도 이와 관련한 보증옵션 보험료를 별도 징구하지 않고 있어 향후 제로금리 시대 도래 시 그 리스크는 매우 클 것으로 예상된다. 삼성생명의 상장 당시 회사가치를 평가 했을 때 최저보증을 위한 이원화 관련 보증옵션 준비금 적립 부문이 회사가치 상승에 크게 기여했다는 후문을 듣고 기뻤다.

최저보증금리에 의한 가격책정방식은 2001년 상품 변경 시 선진 프라이싱 체계 등에 대한 연구 없이 과거의 보험료 산출방식을 답습함에 따라 합리성이 결여된 데 기인했다. 업계는 선진 프라이싱 기법에 대한 노하우나 경험이 없던 시기에 과거 금리확정형 상품의 '보험료 산출이율=적립금(해약환급금) 산출이율' 의 원칙을 기준으로 보험료 산출이율을 정했다.

금리연동형 상품은 금리 하락으로 보험료가 크게 상승됨에 따라 평균가입금액이 대폭 하향 조정되면서 고객의 유족 보장이라는 종신보험 본연의 역할을 많이 못하게 되었다. 보장성보험의 활성화를 위해서는 저렴한 보험료로 보장을 구매할 수 있어야 하는데 당시의 프라이싱 방법으로는 한계가 있었다. 즉 보수적 보험료 산출방식으로 필요 이상의 보험료를 고객에게 부담시키고 있었다.

2000년 이후 5년간 보험료 산출이율이 7.5%에서 3.0%로 인하됨에 따라 동일 보험 가입 금액 1억당 보험료는 11만 4,000원에서 24만 1,000원으로 2.1배 상승했다. 반면 종신보험의 평균가입금액은 8,600만 원에서 5,400만 원으로 크게 축소되었다.

미국의 경우 평균가입금액은 23만 달러로 우리나라 대비 4배 이상이다. 이는 이율 이원화, 종신납 유도 등 보험료 부담 경감 노력에 기인한 것으로 월 보험료 부담은 우리나라의 58% 수준이다.

이러한 불합리한 현상을 개선하기 위해 프라이싱 이율을 최저보증금리로 하지 않고 보험료 산출이율을 별도로 설정했다. 또한 이율 이원화에 따라 발생하는 사망보험금 또는 해약환급금의 감소[75] 문제를 해결하기 위해 보험가입금액을 사망보험금으로 보증하고 보험료 산출이율로 부리적립한 해약환급금을 보증하도록 함으로써 컴플라이언스 리스크를 철저히 방지했다.

### 계약전환제도 도입의 필요성과 그 운용

일본의 경우 이차역마진 해소를 위해 계속된 예정이율 인하에도 불구하고 성과가 나타나지 않자 1996년부터 보유계약의 구조개혁에 착수했다. 이 방안이 계약전환제도의 활용이었다.

1997년부터 대대적으로 계약전환을 실행했으며 주요 전환방법은 일시납 양로에서 일시납 종신으로, 정기부 양로에서 정기부 종신으로, 5~10배 정기부 종신에서 20~30배 정기부 종신으로, 정기보험에서 의료보장부 정기보험 등으로의 전환이 많았다. 일본 업계 전체

기준으로 신계약 대비 전환계약의 비중이 40~50%선에 이르렀다. 그러나 보유계약 대비 전환계약의 비중은 1999년 업계 전체 8.2%로 전체적으로는 미미한 수준에 불과했다.

〈표 31〉 일본 생보업계의 신계약 대비 전환계약비율 (단위 : %)

| 구 분 | 1992년 | 1993년 | 1994년 | 1995년 | 1996년 | 1997년 | 1998년 | 1999년 |
|---|---|---|---|---|---|---|---|---|
| 전환계약/신계약 | 42.5 | 37.5 | 34.9 | 33.9 | 41.3 | 45.2 | 43.2 | 50.3 |

일본의 많은 생보사들이 전환제도를 활용해 생존을 위한 몸부림을 쳤지만 이미 적기를 상실해 회사의 시장가치인 MVS(Market Value of Surplus)[76]가 마이너스 상태로 빠졌다. 이로 인해 새로운 신계약의 비차·사차익으로도 이차손을 커버할 수 없는 상황에서 도산할 수밖에 없었다.

우리나라의 경우 보유계약 리스크관리를 위해서나 고객의 보험상품에 대한 니즈 변화를 위해 계약전환제도의 도입이 절실했다. 예컨대, 상위사들의 2001년 당시 보유계약의 가치를 평가해 보면 금리변수에 의해 크게 변동했다. 과거 고금리로 판매한 확정금리형 보유계약의 부담으로 금리 하락 시 회사 전체의 MVS가 급격히 감소할 수밖에 없었기 때문이다.

기존 고금리 보유계약이 많은 생보사들은 MVS가 〈표 32〉에서와 같이 금리에 민감하게 반응하면서 FY 2001년 MVS의 BEP 금리는 4~5% 범위 내였을 것으로 추정된다.

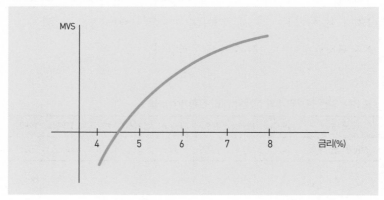

〈표 32〉 MVS(Market Value of Surplus)

그 이유는 장기채 시장이 거의 형성되어 있지 않을 만큼 열악했기 때문이다. 보험회사가 투자할 수 있는 자산의 듀레이션(Duration)은 2년에 불과한 반면에 부채의 듀레이션은 5년 이상으로 상품의 현금 흐름을 제대로 고려한 투자 여건이 마련되지 않았다.

이러한 심각성을 이해하게 되면 기존의 이차 및 사차 리스크가 큰 상품의 보유계약 전환이 매우 중요한 것을 알 수 있다. 우리나라의 경우 1985년도에 계약전환제도가 도입되었으나 실제 운용실적이 거의 없었다. 국내에서 계약전환제도가 다시 개발된 배경은 다음과 같다.

생보산업의 세대가입률이 86%에 도달했던 2001년부터 종신보험 붐이 일어났다. 경제적 여력이 있는 계약자는 단순히 종신보험을 추가 가입하면 되지만, 경제적 여력이 충분치 않은 계약자의 경우, 기존 계약의 해약·감액 후 종신보험에 가입하는 리모델링(Remodeling)사례가 많았다. 종래에 가입한 계약은 보험사고 시 보장금액이 충분하지 않거나 보장범위가 특정 질병이나 사고 등으로 한정되어 있고, 보장기간도 짧았다. 그에 비해 종신보험은 보장범위나 보장기간이 확대, 연장되어 계약자의 선호도가 높았다.

그동안 유효한 계약전환제도가 없었던 관계로 2001년에는 기존 계약을 해약하고 종신보험에 가입해 승환에 의한 해약으로 인한 손실이 많이 발생했다. 이는 다소 사회문제화 되었는데 이를 해결하기 위해 2002년부터 다음과 같은 방식으로 계약전환제도를 도입했다.

1) 계약 전환 시 해약환급금 대신 순보식 준비금으로 전환해 해약으로 인한 손실을 줄였다.
2) 전환 전후 예정이율, 보장 내용, 보험기간 등을 철저히 비교해 계약자의 확인을 철저히 했다.
3) 일반보험 가입자에 비해 보험료를 10% 수준 할인해주는 혜택을 부여하고 실효계약자도 부활 후 전환 상품 가입안내를 하도록 하는 등 고객에게 유리한 상품으로 개발했다.

〈표 33〉 국가별 전환제도 비교

| 구 분 | 한 국 | 미 국 | 일 본 |
|---|---|---|---|
| 보험료 할인 | 10% 수준 할인 | 할인 없음 | 할인 없음 |
| 전환 시 지분 | 순보 준비금 | 해약환급금 | 순보 준비금 |

이러한 면에서 계약전환은 승환과는 본질적으로 다른 것으로 그 용어를 구분해서 사용해야 하며 계약전환제도 자체를 부정적으로 볼 필요가 없다.

계약전환은 전환 전후의 예정이율, 보장 내용, 보험기간 등 상품 내용을 철저히 비교해 계약자 확인을 반드시 거치게 한다. 반면 승환은 계약 변경 전후의 유·불리한 정보를 제공하지 않고 기존 계약의 해약으로 인해 계약자에게 손실을 끼치는 행위로 구분되어야 한다.

〈표 34〉 승환과 계약전환의 비교

| 구 분 | 승 환 | 계 약 전 환 |
|---|---|---|
| 절 차 | 해약 → 재가입 | 전환 전후 상품 비교<br>→ 전환확인서 |
| 해약 공제 | 해약공제금이 있어 해약에<br>따른 손실을 고객에게 끼침 | 해약공제금이 없어 전환에<br>따른 손실을 최소화함 |
| 절차상<br>고객보호책 | 없음<br>예) 암면책기간 중 사고<br>: 보장 없음 등 | 있음(환원제도)<br>예) 암면책기간 중 사고<br>: 전환 전 계약으로 환원해<br>보장함 등 |
| 보험료 할인 혜택 | 없음 | 10% 내외 할인 |
| 대 상 | 연금, 저축, 보장성보험 등<br>전 영역에서 발생 | 보장성보험만 전환 가능<br>(제한적인 고객 니즈로 이루어짐) |

계약전환이란 전환 전 계약의 준비금으로 전환 후 계약의 일시납을 구입하고 새로이 월납 계약을 체결하는 구조이다.[77]

계약전환에 있어서 전환 가격이란 전환 전에서 '계약의 순보식 책임준비금+배당금 등 제지급금-미상각신계약비 등 공제액'으로

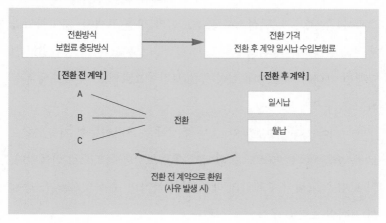

전환 후 계약의 일시납보험을 구입하는 보험료로 납입한다. 고객은 전환 후 새로이 계약의 월납 계약을 가입하게 된다.

일본의 주력 전환 상품은 의료, 개호, 3대 성인질병 등을 특약으로 보장하는 보장성 상품이 주를 이루고 있으나, LA(Life Account)와 같은 금리연동형 상품에 다양한 특약을 부가하는 사례도 있다.

일본 제일생명의 히트 상품 '당당인생'이라는 갱신형 종신이행 보험은 1999년 발매 후 2004년까지 약 325만 건이 판매된 상품으로 동 상품 계약의 70%를 전환계약이 차지하고 있었다.

이 보험의 특징은 확정이율로 이자를 계속 붙이지만 보험기간이 10년 만기로 계약을 갱신하기 위해서는 변경 당시의 기초율에 의한 보험료로 갱신해야 한다. 또한 기존의 정기부 종신보험과 달리 정기 부분이 주보험이 되고 지정 연령이 되면 종신으로 이행할 수 있게 선택 가능한 상품이다. 가격이 10년 단위로 갱신되기 때문에 리스크를 줄였고, 기존 정기부 종신보험의 경우 고객이 정기 특약을 갱신하지 않아 사차익이 줄어드는 결점을 보완했다. 보장위험도 사망뿐만 아니라 개호, 3대 질병 등을 보장함으로써 고객 니즈에 부응하고 있다.[78]

메이지야스다생명보험의 LA는 주계약을 금리연동형 저축보험으로 운영해 이차손 리스크를 없애고 각종 보장을 특약으로 만들었다. 이 보험은 고객이 주계약의 해지 없이 특약의 추가 및 해약을 통해서 고객의 보장 니즈를 충족시켰다.[79]

일본의 경우 동일한 보장을 제공하면서 예정이율만 낮추는 상품으로 전환하는 것은 금지되었다. 전환 시 예정이율 하락으로 인해 고객이 부담하는 보험료 손해에 대해서도 충분히 설명하도록 하고 있다.[80]

우리나라의 경우에는 전환 전 상품에 많은 제한이 있어 일본에 비해 전환의 범위가 매우 좁다. 즉, 계약이 1년 이상 유지된 보장성보험에 한해 허용되고 있다. 만기일로부터 2년 미만이 남은 저축성보험, 종신보험, 단체보험은 제외되었다. 이미 보험금 지급사유가 발생했거나 납입 면제, 감액 완납, 납입방식 변경 건 등도 제외되었다.

우리나라는 종래의 상해, 건강보험에서 종신, CI, 통합보험으로의 전환이 주를 이루고 있다.

우리나라의 경우 계약전환제도가 보유계약 리스크 축소에만 중점을 두지 않도록 전환 상품의 범위를 보장성 상품에 한해 허용했기에 일본처럼 다양한 전환이 어려웠다. 또한 무리한 전환 마케팅을 막기 위해 일체의 목표 부여, 시책 전개, 전환 대상 계약자의 정보 제공을 금지했다. 고객에게는 사전 정보 제공, 동의 절차, 계약 전환 전후 계약의 철저한 비교 설명 후 계약자의 확인을 받는 절차를 거쳐야 했다.

이러한 관계로 전환제도는 초기에는 철저한 교육 후 상당히 활용되었으나 지나치게 까다로운 절차 때문에 차츰 인기를 잃어갔다. 오히려 규제와 프로세스가 덜 까다로운 해약 후 재가입하는 승환이 보편화되고 있는 것이 안타까운 현실이다.

우리나라 금융당국이 계약전환제도를 제한적으로 엄격하게 운영하고 있는 이유는 다음과 같다.

IMF 이후 초저금리기에 진입할 당시에는 주가 하락, 부실자산 대손처리, 신규투자 및 재투자 수익률 하락으로 이차손이 상당히 날수 밖에 없는 구조였기 때문에 금리 리스크가 매우 클 것이라고 공감을 했다.

그러나 2000년대 초부터 준비금적립제도가 K율(준비금 충실화율) 방식에서 사실상의 해약환급급식으로 바뀌면서 막대한 특별 이익이 전입되었다. 이와 함께 종신보험의 판매 확대로 많은 비차익과 사차익이 발생하자 오히려 비차익, 사차익 규모에 대한 견제와 더불어 계약전환제도에 대해서도 부정적 시각을 가졌던 것으로 판단된다.

## 계약전환제도에 대한 재조명

2008년 시점에서 가구당 보험가입률(생·손보 통합 기준)은 97.7%로 거의 모든 가구가 보험계약을 보유하고 있는 것으로 나타났다. 이는 향후 새로운 상품을 보급하는 것보다 기존 보험을 종합적으로 진단해 부족한 부분을 새롭게 설계하는 것이 바람직하다는 것을 보여주고 있다.

이미 대부분의 손해보험회사와 상당수의 생보사들이 통합보험이라는 이름으로 보험 가입을 유도하고 있지만 기존 계약의 해약이 아닌 전환제도를 활용해 계약자를 보호하는 것이 바람직하다.

전환제도의 범위를 지나치게 제한하고 프로세스가 너무 복잡하면 전환제도를 기피하고 기존 계약을 해지한 후 신계약을 체결하는 승환계약이 보편화될 것이다. 때문에 전환제도의 범위를 확대하고 지나치게 엄격한 프로세스 등을 완화하는 것이 바람직하다.

우리나라의 경우 보장성보험에 한해 계약 전환을 허용하고 있다. 연금 및 저축성 상품의 경우에도 금리확정형이나 금리연동형에서 변액보험으로의 전환과 변액보험에서 금리연동형으로의 전환 등은 고객의 전환 니즈가 충분히 있을 수 있기 때문에 신중하게 도입을 검토해야 한다.

또한, 연금저축에서 보장성으로, 보장성에서 연금저축으로의 전환도 굳이 제한할 필요는 없다. 다만 이 경우 계약자에게 전환 전후 상품에 대한 충분한 비교 설명이 없으면 많은 민원이 발생할 수 있으므로 이에 대한 대비책을 강구하면서 전환 대상을 확대해야 한다.

## 3. 건강보험 리스크로 인한 생존급부 위험률차 손익 악화

1997년 제3보험의 생·손보 겸영 이후 생보사들은 정액건강보험으로 인한 보험 리스크에 크게 노출되어 2005년 이후 생존급부의 위험률차 손익에서 적자를 시현하고 있다.

제3보험의 생·손보 겸영 허용 이후 손보사들은 실손의료보험을 판매하기 시작한 데 비해 생보사들은 정액의 건강보험을 집중적으로 판매하기 시작했다. 손보사들은 2003년 말 이후 보험료의 5년 단위 갱신형을 도입하면서 통합보험을 출시해 리스크를 상당 수준 헤지하면서도 실손의료보험의 고객 니즈를 앞세워 장기보험의 급성장을 가져왔다. 이에 비해 생보사들은 정액형 건강보험의 리스크를 감당할 길이 없어 건강보험의 보장급부를 줄이고 언더라이팅을 까다롭게 하면서 건강보험 시장에서 손보 대비 열세에 서게 되었다. 이로 인해 보장성보험 시장을 손보업계에 크게 잠식당하게 되었다.

생보사의 위험률 차익은 2002년 1조 5,000억 원 수준에서 2008년 8,700억 원 수준으로 절반 정도로 급감했고 위험률 차익률도 32%에서 10% 수준으로 급락했다. 그 원인은 무엇인가? 이에 비해 일본의 생보업계는 전체 위험률 차익이 2조 2,000억 엔이며 위험률 차익률도 30%대를 유지하고 있는 이유는 무엇인가?

우리나라 금융당국은 종신보험 판매 초기 비차익과 사차익이 크게 발생하자 이를 줄이기 위해 표준신계약비를 낮추었다. 위험률 통계도 일본 국민통계에서 국내 경험통계로 바꾸면서 생존급부 위험률의 안정할증률도 하향 조정했다.

또한 치솟고 있는 진단, 입원, 수술 등 생존급부 위험률 산정 시 추세 반영이나 위험률을 중도에 변경할 수 있는 보험료변동(Non-guaranteed)제도 도입을 허용하지 않았다. 경험생명표 산출 주기도 과거 5년에서 3년으로 변경하는 등 위험률 차익을 줄이는 조치를 취했다. 상장 차익이 주주에게 과다하게 귀속되는 것을 막기 위해 유배당 상품의 주주지분을 15% 수준에서 10% 수준으로 변경했다.

이와 반대로 일본 금융당국은 많은 생보사의 도산 이후 유배당 상품의 주주 대 계약자배당비율을 2:8에서 8:2로 변경했다. 위험률 차익을 안정적으로 보장하기 위해 경험생명표도 11년 동안 개정하지 않았다. 건강보험의 생존급부 위험률의 안전할증률을 50%까지 허용하고 2007년 4월부터 보험업법 시행세칙을 개정해 보험료변동제도 도입을 허용했다.

여러 요인들에 의해 한국 보험사들의 진단, 입원, 수술 등 생존담보에서 손익은 급격히 악화되어 2002년 6% 이익이 나던 것이 2008년에는 12% 손실로 18%가 악화되었다. 이에 따라 생보사들은 장래의 생존담보 리스크를 우려해 2005년경부터 암보험 판매를 중지하는 극단적인 조치를 취했다.

〈표 36〉 연도별 생존담보 위험률차 손해율 현황

| 연도 | 2002년 | 2003년 | 2004년 | 2005년 | 2006년 | 2007년 | 2008년 |
|---|---|---|---|---|---|---|---|
| 손해율(%) | 94 | 101 | 97 | 104 | 107 | 105 | 112 |

자료 : 보험개발원

이러한 생존담보에 대한 위험률차 손실 확대는 생존보장보험의 위험률 상승 추세[81]와 생존담보의 평균 보장기간이 33년, 보험기간이 20년 이상인 계약이 전체의 87%나 되는 점 등을 고려할 때 향후 고착화할 가능성이 크다.[82]

위험보험료의 구성비와 수준도 바람직하지 못한 방향으로 움직이고 있다. 위험률차 이익이 발생하는 사망담보의 비중은 지속적으로 감소하고 손해율이 높은 생존담보(상해담보+질병담보)의 비중이 꾸준히 높아져 2003년 53%에서 2007년에는 61%로 확대되었다.

〈표 37〉 담보별 위험보험료 구성비 (단위 : %)

| 구 분 | 2003년 | 2004년 | 2005년 | 2006년 | 2007년 |
|-------|--------|--------|--------|--------|--------|
| 사망담보 | 47 | 44 | 41 | 39 | 39 |
| 상해담보 | 8 | 8 | 8 | 7 | 6 |
| 질병담보 | 45 | 47 | 51 | 54 | 55 |

자료: 보험개발원

보유계약 위험보험료 증가율이 20% 수준에서 감소해 6%대에 머무르고 있다. 특히, 신계약 위험보험료는 2005년에는 9,666억 원을

〈표 38〉 연도별 위험보험료 규모 (단위 : 억 원)

| 구 분 | 2003년 | 2004년 | 2005년 | 2006년 | 2007년 |
|-------|--------|--------|--------|--------|--------|
| 신계약 | 5,269 | 8,171 | 9,666 | 8,241 | 5,931 |
| 보유계약 (증가율) | 4조 6,419 ( - ) | 5조 8,035 (25.0%) | 6조 8,827 (18.6%) | 7조 3,162 (6.3%) | 7조 7,982 (6.6%) |

자료: 보험개발원

정점으로 매년 감소해 2007년 5,931억 원으로 2005년 대비 38.6%가 감소했다.

지난 4년간 생보사의 손해율 추이를 분석하면 전체적으로 5.7% 악화되었다. 손해율이 100% 초과한 회사가 9개사로 위험률차 손익의 부익부 빈익빈 현상이 전망된다. 회사별로는 6개사의 손해율이 20% 넘게 악화되었고, 7개사는 10~20%, 7개사는 10% 내에서 손해율이 나빠졌으나 2개사는 오히려 손해율이 개선되었다. 회사별 손해율 분포도 최저 57.2%에서 최고 142.6%로 갭이 상당히 큰 것으로 나타났다.[83]

손해율이 개선된 회사 중 교보생명의 사례를 소개하고자 한다. 상위 3사 중 손해율이 가장 나빴지만 지금은 가장 양호한 회사로 바뀐 것은 단체보장보험, 차차차보험 등 위험률차 손익이 불량한 상품의 만기 도래 등에 기인한 측면도 있다.

하지만 무엇보다도 모럴해저드 현상을 가장 잘 파악하고 있었던 신창재 회장의 지휘하에 종합적인 위험률차 개선대책을 마련해 상품급부 구조개편, 언더라이팅 및 지급심사 강화, 특별조사팀(SIU, Special Investigation Unit)에 경찰 출신 조사인력 강화 등을 지속적으로 추진해 온 결과로 판단된다.

이와 같이 생보업계의 손해율이 급속하게 나빠진 것은 무엇보다도 생존담보의 손해율이 급등한 것을 들 수 있다. 이렇게 생존담보의 손해율이 악화된 원인은 무엇일까?

## 보험 환경의 변화

식생활의 서구화로 유방암, 전립샘암, 갑상샘암 등 서구형 암이 증가[84] 했으며, 고혈압, 비만, 당뇨병 등 대사증후군의 발생도 증가하고 있다. 대사증후군은 뇌졸중, 심근경색 등 심혈관질환 관련 합병증을 유발해 일반인에 비해 발생률은 3배, 사망률은 5배나 높게 리스크에 노출되어 있다. 특히 심혈관질환에 의한 지급보험금은 2002~2006년 평균 8%나 증가했다.

소득 증대에 따른 국민의 건강에 대한 관심 제고와 함께 의료인 수 증가, 메디컬 마케팅의 확대로 질병의 조기 진단이 가능하게 되었다. 이는 자기공명영상(MRI),[85] 양전자단층촬영(PET)[86] 등 첨단기기와 신의료기술이 등장하고, 국민들의 종합검진 수검 증가와 정부의 조기 검진 활동에 기인한다.

외과적 수술이 의학기술 발달로 첨단시술[87]로 대체되어 수술 횟수도 늘었다. 과거 개복수술과는 달리 여러 번 시술해야 할 것이 처음부터 예정되어 있음에도 시술할 때마다 고액의 보험금을 지급하는 문제점이 있다.

## 모럴 해저드

계약자의 고지의무 위반이나 피보험 이익을 노린 모럴 해저드 사례가 증가하고 있다. 특히 미고지 시 건강진단으로는 확인이 불가능한 경미한 질병의 수술이 늘어나고 있다.

자가진단이 가능한 유방암, 갑상샘암 등의 경우 보험 가입 후 진단사례가 많다.[88] 고지의무 위반 시 계약자에 대한 제재가 없고, 개인정보 활용에 대한 건강보험공단의 소극적인 자세로 보험사의 진료기록 이용이 불가능해 고지의무 위반 확인이 곤란하다.

계약자의 피보험 이익과 의료계의 수익 증대 목적이 서로 맞물려 불필요한 수술, 입원 등 과잉 진료가 성행하고 있다. 특히 경미한 수준임에도 불구하고 물리치료나 운동요법을 선행해 보지도 않고 무분별하게 수술하는 사례가 급증하고 있다. 치질, 디스크, 관절질환, 요실금, 제왕절개 분야는 불명예스럽게도 우리나라가 세계에서 가장 높은 수준의 수술률을 보여주고 있다.

의약분업 이후 이러한 수술이 크게 증가했으며, 중ㆍ소병원의 경우 경영 안정을 위해 요양병원 전환 후 노인질환자, 장기요양자 등을 적극 유치해 장기 입원을 유도하고 있다. 보험개발원의 분석에 따라 입원율을 지역별로 비교해 볼 때, 서울을 100이라고 하면 광역시는 1.57배, 기타 시ㆍ군은 1.69배 높았다. 관리가 소홀한 지역사회로 갈수록 모럴 해저드가 높은 것으로 나타났다.

환자 위주의 진단서 발급이나 허위진단서 발급 등 도덕불감증도 심화되고 있다. 환자 이익을 위한 일부 의사의 진단명 업 코딩(Up-coding) 또는 지나친 장해등급 판정이 문제되고 있다.

이러한 역선택 및 지능화된 보험사기에 의해 보험금 지급액이 급증하고 있다. 특히 고액의 보험금 수령을 목적으로 여러 보험사에 중복 가입하거나 의사, 브로커, 설계사가 가담한 보험사기 등 조직화 양상마저 보이고 있다.

예컨대 단기간(2005년 7~8월)에 25개사의 상해 관련 36개 보험에 가입 후 요추염좌로 장기 입원하는 사례가 있었다. 보험사기 혐의자는 2006년 2만 6,754명에서 2009년 5만 4,268명으로, 보험사기 적발액은 2006년 1,780억 원에서 2009년 3,304억 원으로 3년 만에 거의 2배로 증가하고 있다. 미적발분까지 추산하면 1조 6,000억 원을 초과할 것으로 예상된다.[89]

### 보험제도상의 한계

위험률 산출 시 통계자료 및 안전할증에 대한 규제는 엄격하다. 예정위험률 산출은 보험사의 경험통계 우선 원칙이 적용되고 있는데, 생존담보에 대한 판매 경험이 짧아 경험 데이터에 대한 신뢰도가 낮음에도 불구하고 경험통계 기준으로 위험률을 적용하도록 변경했다.

결국 경험통계로 변경된 이후 사차손익이 악화되었는데, 일본의 암보험통계를 그대로 사용했더라면 하는 아쉬움이 있다.

〈표 39〉 암보험 연도별 위험률의 차익률 현황

| 구 분 | 2003년 | 2004년 | 2005년 | 2006년 |
|---|---|---|---|---|
| 일본통계 | 8% | 4% | 3% | 6% |
| 경험통계 | △4 | △12 | △14 | △14 |

예를 들어, 암진단율의 변화로 보면 초기 일본통계를 이용하다

| 구 분 | 2003년 | 2004년 | 2005년 | 2006년 |
|---|---|---|---|---|
| 일본통계(%) | 56 | 56 | 57 | 58 |
| 경험통계(%) | 25 | △9 | △18 | △13 |

1997년 국민통계로 전환하면서 위험률은 17% 인하되었다. 이후 2003년 경험통계로 바꾸면서 국민통계보다 위험률은 인상되었지만, 일본통계에 비하면 위험률차 손실을 면할 수 없었다.

입원율의 경우도 2003년 일본통계에서 경험통계로 바꾸면서 위험률이 기존 대비 57% 인하됐지만, 그 이후 입원율에서 위험률차 손실이 발생되고 있다.

생존담보 손해율의 지속적인 상승에도 불구하고 위험률 산출 시 추세율을 반영할 수 없어 경과기간이 오래된 계약일수록 손실이 컸다. 위험률변동제도도 LTC보험과 종신의료보험에 한정하는 등 극히 제한적으로 운용되었고 보험료 변동조건도 까다로워[90] 일반적으로는 보증(Guaranteed)위험률을 적용했다.

### 급부설계 및 약관상 상품개발 자율성의 제약

ICD(국제질병사인분류)에 의존한 보험금 지급 기준으로 의료기술 발달과 함께 불필요한 보험금 지급이 증가했다. ICD코드는 체계적인 질병 분류를 위해 만들어진 것으로 명확한 코드 부여가 불가능할 수 있다. 동일 질병이라 하더라도 의사에 따라 서로 다른 코드가 부여될 수 있어 이를 보험금 지급 기준으로 하는 것은 적절치 않았던 것으로 보인다.

CI보험을 제외한 건강보험에서 경미한 증상의 경우 리스크 헤지를 위해 해당 질병 모두 보장하지 않거나 소액화해 상품의 경쟁력이 크게 떨어졌다. 예컨대 열공성 뇌경색을 보장하지 않기 위해 뇌졸중의 60~70% 이상에 해당하는 전체 뇌경색을 보장에서 제외했다. 초기 갑상샘암을 제외하기 위해 전체 갑상샘암을 암에서 분리해 소액 보장하는 사례가 보편화되었다.

입원의 정의도 불분명해 분쟁 소지를 키우고 있다. 현재 약관상 입원은 '치료를 직접 목적으로 필요하다고 인정한 경우'로 정의되어 분쟁 소지를 내포하고 있다. 즉 질병의 보존적 치료 및 요양에 대해 보험금의 지급 요구가 많다. 또한 복지부의 요양병원 확대 정책에 따라 향후 요양병원의 장기 입원 후 입원보험금을 청구하는 사례가 빈발할 것이 예상된다.

일본의 경우 금융청에서 암보험을 제외한 모든 건강보험에 입원통산 한도를 700~1,000일로 설정하도록 유도하고 있다. 반면 우리나라의 경우 입원, 수술 등에서 총 보험금 한도를 설정할 수 없어 장기 역선택에 무방비 상태이다.

과거 판매된 건강보험의 약관으로 인한 리스크는 앞으로도 계속될 것이다. 이에 대해서는 약관의 해석을 명확히 하는 것이 긴요하다. 향후 판매하는 상품의 경우에는 일본과 같이 입원통산 한도를 정해 입원급부의 합이 가입금액을 초과할 수 없도록 하는 방안의 도

| 구 분 | 2000년 | 2001년 | 2002년 | 2003년 | 2004년 | 2005년 | 2006년 9월 |
|---|---|---|---|---|---|---|---|
| 전문종합 | 43 | 43 | 42 | 42 | 42 | 42 | 43 |
| 종합병원 | 245 | 234 | 241 | 241 | 241 | 249 | 251 |
| 병원 | 662 | 677 | 729 | 803 | 857 | 909 | 938 |
| 요양병원 | 19 | 28 | 54 | 68 | 113 | 203 | 310 |

자료 : 건강보험심사평가원

입을 허용함이 바람직하다.

상품이 복잡하고 다기화됨에 따라 고지를 통한 추가정보의 필요성은 증가하는 데도 불구하고 감독당국은 소비자 권익보호 차원에서 고지사항의 추가 또는 확대는 제한적으로 승인하고 있다.

또한 종래에는 약관상 고지의무 위반 시에도 기납입보험료 이상을 지급해야 하며 가입 후 2년이 경과되었을 경우 보험금 전액을 지급해야 하므로 계약자와 설계사의 역선택을 막기 어려운 현실이었다. 그러나 2010년 4월부터 고지의무 위반으로 인한 해지 시 해지환급금을 지급토록 변경된 것은 매우 바람직한 조치였다.

면책기간은 암 등 중대질병에 한해 설정하고 있는데 경미한 질병(예컨대 치질)의 경우에도 초기 역선택의 소지가 큰 급부에 대해서는 면책기간 설정을 고려해 볼 필요가 있다.

### 보험사의 상품 운용 정책

제3보험의 생·손보 겸영 이후 암 및 특정 질병 등을 고액 보장하는 건강 상품을 무분별하게 판매해 왔다. 장비나 의료기술의 발달에 의한 비용 하락을 고려하지 않은 급부설계가 문제였다. 특히, 정액의 수술 특약은 판매를 지양했어야 했다.

2002년 이후 종신보험 활성화를 위해 입원, 수술 특약의 가입한도를 높게 운영해 피보험 이익에 노출되는 결과를 초래했다. 또한 타사의 가입정보 및 지급정보의 공유가 제한적으로 운영되어 여러 회사에 다건 가입하는 사례도 계속 증가하고 있다.

일부 회사는 시장 확대를 위해 생존담보 상품을 홈쇼핑 등을 통해 무분별하게 판매하고 있다. 장래 위험률차손을 보전하기 위해 유지비를 다소 높게 부가하고 있으나 연령이 증가할수록 위험률이 급증해 그 효과는 단기적이라 할 것이다.

## 보험사의 언더라이팅 기능 취약

신계약 모집 활동을 직접 하고 있는 보험설계사의 1차 언더라이팅 기능은 사차손익에 커다란 영향을 준다. 피보험자가 외관상으로 건강체가 아니라는 것을 육안으로도 쉽게 느낄 수 있는 경우도 있고, 생활정도에 비해 과도한 보험료를 지불하는 고액보험에 가입할 경우 그 가입동기가 의심스러운 정황을 파악할 수도 있을 것이다.

또한 청약서 작성 시 고지수령을 통해 거절체나 표준미달체에 관한 정보를 확보할 수도 있다. 회사에 따라서 1차 언더라이팅의 중요성에 대한 교육이 어느 정도 되어 있느냐, 불완전판매를 방지하기 위한 제도적 장치가 어떻게 정비되어 있느냐에 따라 현장 언더라이팅 기능은 크게 차이가 난다.

또한 계약적부확인제도나 건강진단의 활용 정도에 따라 언더라이팅 기능의 효과는 큰 차이가 있다. 계약적부확인제도는 신계약이 체결되기 전에 적부확인 조사자가 고객을 직접 방문하거나 전화를 통해 고객의 건강 상태나 직업, 취미 등 보험계약 체결에 영향을 미치는 중요한 사항과 계약의 완전판매 여부를 재확인하는 프로세스이다.

계약적부확인제도는 보험계약자를 위해서도, 보험회사를 위해서도 반드시 필요한 제도이다. 계약적부확인제도는 고지의무 위반으로 인한 계약 해지 시 고객이 입을 수 있는 손해를 미연에 방지시켜 주는 효과가 있다.

가입 단계에서 언더라이팅 기능이 취약하고 적부확인율이 낮을수록 유효 고지율이 낮아 비건강체가 표준체로 인수될 가능성이 높다. 이로 인해 계약적부확인을 철저히 하는 회사와 그렇지 않은 회사 간에는 특히 가입 초기 위험률차 손익에서 큰 격차를 보여 주게 된다.

회사에 따라서는 본사의 언더라이팅 기능이 취약한 경우가 많다. 표준미달체제도가 제대로 갖춰져 있지 않거나 언더라이팅 전문가의 부족으로 매크로 언더라이팅(Macro Underwriting) 기준의 설정 운영이나 신체적 위험, 직업적 위험, 도덕적 위험 등 구체적인 위험 인수에 관한 개별 심사역량이 부족한 경우가 많다.

## 보험금 지급심사 기능의 취약

종래의 사망, 상해 중심의 보험금 지급심사 및 조사의 경우에는 상당한 노하우가 있다. 하지만 진단, 입원, 수술, 장해 등 생존급부의 경우에는 보험금 지급심사는 물론 조사기법 등이 의료기술 발달에 비해 낙후되어 있다고 볼 수 있다. 장기 입원 및 반복 수술 등이 계속 증가하고 일부 병원과 환자 심지어 일부 설계사까지 담합하고 있는 사례가 증가하고 있어 이에 대한 체계적 대응이 어려운 실정이다.

보험사별로는 대형사를 제외하고는 전국을 커버할 수 있는 사고조사조직을 갖추기 힘들다. 뿐만 아니라 특별전문조사조직인 SIU(Special Investigation Unit)를 별도로 설치 운영하기는 어렵다. 이러한 경우 조사회사와의 용역계약에 의존할 수밖에 없는데, 영세한 조사회사가 난립하고 있어 조사의 질적 수준 향상이 요구되고 있다.

또한 실손의료보험 판매에 따라 의료 세부내역서에 의한 의적인 보험금 전문심사가 이루어져야 한다. 아직도 많은 회사들은 심사간호사 인력에 의한 전문심사를 준비하지 않고 있어 향후 상당한 리스크요인이 될 것으로 보인다.


### 상품개발 프로세스상의 취약한 리스크관리

과거 히트 상품들 중에는 보험 리스크가 커서 결국 판매 중단에 이르게 된 사례가 많았다. 당시에는 상품개발 프로세스상 리스크에 대한 철저한 사전 점검이 부족했던 것이 사실이다.

삼성생명의 경우 건강보험 개발상 시행착오를 경험한 후 상품개발시 리스크 점검을 철저히 하기 위해 상품개발 10단계 프로세스를 확립했다. 사내에도 별도 RM(Risk Management)조직을 두어 리스크를 철저히 점검하기 시작했다. 물론 미래에 어떠한 리스크요인이 돌출될 것인지는 아무도 알 수 없지만, 예상 가능한 모든 리스크요인을 사전 점검하는 것은 반드시 거쳐야 할 사항이다. 그러나 아직도 대부분의 회사는 상품개발 리스크 점검이 미흡할 것으로 판단된다.

결론적으로 현재의 생존담보의 위험률차손 심화 현상은 보험산업을 둘러 싼 당사자 및 관계자 그리고 환경 변화가 만들어낸 합작품이라고 할 수 있다.

감독당국은 요율 체계를 지나치게 제한해 요율이 낮으면서 비탄력적으로 운용되었고 민원 및 분쟁도 지나치게 소비자 위주로 조정되었다.

보험회사는 판매 경쟁 심화로 고액의 생존담보를 설정해 갱신제도 없이 장기간 보장하며 손해율이 높은 비대면 채널로 판매를 급격하게 확대했다. 일부 설계사는 수수료만을 염두에 두고 무리하게 모집을 했고 계약자는 자가진단이 가능한 담보를 여러 건 가입하는 모럴 해저드를 범했다.

의료기관도 건강보험을 이용한 마케팅을 전개했고, 의사들의 도덕불감증도 한 몫 했다. 또한 국민건강보험의 무료진단 서비스 확대 정책과 식생활의 서구화도 사차손익 악화에 영향을 미쳤다.

특히 생보업계 2001년 이전 판매하던 정액보험은 새로운 수술기법의 출현, 병원과 환자의 모럴 해저드 급증으로 리스크관리에 한계가 있었다. 이에 삼성생명은 전 건강보험에 대한 라인스톱과 함께 고객 니즈가 크면서도 리스크가 적은 건강보험 상품의 개발에 착수하게 되어 사망보험금 선지급형의 CI보험이 출현하게 되었다.

원래 CI보험은 남아프리카공화국 의사인 마리우스 버나드(Dr. Marius Barnard)씨가 개발했다. 그는 1967년 그의 형제와 더불어 세계 최초의 심장이식수술에 참여한 세계적인 명성을 지닌 의사다. 그는 자신의 환자들이 심장 관련 질병으로 인한 고액의 치료비 부담, 실직 등으로 정상적인 생활을 하지 못하는 것을 보고 1983년 세계 최초로 CI보험을 개발했다.

그 당시 남아프리카에서는 치명적인 암에 걸리면 영국으로 가서 치료를 받아야 했기 때문에 많은 비용이 필요했다고 한다. 고액의 치료비뿐 아니라 가족의 생활자금, 간병비, 채무변제, 요양비 등 5대 자금이 필요하기 때문에 종신보험 등에서 보장되는 사망보험금의 전액 또는 일부를 선지급하는 상품 컨셉을 개발하게 되었다.

이 상품은 암뿐만 아니라, 급성심근경색, 뇌졸중을 비롯한 치명적 질병의 진단 및 수술 중에서도 치명적인 중증에 대해서만 보장하게 되었다. 출시 이후 큰 호응을 얻게 되었으며, 남아프리카 외에도 영국, 호주, 캐나다, 홍콩 등 동남아시아에 확산되어 주종 상품으로 판매되게 되었다. 그러나 CI보험은 민영의료실손보험이 발달된 미국에서는 그다지 활성화되지 못했고, 정액의 종신입원보험이 존재하는 일본에서도 거의 판매되지 않고 있다.

삼성생명은 해외 재보험사와 함께 1년간 심혈을 기울여 업계 최초로 이 보험을 개발해 우리나라 실정에 맞게 잘 조정한 노력의 결과로 3개월간의 배타적 사용권을 받았다. 하지만 타사가 실제로 따라오는 데는 1년 이상 걸려 사실상 1년간의 배타적 사용권을 받은 것과 같은 효과가 있었다.

CI보험은 종신보험과 건강보험의 장점을 결합한 퓨전형으로서 암, 뇌졸중, 심근경색 등 치명적 질병에 걸렸을 때 사망보험금의 일부를 생존 시에 미리 지급하는 업계 최초의 선진국형 생활보험으로 고객에게 크게 어필했다. 이에 힘입어 2002년 금감원 우수 금융신상품개발 부문에서 최우수상을 수상했고 2003년 3월 매경금융대상에서는 영예의 대상을 차지했다. 특히 삼성생명은 CI보험 판매 개시 후 4년 이내에 200만 건 판매를 돌파했다.


## 4. 의료실손보험의 지연 도입

의료실손보험의 지연 도입이 리스크관리 실패요인인 동시에 성장의 한계요인이었다.

앞서 언급한 바와 같이 생보업계의 고유한 보장성보험 영역이 손해보험 업계의 장기보험에 의해서 크게 잠식당한 것은 다름 아닌 의료실손의 리스크관리상의 우월한 점과 판매소구력에 힘입은 것이었다.

생보업계의 경우 의료실손이 정액건강보다 리스크관리상 우월한 점에 대한 인식이 부족했다. 즉, 미국의 대형생보사들이 의료실손

사업 부문을 접고 매각했던 사례를 보면서 의료실손이 정액건강보다 리스크가 더 클 것이라고 생각한 데 기인했다. 그러나 우리나라의 의료실손은 미국의 대체형과는 달리 보충형으로서 공적의료보험의 심사기관인 '심사평가원'에서 일차적인 리스크 스크리닝을 하고 있어 리스크가 훨씬 적다.

또한 의료실손의 소구력을 과소평가하고 있었다. 손보업계가 의료실손을 장착한 통합보험으로 생보계약자들을 리모델링하면서 고객을 빼앗기고 있는 것을 간과하고 있었다. 생보업계는 생보설계사들이 손보업계의 의료실손이나 통합보험을 중개 또는 소개 판매하고 있는 것을 뒤늦게 깨달았기 때문이다.

### 건강보험의 성장은 리스크 증대를 가져왔다

생보업계는 1980년대 암보험, 1990년대 남성 및 여성종합건강보험, 2000년대 입원·수술진단 특약과 CI보험 등 정액형 건강보험을 판매했다. 진단, 입원, 수술 등 생존급부의 위험보험료 비중이 전체의 60% 수준으로 크게 성장했지만 리스크관리를 위한 준비는 미흡했다. 그러다 보니 2005년부터 생존급부에서 위험률차 손실이 나타나기 시작했고 당분간은 위험률차 손실 규모가 확대될 것으로 보인다. 그러나 생보업계는 위험보험료의 60%에 달하는 건강보험 시장을 포기할 수 없어 정액건강보험을 계속 팔면서 정액건강보험의 위험률차 손실을 해소하기 위해 많은 노력을 해 왔다.

우선 암, 입원, 수술급부 등의 가입 한도를 대폭 축소했으며 대부분의 회사는 암보험의 주보험 판매를 중단했다. 또한 정액건강보험의 보장범위가 상병코드방식(ICD코드)으로 되어있기에 경미한 질병으로 인한 리스크를 피하기 위해 뇌경색 전체를 보장에서 제외했다. 이는 뇌졸중에서 폐색 및 협착과 열공성 뇌경색 때문이었다. 특정질병 입원 특약에서는 업 코딩(Upcoding)이 심했던 고혈압, 당뇨병, 위궤양 등을, 수술 특약에서는 치조골질환 등의 질병을 제외했고 요실금과 치질 등의 보장금액은 줄였다.

정액건강보험의 리스크관리를 위해서는 우선 고액으로 설계된 진단급부를 이용해 경미한 질병을 보장받는 것을 막기 위해 질병정의방식으로 전환해야 한다. 진단급부는 단독판매방식(Stand Alone)보다는 사망급부의 선지급방식(Accelerated)으로 판매하는 것이 바람직하다. 보험료 산출도 암, 심근경색, 뇌졸중 등 발병률이 증가하는 질병에 대해서는 갱신형제도(Renewable)나 위험률변경(Non-guaranteed)제도의 도입이 요구된다.

이와 같이 상품의 담보범위 및 보장금액을 축소하다 보니 정액형 건강보험의 구매력이 떨어져 신계약 위험보험료가 감소하면서 회사의 손익은 더욱 악화되었다. 이는 생명보험 상품의 경쟁력이 약화되면서 설계사들이 손보사의 실손의료보험 중개 판매에 집중했기 때문이다. 따라서 생보사가 근본적으로 건강보험의 리스크를 헤지하고 신계약 위험보험료를 지속적으로 확보하기 위해서는 좀 더 빨리 의료실손 시장에 진입했어야 했다.

## 수술급부는 실손 보상으로 해야 한다

특히, 입원이나 수술급부는 정액보험보다는 실손보험으로 전환하는 것이 바람직하다. 입원의 경우에는 실제 입원비 외에도 간병비, 교통비 및 소득 보상 성격의 비용이 필요하므로 정액급부를 일부 허용할 수 있으나 수술급부는 반드시 실손으로 보장되어야 한다. 그동안 수술급부를 정액으로 계속 판매해 왔던 것은 커다란 시행착오였으며 그 이유는 다음과 같다.

첫째, 상품개발 단계에서 아무리 수술급부를 잘 설계했다 하더라도 실제 수술비용과는 차이가 발생해 수술비용이 부족하거나 보험차익이 발생할 개연성이 매우 높다.

둘째, 종래에는 개복수술에 의존하던 수술이 최근에는 비관혈적 수술인 내시경, 복강경, 카테타, 감마나이트에 의한 시술, 중심정맥관 삽입술, 간동맥 색전술, 체외충격파 쇄석술 등으로 여러 번 나누어서 하는 시술로 빠르게 변하고 있다.

셋째, 정액보험은 여러 보험사에 중복 가입하는 경우에도 보험금을 모두 지급하므로 보험차익이 크게 발생할 수 있어 보험사기의 주요 타깃이 되고 있다. 반면 실손보험은 여러 보험사에 수 건씩 가입했더라도 보험사는 실제 비용을 가입비율에 비례시켜 부담하므로 (중복비례보장) 보험차익이 발생하지 않는다.

넷째, 수술급부의 경우에는 정액보험보다 실손보험의 보장범위가 넓기 때문에 상품경쟁력이 훨씬 좋다. 과거 리스크를 잘 알지 못하고 판매했던 암수술, 요실금수술 등 리스크가 컸던 수술급부를 보

| 구분 | 정액보험 | 실손보험 |
|---|---|---|
| 보험요율변경제도 적용 측면 | 보험업계가 그동안 보험료를 확정(Guaranteed)요율로 판매해 왔기 때문에 보유계약 사차손 리스크가 큼 | 보험료를 갱신형으로 판매할 수 있기 때문에 사차 리스크 조절이 어느 정도 가능 |
| 수술비용에 따른 보험차익 발생 여부 | 의료기술의 발달에 따라 수술비용이 크게 달라질 수 있어 실제 수술비용보다 모자라거나 보험차익 발생 가능 | 항상 실비를 지급하기 때문에 수술비용이 모자라거나 보험차익이 발생하는 일이 없음 |
| 수술 횟수 증가에 따른 리스크 | 비관혈적 시술로 여러 번 반복 시술하는 경우 보험금이 계속 지급되어 리스크가 큼 | 수술 횟수 증가에 따른 리스크가 발생하지 않음 |
| 중복 가입에 따른 사차 리스크 | 여러 보험사에 수 건씩 중복 가입 하더라도 보험금을 전부 지급해야 하므로 보험차익을 노린 보험사기의 원인이 될 수 있음 | 여러 보험사에 수 건을 가입하더라도 실비를 여러 보험사가 나누어서 부담하므로(중복비례보상) 보험차익이 발생하지 않음 |

장범위에서 제외하거나 보장금액을 축소해 상품소구력이 크게 떨어졌다.

### 건강보험은 정액형보다 실손형의 경쟁력이 크다

정액보험과 실손보험 간에 보장방식의 차이가 크다. 정액보험은 상병코드방식(ICD)이거나 질병의 정의방식인 포지티브(Positive)방식으로 일일이 질병을 열거한다. 하지만 실손보험은 네거티브(Negative)방식으로 면책범위를 열거식으로 나열한 후 나머지를 포괄적으로 보장하므로 보장범위가 훨씬 넓다.

실손형 건강보험은 보장 제외 사유인 치매, 선천성 기형 등을 제

〈표 43〉 건강보험의 정액형과 의료형의 비교

| 구 분 | 정 액 보 험 | 실 손 보 험 |
|---|---|---|
| 보장<br>범위 | • 약관에 규정된 지급사유만 보장<br>- 보장사유보다 미보장사유가 훨씬<br>많음 | • 약관에 규정된 보장 제외 사유 외에는 전<br>체를 보장 (제외 사유: 미용성형의료비,<br>예방목적의 의료비, 자발적 의사에 의한<br>의료비, 치매, 선천성 기형 등) |
| 보장<br>금액 | • 약관에 규정된 금액을 정액 보장<br>• 치료비보다 보험금이 높게 설정된<br>경우 모럴 해저드 발생 소지가 큼<br>• 물가 상승률을 반영하지 못해 실질<br>적인 보험금가치 하락 우려 | • 실제 발생 금액 중 공제 및 보장 한도를<br>적용해 보장<br>• 대부분의 경우 실질적인 의료비용을 보장<br>받을 수 있는 장점이 있음 |
| 보험료 | • 보험료는 연령 증가와 의료비 증가<br>에 관계없이 동일<br>(가입 당시엔 다소 부담) | • 가입 당시에는 보험료가 저렴하나 연령<br>증가와 의료비 상승에 따라 갱신 시마다<br>보험료 상승폭이 큼 |

외하고 모두 보장하기 때문에 약 3만 개의 상병을 보장한다. 반면 정액형 건강보험은 많은 질병을 보장하는 여성종합건강보험의 경우에도 2,800여 상병만 보장하는 데 그치고 있다. 실손형의 경우 수술의 종류는 약 3,000종을 보장하나 정액형은 300여 종을 보장해 주는 것에 불과하다. 최근 신의료기술에 의한 수술은 종(種)수술에서는 보장이 되지 않으나 실손형 건강보험에서는 보장되기 때문이다.

손보업계는 앞에서 기술한 바와 같이 고객 니즈 측면에서 실손보험이 생보업계의 정액보상보다 우위에 있는 장점을 살려 장기보험 업적이 크게 신장했다. 반면 생보업계는 암보험의 판매 중지와 건강보험의 급부 조정 및 축소 개편이 불가피했다.

## 의료실손보험의 도입 경과

원래 제3보험 분야는 질병, 상해 또는 이로 인한 간병에 관한 보험으로써 1997년 7월부터 생·손보사가 겸영할 수 있도록 허용되었다. 실손보험과 정액 상품도 생·손보사가 상호 개발할 수 있도록 허용되었다(재경원보험 41264-207).

다만 생보의 실손보장 상품은 신고 상품으로 운용할 수 있도록 정했다. 이에 따라 손보는 1997년 7월 이후 질병보험에 진단, 입원, 수술보장 등이 생보와 동일한 정액보장 상품을 개발·판매했다. 생보의 경우에는 상해보험만 정액형으로 판매하게 하고 실손의료보험은 인가하지 않았다.

1997년 7월부터 판매할 수 있었던 실손 상품 영역에 생보가 새로이 진입할 때에는 손보사의 요구로 상당한 양보를 하게 되었다. 즉, 2003년 보험업법 개정 시 생·손보 간 합의에 의해 생보사의 실손의료보험 영역 진출이 허용되는 대신 손보의 질병사망 일부 겸영 등을 허용하게 되었다.

생보사의 실손의료보험은 2003년 8월 30일부터 단체 의료실손이, 2005년 8월 30일부터 개인 의료실손이 허용되었다. 이에 반해 손보사의 경우에는 제3보험기간 제한(1~15년)이 폐지되었다. 생보의 고유 영역인 질병사망에 대해서는 80세 이하, 인당 2억 원, 만기환급금은 납입 보험료 이내로 제한하는 조건으로 상품 판매가 허용되었다.

손보사는 이에 따라 2003년 말부터 통합보험을 도입해 생보 영역을 크게 잠식했다. 반면 생보사는 2003년 10월부터 단체 의료실손에만 4개사가 진출했을 뿐, 개인 의료실손은 2008년 6월에야 삼성 생명 주도로 도입하기 시작했다.

개인 의료실손에 생보사가 이렇게 늦게 진입하게 된 원인은 정액의 입원, 수술 특약은 팔기가 쉽고 리스크도 적지만, 실손은 리스크가 클 것이라고 막연히 잘못 생각한 데 있다.

실손급부는 그 보장범위에 있어 정액의 입원, 수술 특약에 비해 훨씬 넓게 보장하고 있으나, 갱신형이기 때문에 위험률 증가에 따라 보험료를 올려서 리스크를 헤지할 수 있다. 실손보험은 계약자가 여러 건을 가입하더라도 중복 비례보장의 원칙이 적용되어 보험차익에 대한 모럴 해저드를 방지할 수 있다. 즉 실손보험은 리스크가 적은 반면에 보장의 폭이 넓어 고객들이 선호하고 있었다.

그러나 생보사는 고객이 정액급부보다 실손급부를 선호한다는 사실을 인식하지 못하고 손보사에 건강보험 시장을 빼앗기고 있었다. 더욱이 생보사의 정액급부는 보험료가 보험기간 중 확정되어 보험료를 중도에 올릴 수 없기에 계속 증가하는 위험률 변화를 감당할 수 없었다. 이로 인한 사차손을 타개할 수 있는 방법이 갱신형 도입인데, 의료비의 인플레 헤지가 되지 않는 정액의 갱신형은 상품소구력이 떨어진다. 때문에 실손갱신형으로 가야만 리스크도 줄이면서 상품소구력을 높일 수 있다는 사실을 깊이 공감하지 못했다.

또한 생보의 정액급부 상품은, 보험 가입자가 여러 회사로 나누어 수십 건을 가입해 보험차익을 챙기더라도 중복비례보장의 원칙이 적용되지 않기 때문에 이를 막을 수 있는 방법이 없다는 사실을 간과하고 있었다.


## 미국 의료실손사업과의 차이점

미국의 대형 생보사인 메트라이프(Metlife), 푸르덴셜(Prudential), 뉴욕라이프(New York Life) 등이 의료실손 시장에서 대부분 철수했는 데도 불구하고 우리나라 보험사는 의료실손 사업을 영위하는 것이 바람직한 이유를 좀 더 깊게 살펴보고자 한다.

처음에는 그 답을 찾기가 어려웠으나 상당한 시간이 흐르면서 미국과 한국의 공적보험 및 민영의료보험 체계가 매우 다르다는 것을 알게 되었다. 미국의 민영의료보험은 대체형이므로 리스크가 크다. 반해 우리나라의 의료실손보험은 보충형으로서 심평원에서 1차로 리스크 스크리닝을 하기 때문에 리스크가 크지 않아 오히려 생명보험 회사에서 하는 것이 바람직하다는 것은 앞에서 언급했다.

미국의 공보험은 일부 계층인 노인이나 저소득층에 한해 제공되며(Medicare, 메디케어, Medicaid, 메디케이드), 대부분의 국민은 의료비 전액을 민영보험에 의존할 수밖에 없어 대체형 의료보험에 가입해야 한다. 그러나 민영의료보험에 가입하지 않고 무보험 상태에 있는 사람이 전국민의 15%를 상회하고 있다.

대체형 민영의료보험의 경우, 보험회사와 병원 간 네트워크 구축을 전제로 한 매니지드 케어(Managed Care, 관리의료)형 상품이 주력을 이루고 있다. HMO, PPO, POS 등 매니지드 케어형이 1988년에는 27%에 불과했으나 2004년에는 95%로 시장을 장악하고 있다.


176

미국의 경우 병원과의 네트워크 구축이 우리나라보다 훨씬 복잡하다. 왜냐하면 각 주별로 의료 및 건강보험 관련 법규가 상이하고 연방법과 각 주법 간 이중구조의 법 체계로 되어 있으며, 전국망을 가진 대형 생보사는 주별 병원 네트워크에 대한 이해가 부족해 주마다 다른 규제 대응 시 순발력 등에서 전업건강보험사에 뒤처지는 경우가 많기 때문이다.

이에 따라 전업 의료보험사에 비해 네트워크 등에서 뒤처진 대부분의 기존 생보사는 건강보험사업에서 철수했다. 다만 애트나 사 등 일부 생보사는 뉴욕라이프 및 푸르덴셜의 의료보험사업을 인수하면서 오히려 건강보험사업에 전념하고 있다. 2000년 당시에는 수익성 측면에서 어려움을 겪었으나 이후 매니지드 케어의 안정성, 전문성 확보 등으로 주력 회사들은 건강보험 부문에서 안정적인 수익을 창출하고 있다.

한편 미국의 민영보험사들은 미국의 대표적인 상품인 메디갭(Medigap) [91)]이 네트워크 구축이 필요 없는 행위별 수가제(Fee-for-Service)로 판매됨에도 불구하고 지속적인 이익을 창출하고 있다. 다만 미국의 메디갭 시장 규모 자체가 한정되어 있어 대형 생보사의 경우 보충형 상품만으로는 시장 참여 유인이 약해 중소형 보험사 및 건강보험 전업사가 판매 중이다.

한국의 민영의료보험 시장은 미국과 달리 '보충형' 중심 시장이다. 한국의 공보험은 전 국민을 커버하고 있으며 민영보험은 각 개인별로 공보험이 보장하지 않는 잔여 부분을 보장하는 보충형 시장이다. 고객군 제한도 없어 대형 생보사가 참여하기에 충분한 시장 규모이다.

또한 보충형 상품의 경우 공보험의 1차 스크린 기능이 작용함에 따라 대체형 상품과 달리 별도의 병원 네트워크 구축의 필요성이 낮다. 즉 국민건강보험공단 산하기관인 심사평가원이 공보험 급여에 대한 심사 시 의료비 오남용이 의심되는 병원에 대한 실사를 통해 적발된 과다청구액에 대해서는 최대 6배까지 환수가 가능하다. 이 과정에서 민영 의료실손의 지급 대상 중 급여분(본인부담분)에 대해서는 의료비 오남용에 대한 통제가 이루어지고 있다.

미국에서도 보충형 상품인 메디갭은 네트워크를 필요로 하지 않고 행위별 수가제형으로 판매 중이고 현재 국내 손보사도 네트워크 없이 의료실손을 판매 중이다.

### 의료실손보험 도입과 공동부담제도(Coinsurance)

의료실손보험은 손보업계에 업무 영역상 상당한 양보를 하면서 얻은 영역이지만 이를 방치해 두고 있는 동안 손보업계는 의료실손보험을 앞세운 마케팅전략으로 생보 영역을 크게 잠식했다. 실제로 생보설계사들이 손보사의 통합보험을 비롯한 의료실손 상품을 중개 또는 경유 판매하는 사례가 크게 증가하고 있는 것을 보면서 상품개발 부문을 맡고 있던 나는 의료실손 도입을 접을 수 없었다.

그러나 의료실손 도입 시 이미 판매해 놓은 정액보험의 사차 리스크가 증가하기 때문에 이에 대한 대책 마련이 필요했다. 그러나 생보업계가 실손을 판매하지 않더라도 손보업계가 의료실손을 많이 판매하게 되면 생보업계의 기존 정액보험의 사차 리스크가 증가하는 것은 마찬가지였다.

특히 그 당시는 생보사 설계사들이 손보업계 의료실손보험 및 통합보험을 중개 또는 경유 판매하고 있는 상황이었고 조만간 교차 판매로 생보설계사들이 공식적으로 손보사의 상품을 판매할 예정이었다. 이 경우 생보사는 의료실손 상품을 판매하지 않은 만큼 의료실손 특약을 부가한 주보험의 판매 기회를 놓치게 될 수 있는 상황이었다. 결국 생보사 우수설계사까지도 상품경쟁력 열세로 회사를 떠날 수 있는 위기의 순간이었다.

의료실손이 정액건강보험보다 리스크가 적고 판매소구력이 크다는 것과 의료실손보험 없이 교차 판매를 시행하게 되면 막대한 손실을 보게 될 것이라는 것을 공감하고서야 간신히 2008년 5월 의료실손보험을 도입했다. 그 후 이를 활용해 2008년 9월 통합보험을 출시할 수 있게 되었다.

2008년 5월 생보업계 처음으로 의료실손보험을 도입했을 때 손보와는 달리 리스크관리를 위해 공동부담제도(Coinsurance)를 도입했다. 이는 환자들이 부담해야 할 금액의 80%만 보장하고 20%는 본인이 부담하도록 하는 것이다. 의료실손보험의 공동부담제도는 대부분의 국가에서도 도입·운영하고 있는 일반적인 내용임에도 표준화가 지연되었다.

의료실손보험 도입을 의료실손보험의 표준화 이후에 해야 하는 것이 바람직하겠지만 그렇게 될 경우 의료실손보험의 표준화는 요원해 질 수밖에 없었다. 따라서 생보업계는 먼저 환자들이 부담해야 할 금액의 20%를 본인이 부담하는 의료실손을 먼저 도입했다. 그 이후 공동부담제도를 도입하지 않을 경우 건강보험 재정에 악영향을 미칠 수 있다는 측면에서 관계당국이 생·손보의 절충선인 10%만 본인이 부담토록 하는 수준으로 의료실손보험의 표준화를 시행하게 되었다.

의료실손 표준화 이전까지는 생보사들의 상품경쟁력 열세 때문에 어려움을 겪었으나, 손보사들은 표준화 이전에 많은 업적을 이루었다. 다만 언더라이팅 기능이 소홀한 상황에서 무분별하게 계약을 인수했을 소지가 있어 위험률차 손익의 악화가 우려된다.

생보업계가 의료실손과 통합보험의 판매, 의료실손보험의 표준화로 상품경쟁력이 손보업계와 대등하게 되자, 손보업계의 장기 상품 판매는 크게 감소했다. 반면 생보업계의 보장성 상품 업적은 다시 상승할 수 있는 모멘텀을 갖게 되었다. 이러한 생보업계의 턴 어라운드(Turn around)가 삼성생명 상장 시 신계약가치 상승에 크게 기여했다고 한다.

### 통합보험의 출현과 향후 상품 운용전략

손보업계가 장기보험을 취급하면서 종래의 대리점 중심에서 설계사 중심으로 전환해가는 과정에서 가장 돋보이는 상품개발은 통합보험이라고 할 수 있다.

이 상품은 2003년 12월 삼성화재가 일본 동경해상의 '초(超)보험'을 벤치마킹해 국내 최초로 출시했다. 이 상품이 가능하게 된 것은 2003년 8월 30일 이후 생보사에 개인 의료실손의 개발과 판매가 허용되면서 종래에 손보업계의 제3보험은 만기가 15년 이하로 제한되어 있던 것이 철폐되어 80세 만기 상품개발이 가능해진 데에 기인한다.

통합보험은 손보사에 허용된 모든 보장 분야를 통합해, 하나의 증권으로 전 세대원이 보장받을 수 있는 구조였다. 즉 한 가구 세대원 모두의(세대관리), 일생 동안 발생하는 위험을(평생관리), 하나의 상품으로(통합관리) 종합 보장하는 것을 목표했다.

대부분 주보험에서는 상해사망과 후유장해 두 가지를 담보하고 선택 특약이 70~80개가 부가되고 있었다. 장기보험 특약 중에서는 입원·통원 의료실비를 보장하는 '의료실손 특약'이 가장 인기가 높았다. 그 외 질병사망 특약(80세 만기), 암, 2대 질병·중대상해, 교통사망·장해, 가족생계자금, 개호비용 특약 등의 부가율이 높았다. 그 외 화재, 도난, 배상 책임 및 자동차 관련 특약, 형사합의 지원금, 벌금 특약 등을 부가할 수 있었으나, 실제 부가비율은 매우 낮은 수준이었다. 그리고 한 증권 당 피보험자 수는 1.5~1.7명 수준에 그쳐 세대관리는 미흡했다.

또한 보험기간이 장기화됨에 따라 사업비재원 확보가 가능해지면서 설계사나 대리점의 수수료를 높게 책정할 수 있었던 것이 성공 요인이었다.

통합보험의 또 다른 특징은 암 진단 등 질병 특약, 입원·통원 의료비, 일당, 간병비, 배상책임, 화재, 도난 등의 특약들을 5년 갱신형으로 도입해, '저렴한 보험료'로 다양한 보장을 할 수 있다는 점이 컨설팅영업에 적합했다는 것이다. 또한 생보업계가 건강보험을 확정 보험료(Guaranteed premium)로 판매해 많은 리스크를 진 데 비해 상대적으로 위험률차 리스크를 크게 지지 않게 되었던 점이다.

손보업계는 통합보험의 강점을 활용해 생보업계의 고객에게 저렴한 보험료로 종합 보장이 가능하다는 점을 큰 무기로 하여 생보계약을 리모델링함으로써 생보업계의 M/S를 잠식하게 되었다.

손보업계의 주된 화법은 미국의 정기보험 화법인 'Buy term, invest the rest(바이 텀, 인베스트 더 레스트)'였다. 이는 종신 및 CI보험 가입자에게 저렴한 보험료로 순수보장성보험을 가입해 다양한 보장을 받고, 나머지 돈은 펀드 등으로 직접 투자하는 것이 바람직하다는 내용의 화법이다. 그 대신 통합보험은 저렴한 보험료로 가족 전체의 다양한 보장설계가 가능하다는 점을 강조해 가입을 권유했다.

통합보험의 경쟁력 우위는 역시 의료실손 특약이었다. 생보의 정액 상품에 비해 보험사의 리스크가 적으면서도 광범위한 보장이 가능했다. 아울러 생보사들이 사차손실을 줄이기 위해 정액 특약 가입한도와 질병수술 특약의 보장범위를 점차 축소했다. 이에 따라 손보사의 의료실손 특약 및 통합보험의 판매는 급속히 증가하기 시작해 생보업계의 보유계약자뿐만 아니라 신계약 M/S도 크게 잠식해 갔다.

통합보험 출시 이후 향후의 상품 운용전략에는 많은 변화가 예상된다. 통합보험이란 하나의 증권으로 세대관리, 평생관리, 통합관리를 할 수 있는 상품이다. 즉 지금처럼 한사람의 고객으로부터 계속해서 새로운 신계약이 나오는 것이 아니라 고객관리를 통해서 계약의 변경 또는 특약의 추가로 상품을 조정해나가는 것이라고 할 수 있다.

이에 따라 설계사의 역할도 새로운 상품의 판매보다는 고객의 라이프사이클을 관찰해 부족한 보장급부를 추가하고 소득증대에 따라 보장금액을 확대해 나가는 것이 중요해질 것이다. 결국 통합보험이 보험사업의 주요 상품으로 자리 잡음에 따라 향후 새로운 신계약 시장은 고갈되고 리모델링을 위한 컨설팅이 중시될 것으로 전망된다. 이에 따라 변화된 여건에 맞는 경영전략 수립과 모바일을 활용한 현장 설계, 한층 레벨 업된 설계사 교육 등 제반 인프라에 대한 정비가 필요할 것으로 생각된다.

## 5. 컴플라이언스 리스크로 인한 변액보험의 소극적 판매

철저한 고객 이익 보호와 컴플라이언스 리스크 방지를 위한 신중한 변액보험 판매전략이 변액보험 성장 한계의 요인이었다.

### 변액보험 도입의 필요성

우리나라 경제가 고도성장기를 지나 저성장 저금리 시대로 접어들면서 2004년부터 소비자 물가상승률이나 시중금리가 거의 비슷한 실질 금리 제로 시대가 도래했다.

이러한 시대에는 은행의 저축이자로서는 만족할 수 없어 인플레이션 위험을 헤지하거나 극복하기 위해 적극적인 투자 수단을 찾아 나설 수밖에 없다. 변액보험은 정기예금보다 높은 기대 수익률을 가지면서도 10년 이상 계약을 유지할 경우 보험차익 비과세와 더불어 금융종합과세 대상에서 제외되는 장점이 있다. 또 가입자의 선호도에 따라 주식과 채권의 비중을 자유롭게 조정할 수 있는 유연성도 있다.

회사 측면에서 살펴보면 미국, 일본 등 선진국 보험사들 중에도 많은 회사들이 확정형 고금리 상품을 판매했다가 막대한 이차율차 손실로 도산했다. 반면 변액보험은 실적배당부 상품이므로 시장 리스크와 수익은 고객에게 배분되어 회사의 이자율차 손익에 대한 리스크 부담은 없다.

물론 변액보험은 주식이나 채권 시장 등락에 따라 수익이 달라지는 만큼 시장 리스크도 고객이 진다. 따라서 주식 시장이 폭락했을 때는 고객의 불만과 민원은 증가하게 마련이다. 이러한 이유로 변액보험 판매 시 상품이나 펀드 선택에 대한 설명 부족 등 불완전판매로 인한 컴플라이언스 리스크에 특히 유의해야 한다.

변액보험을 판매하는 설계사가 투자 상품이나 투자 시장에 대한 지식이 부족할 경우 불완전판매가 되기 쉽다. 때문에 변액보험 판매를 위한 철저한 교육과 엄격한 자격제도의 운영이 요구된다.

## 일본 변액보험 도입 실패 원인

일본의 변액보험이 실패한 데에는 여러 가지 원인이 있으나, 주가가 가파르게 상승하던 시기에 철저한 준비 없이 변액보험을 출시했던 것이 가장 큰 원인이다.

 〈표 44〉 일본의 주가지수 변화 추이  (블룸버그, 주봉)

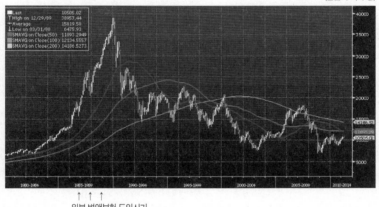

일본 변액보험 도입시기

1984년 초 1만 포인트대에서 1989년 12월 29일 주가가 3만 8,915포인트까지 상승했다가 1990년 10월 1일 주가가 1만 9,871포인트까지 떨어졌다. 변액보험은 하필 이 시기와 맞물린 1986년부터 업계 공동 상품으로 변액양로보험을 팔기 시작했다.

상품 형태도 시장 리스크에 가장 크게 노출될 수 있는 변액양로보험으로 기납입 보험료 보증 등 아무런 보증옵션도 없는 상품을 팔면서 일본 국내사들은 펀드도 다양하게 갖추지 않고 통합형 하나만 운

185

용해 위험분산을 할 수 없었다. 따라서 중도 인출이나 펀드 변경 등 상품의 유연성이 부족했던 것이 실패의 원인이 되었다.

주식 시장이 과열된 상태에서 변액 상품을 고객에게 제안하면서 예컨대 9% 이상 투자수익률만 강조하는 단정적인 화법을 구사해 투신형 고수익 상품인 것처럼 판매하는 불완전판매가 성행했다.

이 당시 주택 등 부동산을 담보로 대출을 받아서 변액보험에 투자하는 경우가 많았다. 하지만 1990년 이후 주가가 반 토막이 나자 부동산마저 폭락해 변액보험과 부동산을 다 처분해도 대출금을 갚을 수 없는 상황이 되었다. 특히 일본의 버블기인 1988년에는 일본 대도시의 지가가 급등하면서 부동산 소유자의 상속세 해결대책으로 모 보험사가 방카슈랑스용 변액종신일시납을 제안하면서 피해는 더욱 커졌다. 이에 따라 1989~1990년대 말까지 업계 전체적으로 4만여 건(계약액 7조 원)의 변액보험 소송이 줄을 이었다.

2001년 토지를 담보로 은행에서 약 5억 엔의 융자를 받고 그 융자금으로 변액보험에 가입했으나 주가 급락으로 많은 부채를 떠안게 된 보험계약자가 차에 불을 질러 자살하는 등의 사건이 계속 일어났다. 그 후유증으로 외자계 보험사가 2000년대에 변액보험을 다시 취급할 때까지 일본의 대형 보험사들은 변액보험 판매를 중단했다.

### 미국 변액보험 도입 성공요인

미국은 1976년 변액보험을 출시하기 전에 고객 니즈에 맞는 다양한 상품과 펀드의 설계, 상속 및 절세와 연계된 마케팅, 보험판매자

에 대한 전문지식 및 컨설팅 능력 교육 등 철저한 준비를 했다. 변액
보험 출시 후 1990년대 말까지 증권 시장의 지속적인 활황과 시중
금리 하락에 따른 뮤추얼 펀드의 대중화 등이 복합적으로 작용해 변
액보험이 성공적으로 도입되었다.

　미국은 변액보험 출시 이후인 1980년부터 2000년까지 20년간 주
가가 2,000포인트에서 1만 포인트까지 큰 폭으로 상승했다. 변액보
험의 도입 시기가 좋았던 것이 미국 변액보험 성공요인이다.

　미국의 보험사들이 컴플라이언스 리스크를 줄이기 위해 비교적
많은 노력을 기울였다. 하지만 불완전판매로 인한 컴플라이언스 리
스크로 집단소송을 당해 막대한 벌금을 물게 되었다.

　미국의 대형보험사인 A사는 1,070만 보험계약자에게 44억 달러
의 배상금과 8,000달러의 벌금을 물게 되었으며, B사는 700만 보험

〈표 45〉 미국의 주가지수 변화 추이　　　　　　　　　　　　　　(블룸버그, 주봉)

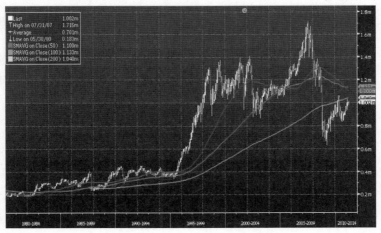

계약자에게 17억 달러의 배상금과 2,600달러의 벌금을 물게 되었다. 집단소송의 주요 내용은 보험 상품을 투자 상품으로 설명해 고객의 혼란을 초래했다는 점, 과다한 배당을 약속하거나, 고객에게 세금을 이연할 수 있다는 점을 강조하면서 보험료가 비싼 변액연금만을 가입하도록 강요했다는 점 등이었다.

이로 인해 변액보험을 판매함에 있어 적합성 테스트(Suitablity Test)를 강화했다. 다른 금융 상품이나 여러 보험회사의 변액보험을 비교해 판매할 수 있는 전속설계사 중 우수한 그룹은 전속 GA화하거나 또는 비전속 독립 GA를 금융 상품 전문 채널로 특화시키기 시작했다.

### 우리나라의 변액보험 도입

이러한 영향으로 한국 시장에서의 변액보험 도입은 보수적 관점에서 진행되었다. 금감원과 업계는 시장 리스크가 큰 변액양로보험은 출시하지 않기로 하고 변액종신보험부터 도입하되, 주식편입비율을 50% 이내로 제한했다. 더불어 최저사망보험금을 보증하는 GMDB(Guranteed Minimum Death Benefit, 최저사망보험금)옵션을 부가해 판매했다.

또한 2002년 5월 변액연금보험을 출시했다. 최저사망보험금(GMDB)은 물론 기납입 보험료를 보장하는 GMAB(Guaranteed Minimum Accumulation Benefit)옵션을 부가하면서 주식편입비율도 50% 이내로 제한해 판매하기 시작했다.

삼성생명은 변액보험 도입 초기부터 컴플라이언스 리스크를 우려해 보수적인 관점에서 신중한 정책을 견지했다. 이는 고객들이 변액보험을 펀드와 같은 금융 상품으로 오해하고 가입할 수 있는 소지가 있기 때문이다. 따라서 2001년 변액종신보험, 2002년 변액연금 도입 시에는 시장 리스크를 우려해 주식편입비율을 30%로 제한해 판매했다.

또한 고객의 이익과 컴플라이언스 리스크 방어 차원에서 일시적인 라인 스톱(Line-Stop)을 하면서까지 변액연금보험 예정사업비를 금리연동형 연금보험의 예정사업비보다 낮게 인하했다.

협회 변액연금보험 판매자격증과 함께 내부 자격제도를 운영했다. 생명보험협회에서 주관하는 변액보험 판매자격 시험은 미국의 SEC(증권거래위원회)에서 실시하는 변액보험 판매자격에 비해 자격증 획득이 비교적 수월했다. 그래서 삼성생명은 변액연금을 판매하기 위해서는 별도의 사내 자격 시험과 R.P테스트를 거치도록 했다.

감독당국도 변액보험의 민원이 계속 증가하는 데 대한 대비책으로 투자원금 공시제도를 실시했다. 변액보험의 사업비 및 수수료를 간접적으로 공시하는 수단으로 투자원금을 공시하는 것은 나중에 해약환급금의 과소를 두고 일어나는 민원과 분쟁을 사전에 대비하는 것이다. 이 제도는 저축 상품인 변액유니버셜보험에 먼저 적용했으며 이후 변액연금보험에 확대 적용한 것은 바람직한 일이었다.[92]

자본 시장 통합법 시행과 더불어 2011년부터 변액보험 판매 시

적합성 테스트를 거치도록 하고 있다. 투자위험을 어느 정도 인수할 수 있는지를 알 수 있는 적합성 테스트 결과에 따라 펀드의 유형을 권유하는 것은 매우 바람직하다고 볼 수 있다.

우리나라가 변액종신(2001년), 변액연금(2002년), 변액유니버설(2003~2004년)을 도입했던 시기는 주가가 600포인트에서 800포인트 수준으로 비교적 낮았던 시기였으며, 적립식 펀드의 대중화가 이루어지기 시작한 시기였다. 그 이후 주식 시장이 세계적인 금융위기를 맞이할 때까지는 주가 상승기였기에 변액보험도 활성화되었다. 이는 일본의 변액보험 도입시기가 주가 고점기였고, 그 후 얼마 안 되어 주식 시장이 폭락한 데 비해서는 우리나라의 변액보험 도입시기는 좋았다. 2008년 세계적인 금융위기를 맞이하고도 국민들의 금융지식이 크게 상향되어 컴플라이언스 리스크가 그리 크지 않았던 것은 다행스러운 일이다.

보험사별로 변액보험 판매 추이를 살펴보면 변액보험에 대한 노하우가 있고 대졸 남성조직의 비율이 높은 외국사들의 변액보험 포트폴리오가 높았다. 2007년에는 36.4%까지 상승했다가 세계적인 금융위기 도래 후 판매량이 크게 감소했다. 중소사의 경우 변액보험에 관한 노하우도 부족하고 변액보험을 팔 수 있는 전속 채널이 부족했으나, 대졸 남성조직 확대와 방카슈랑스 채널을 통해 변액보험을 확대하고 있다. 이에 비해 대형 3사 중 삼성생명과 교보생명은 변액보험의 컴플라이언스 리스크를 방지하고 이익률이 양호한 보장성 상품 위주의 영업전략을 중시했기에 변액보험의 포트폴리오

<表 46> 한국의 주가지수 변화 추이
(블룸버그, 주봉)

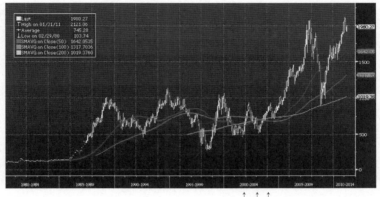

↑ ↑ ↑
한국 변액보험 도입시기

보험사별 변액보험 포트폴리오 추이
[ 단위 : 억 원, (%) ]

| 구 분 | 2004년 | 2005년 | 2006년 | 2007년 | 2008년 | 2009년 |
|---|---|---|---|---|---|---|
| 대형 3사 | 1조 6,200 (4.8) | 5조 3,810 (14.9) | 6조 5,360 (17.7) | 8조 1,490 (21.5) | 8조 4,290 (23.0) | 8조 6,360 (23.7) |
| 외국사 | 7,130 (8.3) | 2조 4,410 (22.1) | 3조 7,330 (28.6) | 6조 1,040 (36.4) | 5조 4,410 (34.8) | 4조 9,480 (30.9) |
| 중·소사 | 460 (0.6) | 5,600 (6.2) | 1조 2,590 (11.3) | 3조 1,380 (21.8) | 3조 7,220 (22.6) | 3조 6,040 (19.9) |
| 합 계 | 2조 3,790 (4.8) | 8조 3,820 (14.9) | 11조 5,280 (18.9) | 17조 3,910 (25.2) | 17조 5,920 (25.6) | 17조 1,880 (24.4) |

※ (  )內는 변액보험 수입보험료 구성비(일반계정+변액보험 합계 수입보험료 대비)

가 낮다.

2004년 이후의 증시 활황과 함께 변액보험 시장이 급격히 성장하게 된 과정을 살펴보겠다. 펀드는 채권형, 혼합형 중심에서 주식형과 해외투자형으로 다양화되었고, 보증제도도 최저사망보험금 보증(GMDB), 기납입액 보증(GMAB)에서 연금액 보증(GMWB), 평생 연금액 보증(GLWB) 등으로 확대되면서 변액연금보험은 주력 상품으로 자리를 잡았다.

판매 채널은 대졸 남성조직을 주축으로 푸르덴셜보험을 제외한 모든 외국계 보험사가 변액연금과 변액유니버셜보험을 주도적으로 판매했다. 그 결과 외형 업적 성장과 조직 확충에 성공했고 시장 규모와 점유율이 크게 확장됐다. 국내사인 미래에셋생명도 변액보험과 수익증권 판매로 외형 성장 및 조직 확충전략으로 급성장했다.

변액연금과 변액유니버셜보험이 주력 상품으로 되면서 독립대리점 및 법인대리점이 활성화되기 시작해 상당한 규모의 독립대리점들이 탄생했다. 방카슈랑스도 고소득층 중심으로 공시이율형 연금보험과 변액연금보험 판매가 활성화되었다. 중·소형사가 이 시장에서 높은 점유율을 차지하고 있는 것도 대형 보험사들의 점유율 하락 원인이 되고 있다.

방카슈랑스의 경우 보험사들의 판매지원조직(Wholesaler, 홀세일러제도)과 더불어 은행·증권사들의 프라이빗 뱅커(PB, Private Banker, 부자고객들을 대상으로 세무, 법률, 부동산, 증권 등 종합적인 재무컨설팅 서비스를 제공하는 은행의 컨설턴트)육성을 통해 변액연금 시장이 점차 확대되고 있다.

2005~2006년 이후 생보사들은 은퇴자산을 둘러싼 광고 및 홍보 활동과 캠페인 전개에 힘을 쏟으면서 연금보험은 더욱 탄력을 받고 있다.

이와 같이 과열된 시장은 2008년 갑자기 들이닥친 세계적인 금융 위기로 인해 많은 고객이 상당한 손해를 보았다. 업계에도 위기였지만 보험영업의 기본을 다시 한 번 다지는 좋은 기회가 되었다고 생각된다.

### 변액유니버설보험 판매 호조의 원인

외국계 생보사 메트라이프생명이 2003년 하반기에 변액유니버설보험을 처음으로 출시했다. 이 상품은 보장은 최소한으로 하고 저축 중심으로 조립한 장기투자형 상품으로 저축과 보장의 조립비율에 따라서 상품의 성격이 달라질 수 있다.

삼성생명은 2004년 9월 이 상품을 출시했고, 주가 상승기와 맞물려 판매 비중이 한 상품에 지나치게 치우칠 정도로 판매량이 폭발적으로 증가했다. 2005년 이후에는 생보업계 매출의 큰 비중을 차지하는 주력 상품으로 자리를 잡았다.

그러면 당시에 왜 변액유니버설보험의 판매가 급증했던 것일까? 그 이유를 고객 측면, 판매자 측면, 회사 측면에서 살펴보자.

우선 고객 측면에서 보면, VUL(변액유니버설)보험은 장기투자형 상품으로 보험차익 비과세를 최대의 장점으로 내세울 수 있다. 펀드에 투자하면 이자 또는 배당에 대한 소득세를 내야하고 종합과세의 대상이 되지만 변액유니버설보험의 경우 10년 이상 장기 투자할 경우 비과세이다.

이 상품의 또 다른 장점은 초기의 일정한 기간만 납입하면 자유입출금이 가능한 유니버설 기능이 부여된다는 것이다. 부유층의 자유로운 인생설계에 맞추어 중도에 자녀 교육, 자녀 결혼, 주택 구입 등 필요한 자금을 일부 인출해 사용할 수 있으며, 나머지 자금은 장기 투자로 수익을 올릴 수 있다. 특히 여유자금이 있으면 추가 납입을 할 수 있다. 추가 납입하는 보험료에 대해서는 사업비를 적게 부가하므로 이를 적절히 활용하면 수익률 향상에 도움이 될 수 있다.

변액유니버설보험은 통장 하나로 보장비율을 높이면 종신보험의 기능이 가능하고, 노후에는 연금으로 전환할 수 있는 카멜레온 상품이다. 심지어 피보험자 전환을 통한 통장의 대물림으로 증여 또는 상속 기능이 가능하기에 이를 판매 화법으로 활용했다.

2004년 변액유니버설보험 출시 당시 금리는 초저금리 수준으로 예·적금 등이 매력을 잃고 있었다. 반면, 주식 시장은 크게 활성화되어 적립식 펀드의 대중화가 시작되었기 때문에 변액유니버설보험에 대한 소비자의 선호도가 급격히 상승했다.

판매자 측면에서 보면 부유층과 기업 임원, 자영업자, 고소득 샐러리맨, 전문가 집단 등을 타깃으로 한 고액 계약이 가능했기에 고능률 설계사들은 이 상품을 팔지 못하면 시대에 뒤떨어진 2류 설계사로 전락하는 정도였다.

상품의 조립비율에 따라서는 저축성이 강한 장기 투자형 상품임에도 불구하고 기존의 저축, 연금보험보다 수수료가 훨씬 높아 더욱 인기가 있었다. GA나 남성설계사들은 이 상품으로 고소득층을 공략해 높은 소득을 확보했다.

회사 측면에서 보면 VUL보험은 실적배당형 상품이지만 아무런 보증옵션도 부가하지 않았기 때문에 ALM 리스크와 재무 리스크는 물론 판매 확대에 따른 지급여력에 대한 부담도 없었다.[93] 예정사업비도 변액연금보다 높게 부가되었기에 비차익으로 내재가치(Embedded Value)기여도도 높았다. 이에 따라 이 상품을 적극적으로 판매한 외국계 생보사 및 일부 국내사는 시장점유율 확대와 함께 회사의 손익이 크게 개선되었다.

### 변액유니버셜의 주요 타깃

소득이 안정적인 봉급생활자의 경우 일정 기간 동안 보험료를 납입해 연금자산을 확보하는 데에는 변액연금이 바람직하다.

반면 소득이 불규칙적인 자영업자 등의 경우에는 자금의 여유가 생기면 추가 납입하고 자금사정이 어려우면 납입을 중지하거나 중도 인출하는 등의 유니버셜 기능을 가진 변액유니버셜보험이 적합하다. 10년 이상 장기 비과세 투자와 더불어 금융종합 비과세 등 평생 동안 장기적인 절세대책이 긴요한 부유층의 경우에는 변액유니버셜보험의 장점이 크다고 할 것이다.

우리나라에서 10억 원 이상을 보유한 금융자산가는 이미 2007년에 12만 명을 넘어섰다. 절세에 관심이 있으면서 공격적인 투자 성향을 가진 부유층의 사람이라면 변액유니버셜보험을 고려할 만하다. 고객의 속성과 성향에 따라 어떠한 상품을 권유할 것인지를 고려하는 것이 컴플라이언스 리스크를 줄일 수 있는 수단이 될 것이다.

## 변액유니버셜보험의 불완전판매 원인

그러나 변액유니버셜보험은 컴플라이언스 리스크에 상대적으로 많이 노출되어 있다는 약점이 있었다. 변액연금과는 달리 변액유니버셜보험은 GMAB나 GMWB 같은 옵션이 없어 주가 변동 리스크에 크게 노출되어 있었다. 예정사업비 부가비율도 높아 조기 해약 시 해약환급금이 없거나 적었다.

변액유니버셜 상품은 고소득층이 선호하는 상품으로 고액 가입자가 많았는데, 가입 후 7개월까지는 해약환급금이 없어 조기 해약자의 민원 대응에 많은 어려움을 겪었다.

적립식 펀드와 비교해보면, 적어도 13~15년 이상 유지해야만 변액유니버셜보험의 수익률이 적립식 펀드보다 높아질 수 있다. 따라서 장기 유지를 목적으로 하지 않는 경우 컴플라이언스 리스크가 매우 크다.

변액유니버셜보험의 특별계정 해약률이 일반계정보다 훨씬 높다는 것은 변액유니버셜보험의 불완전판매가 많다는 것을 나타내는 것이다. 변액보험을 마치 투신사의 펀드와 같은 것인 양 설명하고 판매했다면 가입한지 얼마 되지 않아 환매해도 약간의 수수료만 내고 원금을 찾을 수 있다고 고객이 오해할 수 있기 때문에 민원을 피할 수 없다. 또한 과도한 수익률 예시에 의한 판매 역시 민원을 초래할 수밖에 없다.

따라서 변액보험을 조기에 해약하는 경우 사업비 공제로 해약환급률이 매우 낮을 수 있는 사실과 변액연금보험과 같이 보증옵션이 없기 때문에 원금 손실 가능성이 있다는 사실을 반드시 알려야 한다.

변액유니버셜보험부터 사업비를 공제한 투자원금(특별계정 투입 원본) 공시를 실시한 것은 시대적인 요청이며, 사전에 충분한 설명을 함으로써 오히려 민원을 예방할 수 있는 순기능이 되었다고 판단된다. [94]

### VUL은 판매 후 계속적인 사후관리를 해 주어야 하는 상품

VUL 상품은 판매 후에도 계속적으로 고객에게 사후관리를 해주어야 한다. 고객의 형편을 봐서 중도 인출, 추가 납입을 권유하거나 주식 시장의 동향을 예의 주시하면서 펀드 변경의 타이밍에 대한 참고 자료의 제시 등 고객에게 지속적으로 서비스를 제공해야 한다.

VUL 가입 이후 방치된 채, 처음부터 계속해서 주식형에만 있거나 채권형에만 있는 경우가 많다. 펀드 변경 기능은 경기선행지수를 보면서 경기가 크게 변화할 때만, 2년에 한 번 정도라도 행사(行使)토록 한다면 시장 리스크를 줄이고 수익률을 올릴 수 있는 강력한 수단이 될 수 있다.

적어도 2년에 한 번 정도라도 펀드 변경을 할 수 있도록 조언을 한다면 고객은 크게 감동할 것이다. 이러한 고객관리 활동을 충실히 한다면, 일반보험보다 변액보험의 사업비 부가가 좀 더 높다 하더라도 컴플라이언스 리스크를 줄일 수 있다.

VUL 상품의 최대 강점이라 할 수 있는 추가 납입은 사업비의 부담이 적어 수익률을 높일 수 있는 좋은 수단이다. 그러나 실질적으로는 변액유니버셜보험의 추가 납입 권유가 거의 이루어지지 않고 있어, 고객 감동의 기회로 활용되지 못하고 있다.

미국의 어느 보험세일즈맨의 예를 들면, 그는 변액유니버셜보험 가입 후 15년이 되었는 데도 매월 해피콜을 하면서 현재 시점에서 펀드 수익률이 얼마인지를 알려주고 다른 펀드는 얼마의 수익을 올리고 있으므로 언제 갈아타야 할지 그 시점을 조언해 준다고 한다. 특히 은퇴한 고객에게는 언제 적립금액을 찾아야 가장 수익이 높을지 그 시점을 놓치지 않기 위해 주식 시장을 예의 주시하면서 체크해준다.

즉 변액유니버셜보험의 세일즈맨은 사전 컨설팅뿐만 아니라 사후 컨설팅도 확실히 해주고 인생 카운슬러도 하면서 고객의 동반자 역할을 자임하고 있는 것이다.[95]

우리나라의 경우 많은 변액보험 가입자 중 펀드 변경 시기에 관한 권유나 조언을 받은 고객이 얼마나 될까? 지난번 세계적인 금융위기하에서 펀드 변경을 적절히 구사했더라면 큰 손실을 피할 수 있었을 텐데 하는 아쉬움이 남는다.


**고객 보호를 위한 VUL 판매 중단과 변액연금 사업비 인하**

삼성생명은 VUL 판매가 과열되자 고객 입장에서 초기 사업비가 과다한 측면과 혹시 도래할지도 모르는 주식 시장 붕괴 시의 컴플라이언스 리스크를 우려해 판매를 중단하게 되었다.

이는 변액보험 운영에 있어서 시장 리스크로부터 철저히 고객을 보호하려는 완벽주의의 결단이었으나 M/S를 크게 떨어뜨리게 된 계기가 되었다. 반면 외국계 보험사들이 변액유니버셜보험을 집중적으로 팔면서 시장점유율이 크게 약진했다.

사업비가 변액연금보다 높게 부가되어 잘 팔리던 변액유니버셜보험을 컴플라이언스 리스크를 우려해 판매 중지한 후 삼성생명은 변액연금보험의 사업비가 동업 타사보다 적은 수준이고 금리연동형 연금보다 다소 적은 수준이었음에도 불구하고 변액연금으로 판매가 집중되었다.

당시에는 종합주가지수가 900~1,400포인트로 주식 시장이 상승 무드에 있었기 때문에 변액유니버셜보험과 변액연금보험의 시장 니즈가 크게 증가하고 있었다.

삼성생명이 2006년 5~6월경부터 변액연금의 예정신계약비를 대폭 인하해 변액연금의 사업비를 금리연동형 연금의 사업비보다 훨씬 적게 부가되도록 한 조치는 주식 시장이 붕괴되었을 때의 컴플라이언스 리스크를 우려한 것이었다.

변액연금의 예정신계약비 인하로 설계사의 변액연금 수수료가 줄어 설계사의 소득이 크게 하락했다. 이를 보전하기 위해 금리연동형 연금보험의 예정사업비재원을 인상하지 않고 수수료를 인상했다. 이로 인해 회사의 사업비차 손익은 크게 악화되었다.

뿐만 아니라 변액보험을 선호하던 부유층 고객이 급격히 이탈하면서 연금보험 전체의 시장점유율이 크게 줄어 매출 감소는 물론 종합 손익 면에서 회사 손실은 매우 컸다.

당시에 삼성생명은 VUL 판매 중지와 더불어 변액연금보험 사업비를 인하해 판매량을 줄였지만, 반대로 동업 타사 대부분은 변액보험을 집중적으로 판매했다. 그 이유는 시장 측면에서 주가지수는 저점기로 오랫동안 상승 국면에 있었던 반면 금리는 2001년 이후 초저금리기에 진입해 금리연동형 상품이 수익률 측면에서 매력이 없었기 때문이었다.

그리고 금리 리스크 헤지나 지급여력에 대한 부담을 줄이기 위해서도 변액보험 판매가 유리했다. 즉 일반 연금이나 저축성보험의 경우 준비금 상승률이 커서 지급여력기준금액에 많은 영향을 준다. 반면에 변액보험은 금리 리스크가 없다 하여 지급여력기준금액에서 배제되기에 회사의 경영지표 개선에서 변액보험이 유리했다.[96]

그동안 저금리기조에 따라 금리 역마진으로 회사에 많은 손실을 끼치고 있던 금리확정형 보험은 자연스럽게 변액종신, 변액CI보험 등으로 전환되었다. 이에 따라 변액보험은 적립식 펀드의 확대와 더불어 보험의 주력 상품으로 크게 성장했다. 그러나 삼성생명의 경우 변액연금 사업비 인하로 고객 측면에선 삼성생명의 변액연금이 가장 유리한 상품임에도 판매자인 설계사의 수수료가 너무 적어 판매를 기피하게 되었고 수입보험료 M/S는 하락했다. 변액보험에 주력했던 외국사와 국내사 중 미래에셋 등이 그 반사적 이익으로 시장점유율이 크게 약진했다.

이로 인한 삼성생명의 가장 큰 손실은 M/S 하락도 컸지만 소중한 자산인 우수설계사를 잃어버리게 된 것이었다. 시장 니즈가 높은 변액유니버설보험과 변액연금보험을 찾는 고객을 외면할 수 없어 많은 우수설계사가 타사로 이동했다. 그 이후 우수신인의 도입에도 계속 큰 악재가 되었으며 시장지배적 지위와 부유층 고객을 많이 잃게 되었다.

## 변액유니버셜보험 불완전판매 극복 방안

적립식펀드에는 없는 펀드 변경, 추가 납입 기능이 있는 점 등을 잘 활용한다면 컴플라이언스 리스크도 일부 경감될 수 있을 것이다.

변액유니버셜보험이나 변액연금보험과 같은 투자형 상품의 경우 적립식 펀드나 다른 금융 상품과 경쟁하기 위해서는 사업비 체계를 현행의 초기부가방식(Front-end-loading) [97]에서 탈피해 사업비를 준비금 비례방식으로 후기에 많이 공제하는 후취부가방식(Back-end-loading) [98]으로 전환하지 않으면 안 될 것이다.

사업비 후취부가방식은 초기 사업비의 최소화로 특별계정 투입원본을 크게 해 상품의 수익률을 제고하는 한편, 조기 해약자에게 페널티로 해지수수료(Surrender Charge)를 부가하고 유지 계약자에게는 준비금에 비례하는 사업비를 부가해 초기 사업비의 부족분을 보전해 주는 방식이다.

이와 같이 타 금융권 상품과의 경쟁력을 강화시키고 민원을 현저히 줄일 수 있는 사업비 후취부가방식제도를 조기에 도입했어야 했다. 2010년 4월부터 후취부가방식제도는 허용되어 있으나 아직 모범규준 등이 수립되지 않아 현실적으로 도입되지 못하고 있는 것은 안타까운 일이다. [99]

그리고 컴플라이언스 리스크를 헤지하려면, 컴플라이언스 리스크를 재무 리스크로 변환시키는 다양한 보증옵션에 대해 연구하고, 다이내믹 헤징 등으로 보증옵션의 재무 리스크를 헤지하는 방안을 강구하는 것이 필요하다. 대부분의 회사들이 이에 대한 적극적인 대응책 마련이 크게 진전되지 않고 있는 것은 아쉬운 일이다.


## 6. 외국사 및 중·소사들의 약진과 준비금제도상의 문제

그동안 외국사 및 중·소사들이 약진하게 된 것은 대체 채널 구축 면에서 유연성을 발휘한 점과 준비금제도상 성장 위주의 정책 추진 이 가능했던 데 기인한다.

여성설계사 채널이 취약했던 중·소형사와 외국사의 경우에는 대체 채널 구축에 힘을 써야했기에 대형사에 비해 유연성을 발휘해 적극적으로 대체 채널을 구축했다.

중·소형사의 경우에는 방카슈랑스와 GA 채널 의존도가 매우 높을 뿐 아니라 TM, 홈쇼핑 등 비대면 채널 활용도 높다. 회사에 따라서는 대졸 남성설계사 채널을 적극 구축하기도 했다.

외국사의 경우에는 대졸 남성 채널을 주채널로 육성했다. 그 외에도 라이나, AIA 등은 비대면 채널을 적극 활용하고 있는 등 채널 다양화에 성공하고 있다.

이에 비해 대형사는 채널 간 갈등을 우려해 대체 채널을 위한 차별화 상품의 제공이나 채널 구축을 위한 별도의 지원책 등이 소홀했다. 이에 따라 여성 전속 채널 의존도가 높은 반면 대체 채널인 대졸 남성설계사 채널 구축이 기대수준에 미치지 못하고 비대면 채널은 미미한 수준이다. 또한 방카슈랑스 채널에 있어서도 M/S를 크게 잃고 있다.

〈표 47〉 보험사별 채널별 업적 구성비 현황(2009년)    (단위 : %)

| 구 분 | 설계사 | GA | 방카슈랑스 | 비대면 | TM | 홈쇼핑 |
|---|---|---|---|---|---|---|
| 대형사 | 81.7 | 13.1 | 4.2 | 0.9 | 0.5 | 0.4 |
| 중·소형사 | 32.4 | 20.1 | 25.4 | 21.7 | 15.3 | 3.6 |
| 외국사 | 61.3 | 14.6 | 8.1 | 15.4 | 7.8 | 3.1 |
| 합계 | 64.5 | 15.3 | 10.9 | 9.0 | 5.8 | 1.7 |

※보험연구원 자료 ( 단, 외국사의 경우 M사 업적이 빠져 있음)
　연납화 초회 보험료 기준임

　남성 채널 구성비가 외국사는 31.7%, 중·소형사는 24.3%가 증가한 데 비해 대형사는 12.7%가 증가했을 뿐이다. 절대인원 증가 면에서도 외국사는 1만 1,013명, 중·소형사는 8,490명 증가했는데 비해 대형사는 7,901명이 증가했을 뿐이다. 대형사는 여성설계사가 13만 8,025명에서 6만 8,592명으로 10년 전에 비해 절반 이하로 감소한 데 비해 남성 채널을 제대로 육성하지 못했다.

　한편, 1987년도 이후 K율제도를 도입해 점진적으로 해약환급금 식 준비금에서 순보험료식 준비금으로 준비금 적립을 충실히 하도록 하여 교보, 삼성, 흥국 등 3사는 K율 100%를 적립해 순보식 준비

<표 48> 보험사별 성별 설계사 구성비 현황(연도 말 12월 기준)

| 구 분 | 연도별 | 남성 | 여성 | 계 | 남성 구성비 | 여성 구성비 |
|---|---|---|---|---|---|---|
| 대형사 | 2000년 | 6,080명 | 13만 8,025명 | 14만 4,105명 | 4.2% | 95.8% |
| | 2010년 | 1만 3,981명 | 6만 8,592명 | 8만 2,573명 | 16.9% | 83.1% |
| 중·소형사 | 2000년 | 3,031명 | 4만 9,355명 | 5만 2,386명 | 5.8% | 94.2% |
| | 2010년 | 1만 1,521명 | 2만 6,810명 | 3만 8,331명 | 30.1% | 69.9% |
| 외국사 | 2000년 | 4,066명 | 1만 6,833명 | 2만 899명 | 19.5% | 80.5% |
| | 2010년 | 1만 5,079명 | 1만 4,347명 | 2만 9,426명 | 51.2% | 48.8% |
| 합계 | 2000년 | 1만 3,177명 | 20만 4,213명 | 21만 7,390명 | 6.1% | 93.9% |
| | 2010년 | 4만 581명 | 10만 9,749명 | 15만 330명 | 27.0% | 73.0% |

※생명보험협회 통계월보 기준

금을 달성한 바 있었다. 그러나 IMF 금융위기 이후 순보식 준비금 제도를 도입하되 신계약비에 대한 이연상각을 인정함으로써 사실 상 해약환급금식 준비금제도로 완화되었다.

책임준비금제도가 완화되면서 7년 해약환급금(Zilmer, 질머)식을 사용하는 우리나라의 경우 보험기간별로 이익이 불균등하게 발생 하는 구조다. 초년도에 과다하게 이익이 발생하고 2~7년도에 손실 이 발생하고 7년 후 다시 이익이 증가한다. 계약 초년도에 이익이 많이 발생하다보니 신계약 중심의 경영이 나타났다. 신계약을 매년 확장시키면 2차년도 이후의 손실이 초년도 이익에 가려져 오히려 단기적으로 장기 손익이 개선되는 것으로 보이는 착시현상이 나타 나는 것이다.

외형 위주의 경영전략으로 높은 초기보장급 제시 등을 통한 스카 우트 경쟁과 신계약비 조기 분급 및 선지급이 과열되었다. 이로 인해 대졸 남성조직과 GA가 급격히 팽창되었고 그 부작용으로 소위 '먹튀' 들이 많아져 판매질서가 문란하게 되었다. 일부사의 경우 신계약 확대를 위해서 높은 판매수수료와 별도 지원책을 제공하거나 공시이율 및 예정이율 등을 높게 운영하는 경영의 모럴 해저드 현상까지 초래하게 되었다.

특히 중·소형사의 경우 외형 위주의 성장에서 내실 위주의 안정성장 정책으로 선회하게 되면 단기 손익이 악화되어 증자가 필요하게 되었다. 때문에 이를 우려한 회사의 경우 경영의 모럴 해저드 현상이 더욱 가속화되었다.

이와 같은 외국사 및 중·소형사들의 공격적인 영업으로 리스크를 우려해 소극적인 상품 및 영업 정책을 구사하던 대형사 특히 삼성생명의 M/S가 급락하게 되었다.


## 7. 손보업계의 생보 영역 잠식과 약진

손보업계가 자동차보험에서 적자폭이 커지자, 당시 재무부에서는 생보 영역을 손보업계에 하나씩 풀어 주기 시작했다. 그리고 생보업계의 전문경영인 출신의 이석룡 회장을 비롯한 배정충, 이수창, 김순환 대표이사 등이 손보업계의 최고경영진, 손보협회장 등을 역임하면서 생보영업방식을 본격적으로 도입해 생보 영역을 잠식하기 시작했다.

2000년 이후에는 의료실손을 앞세운 장기보험의 활성화와 2003년 말 이후 통합보험의 출현으로 장기보험이 급성장했다. 2000년 이후 10년간 생보업계의 수입보험료가 1.48배 신장한 데 비해 손보업계는 3.12배 신장했다.

특히 생보업계의 보장성보험의 2010년 수입보험료가 2000년에 비해 10% 감소한 데 비해, 손보업계의 장기보험은 비약적인 발전을 거듭해 10년간 4.21배가 증가했다. 그 결과 손보업계의 장기보험의 수입보험료가 생보업계 보장성보험 수입보험료에 비교해 그 비율이 2000년 21% 수준에서 2010년 98% 수준까지 따라왔으며 2011년에는 역전이 예상된다.

〈표 49〉 생 · 손보 성장 추이 비교 (단위: 억, 배, %)

| | | 2000년(A) | 2005년(B) | 2009년(C) | 2010년(D) | D/A | 연신장률 |
|---|---|---|---|---|---|---|---|
| 손보업계수보 | 합계① | 1억 6,478 | 2억 4,732 | 4억 3,089 | 5억 1,442 | 3.12 | 12.06 |
| | 장기보험② | 6,938 | 1억 1,261 | 2억 3,202 | 2억 9,194 | 4.21 | 15.45 |
| | 개인연금③ | 616 | 697 | 1,285 | 2,470 | 4.01 | 14.90 |
| | 퇴직보험④ | | | 1,680 | 2,890 | | |
| | 소 계(②③④⑤) | 7,554 | 1억 1,958 | 2억 6,167 | 3억 4,554 | 4.57 | 16.42 |
| 생보업계수보 | 합계⑥ | 5억 1,654 | 6억 1,472 | 7억 6,957 | 8억 3,007 | 1.48 | 4.86 |
| | 보장성보험⑦ | 3억 2,949 | 2억 8,310 | 2억 9,705 | 2억 9,790 | 0.90 | -1.00 |
| 손보대생보 | 수입보험료①/⑥ | 31.9 | 40.2 | 56.0 | 62.0 | | |
| | 장기대보장②/⑦ | 21.1 | 29.4 | 78.1 | 98.0 | | |

손보업계는 15년 이내 저축보험과 세제적격연금, 퇴직연금을 취급할 수 있으며 사망보험은 80세 만기 2억 원 한도 내에서 판매할

수 있다. 15년 이내로 제한되어 있던 환급형 건강보험은 2003년 이후 제한이 해제되어 100세까지도 팔고 있다. 다만 아직도 세제비적격연금보험과 변액보험, 종신보험은 취급할 수 없다.

2009년 손보사들의 일반계정 장기보험의 비중은 60%인 데 비해 일반보험의 비중은 14% 수준까지 떨어졌다. 9개 주요 손보사만 보면 장기보험 비중은 70% 수준이고, 일반보험은 5% 수준이다.

공동부담(Coinsurance)제도 도입 이전에 언더라이팅의 개념이 미흡한 상태에서 의료실손 상품을 절판화법으로 무리하게 확대해 최근 위험률차 손익이 악화되는 상황이 나타나고 있다.

그러나 2009년 10월 의료실손보험의 표준화와 생보의 통합보험 출시로 손보사들의 상품경쟁력의 강점이 사라졌다. 이에 손보업계의 의료실손은 생보와 동일한 경쟁력을 갖게 되었고 생보업계에 M/S를 다시 일부 돌려줄 수밖에 없는 상황에 놓이게 되었다.

표준화 방안 마련 이후 손보사들은 그동안 방치해 두었던 고유 영역인 일반보험 시장으로 눈을 돌리고 있다. 포화 상태에 이른 장기보험과 자동차보험 시장에서 벗어나 새로운 성장동력을 일반보험 시장에서 찾고 있다. 또한 매출액 수준을 유지하기 위해 공시이율을 높여서 저축성 상품 판매 확대에 집중하고 있으나 이는 수익성 확보에 별 도움이 되지 않는다. 이에 손보사들은 종전부터 주장해 오던 변액보험을 비롯해 세제비적격연금 등의 판매를 허용해 달라고 당국에 건의하고 있다.

그러나 생·손보 간의 최소한의 업무 영역마저 무너진다면 손보업계의 장기보험 의존도가 더욱 가속화되고 손보업계 고유의 화재, 해상, 도난, 배상책임 등의 발전이 소홀해 질 수 있을 것이다. 또한 제반 규제가 사라질 경우에는 생·손보 간의 구분 자체가 모호해질 수 있어 당국은 규제 철폐에 소극적이다.

## Chapter 05

# 우리나라 생보 시장의 성장여력

생보업계 특히 대형 보험사의 경우 2001년 이후 지난 10년은 잃어버린 10년이었다고 할 수 있다. 하지만 그동안 겪은 많은 시행착오로 소중한 교훈과 리스크관리 노하우를 얻게 되었으며 이를 통해 또 다시 재도약할 수 있다고 생각한다. 왜냐하면 아직도 우리나라 생보 시장은 더욱 발전할 수 있는 여지가 있기 때문이다.

## 1. 생보 시장의 세대보급률과 성숙도

우리나라 생보 시장의 세대보급률만 보면 거의 90% 수준으로 시장이 더 이상 성장할 여지가 없는 포화 상태인 것처럼 보인다. 그러나 아직도 보장자산의 핵심 상품인 종신보험이나 정기보험 등 사망보장 상품의 세대가입률은 40% 수준을 밑돌고 있고, 은퇴준비에 필

<표 50> 연도별 보험종류별 가입률 변화 추이                                      (단위 : %)

| | | 1997년 | 2000년 | 2003년 | 2006년 | 2009년 |
|---|---|---|---|---|---|---|
| 세대가입률 | | 73.7 | 86.2 | 89.9 | 89.2 | 87.5 |
| 가입세대 중 가입률 | 질병보험 | 67.2 | 84.4 | 88.5 | 85.2 | 87.3 |
| | 상해보험 | 46.6 | 66.6 | 72.5 | 69.9 | 71.1 |
| | 종신보험 | - | 0.1 | 28.6 | 42.3 | 37.1 |
| | 연금보험 | 49.2 | 31.0 | 27.9 | 22.7 | 26.5 |
| | 저축보험 | 54.3 | 55.2 | 37.4 | 14.7 | 16.7 |
| | 변액보험 | - | - | - | 5.1 | 8.4 |

- 생명보험협회, 생명보험성향조사(1997~2009년)

요한 연금보험의 세대가입률은 26.5%에 불과하다.

2000년 이전까지 우리나라에서는 계약자 본인의 사망 시에 가족이 보장받는 것의 중요성을 잘 이해하지 못했고, 본인 사망을 가정해 얘기하는 것을 기분 나쁘게 생각하는 경우가 많았다. 따라서 설계사도 그러한 화법을 전개하기를 꺼렸으며, 설령 제대로 화법을 전개하더라도 보험료가 비싸서 판매하기가 어려웠다.

이 당시에는 보험료가 싸고 질병에 걸렸을 때 고액의 진단보험금을 받거나 입원 · 수술 시 정액의 보험금을 받을 수 있는 암보험, 여성 및 남성 건강보험 등 질병보험이 잘 팔렸다. 또한 교통사고를 비롯한 재해사고 등 만일의 경우에 고액의 보험금을 받을 수 있는 상해보험이 그 다음을 이었다.

그러나 푸르덴셜이 종신보험을 성공시킨 후인 2001년부터 종신보험은 최대의 히트 상품으로 부상했고 CI보험과 함께 주종 상품으로 자리 잡았다.

다만 2006년 이후는 질병·상해보험과 연금·저축보험의 가입률이 증가하고 있는 반면, 종신보험 등 사망보장보험이 감소하고 있다. 이는 사망보장보험에 대한 지속적인 니즈 환기가 부족하고, 고액계약 및 우량체 할인율의 미흡, 선택률표의 미도입 등으로 인해 가격이 미국 등 선진국에 비해 지나치게 비싼 데 기인하고 있다고 판단된다. 또한 과거 경험생명표에 의해 가입한 고객의 경우 경험생명표가 새롭게 개정되었다고 하더라도 소급적으로 위험보험료율을 인하해 적용하지 않기 때문에 비싼 위험보험료율이 적용되고 있어 장기보유계약은 해약 위험에 노출되어 있다. 이는 위험률이나 이율 등이 변화되더라도 보험의 원리상 소급적으로 적용되지 않기 때문에 발생할 수밖에 없는 현상이다.[100)]

한편 종래에 주력 상품으로 생보업계 고도성장의 원동력이 되었던 연금보험과 저축보험은 저금리 시대 도래로 인해 2000년 이후 금리 리스크로 인한 판매 축소와 수익률 하락으로 인한 구매력 감소로 급속히 위축되어 갔다. 다만 베이비부머들의 은퇴 시기 도래와 수익증권 등 간접투자 활성화에 힘입어 2005년 이후 연금보험과 변액보험 시장이 크게 성장하고 있다.

건강보험에 대한 니즈는 보험 상품 중 가장 높은 수준으로, 우리나라 국민들의 민영생명보험에 가입한 가구 중 87%가 질병보험에, 71%가 상해보험에 가입하고 있다. 종신보험 37.1%, 연금보험 26.5% 수준에 비하면 월등히 높은 수준이다. 2009년 현재 개인의료보험 가입률은 34.4%로 나타났으나, 의료실손보험의 표준화 이전 손보업계의 절판화법과 표준화 이후의 생보 판매 증가 등에 힘입어 가입률이 급격히 증가되고 있다. 향후 가입의향도 38.2%로 매우 높게 나타나고 있어, 개인의료보험 시장의 성장 가능성이 높을 것으로 예상된다.

〈표 51〉 개인의료보험과 생 · 손보 질병치료보험의 비교

(단위 : %)

| | 질병 치료 중점 보장보험(생보) | 장기건강보험(손보) | 개인의료보험 |
|---|---|---|---|
| 현재 가입률 | 67.9 | 20.2 | 34.4 |
| 향후 가입의향 | 11.1 | 10.5 | 38.2 |

- 자료 : 보험연구원 2009년 보험소비자 설문조사(2009년 3월)

## 2. 보장자산의 부족

우리나라의 종신 및 정기보험의 세대가입률은 40% 수준으로 답보 내지 후퇴하고 있으며, 세대당 보장자산은 미국의 1/6 수준에 불과하다.[101] 2006년 당시 삼성생명의 영업 여건은 매우 어려웠다. 회사에서는 컴플라이언스 리스크를 우려한 변액연금 사업비의 인하와 더불어 생존급부의 위험률차 손실 방지 차원에서 생존급부 특약을 갱신형으로 도입해 상품경쟁력이 저하되었다. 이에 우수설계사들이 이탈했고 시장점유율은 하락하고 있었다.

이러한 어려운 현실을 타개하고자 삼성생명은 시장흐름과 판도를

바꾸기 위해 2007년 '보장자산'의 개념을 새롭게 정의하면서 전사적인 차원의 보장자산 캠페인을 막대한 광고비를 투입하면서 전개했다. 보장자산이란 '가장에게 예측하지 못한 사고가 발생할 경우 가족이 받을 수 있는 사망보험금의 총액인 동시에 가족이 안정된 생활을 유지하게끔 도와주는 재정적, 심리적 안정자산'이다.

삼성생명에서 전개했던 보장자산 캠페인은 국민 모두에게 보험 고유의 기능인 보장자산의 중요성을 일깨우는 데 도움이 되었다. 뿐만 아니라 보험업계도 이 캠페인을 통해 보장성보험 판매가 일시 상승하는 듯했다. 그러나 베이비부머들의 은퇴 시기 도래와 함께 당시 주식 시장이 활성화되면서 은퇴자산 캠페인에 더욱 열을 올리게 되었고, 이로 인해 보장자산 확대에는 한계가 있었다.

2006년 당시 우리나라 가구당 보험가입률은 89% 수준이었지만, 보험 본연의 보장성보험(사망) 가입률은 42%에 불과했고 2009년에는 37%로 오히려 떨어졌다. 이는 업계 전체로 보았을 때 은퇴자산 캠페인을 통한 연금보험 판매에 치중했다는 점과 금융위기로 인해 기존 가입자들의 해약이 크게 증가한 데 원인이 있다고 판단된다.

ING, PCA 등 외국계 생보사와 미래에셋, 대한 등 국내사도 은퇴자산 캠페인을 벌였다. 특히 방카슈랑스와 GA의 판매 비중이 높은 중·소보험사들은 연금보험과 저축보험 의존도가 높았다.


미국 가계의 보장자산의 특징은 생애 라이프사이클(Life-Cycle)에 맞춘 재무 설계를 통해 경제적 정년까지 소득 증가에 따라서 2~3년마다 보장금액을 확대 설계해 40대 초반에는 부부합산 7억 원 수준의 보장자산을 적립하는 것이다.

〈표 52〉 보장자산의 개념 확장

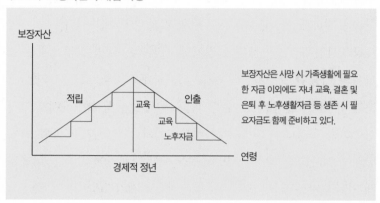

보장자산은 사망 시 가족생활에 필요한 자금 이외에도 자녀 교육, 결혼 및 은퇴 후 노후생활자금 등 생존 시 필요자금도 함께 준비하고 있다.

〈표 53〉 미국 가계 연령별 보장자산

(단위: 100만 원, 1달러=920원)

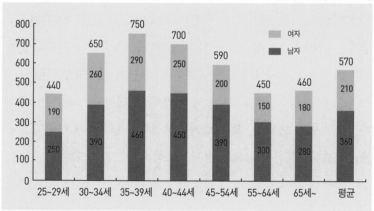

출처: LIMRA 2006년 life Insurance

일본 가계의 보장자산의 특징은 40대 이하에서는 '만일의 경우의 가족 생활보장' 이라는 보장자산 본래의 목적에 맞게 연령 증가에 맞춰 적립하고 있다. 전체 가구당 보장자산은 4억 원 수준이며 가장의 책임이 강조되는 40~50대 보장자산은 3억 2,000만 원 수준에 이른다. 50대에서는 상속 및 증여플랜 등 세제를 활용한 자산 상속, 증여 수단으로써의 보장자산이 활용되고 있다.

〈표 54〉일본 가계 연령별 보장자산 　　　　　　　(단위: 100만 원, 100엔=780원)

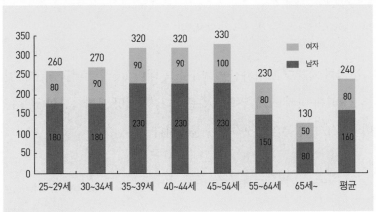

출처: 일본보험문화센터

2006년 12월 설문조사에 의하면 우리나라는 30~40대 가구의 필요보장자산은 3억 원 수준이나, 실제 준비되는 보장자산은 1/3정도인 1억 원 내외에 불과한 것으로 나타났다.

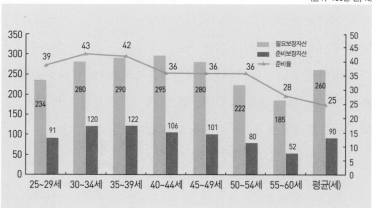

〈표 55〉한국 가구 필요보장자산과 준비 상태

(단위: 100만 원, %)

출처: 2006년 한국 가계 보장자산 가입 실태, 삼성라이프케어연구소

한국의 가계당 보장자산은 가구소득 대비 1.6배로 미국 5.6배, 일본 2.8배에 비해 크게 부족한 수준이다. 가계당 보장자산의 규모는 미국의 1/6, 일본의 1/3 수준에 불과하다.

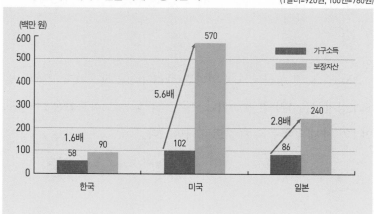

〈표 56〉한국 · 미국 · 일본 가계 보장자산 비교

(1달러=920원, 100엔=780원)

※가구소득: 인당 GDP × 가구당 인원수

**보장자산 성장에 따른 상품의 변화**

미국은 1975년부터 2005년까지 과거 30년간 사망보장 시장이 연평균 4.5% 성장하면서 고객 니즈의 변화에 따라 1980년대는 유니버셜보험, 1990년 이후에는 변액종신보험과 변액유니버셜종신보험으로 상품을 다양화했다.

〈표 57〉 미국 연납화 보험료(ANP)[102] 추이 (단위: 10억 달러, %)

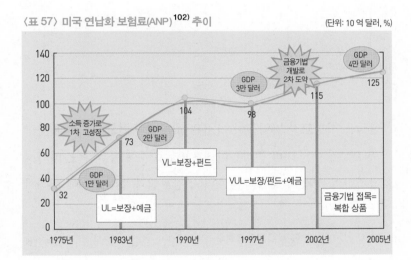

일본은 사망보장 시장이 GDP 2만 5,000달러까지 고도성장[103]하면서 종신보험, 정기부 종신보험, 정기보험 순으로 활성화되었다. 그러나 1997년 금융 시장 붕괴 및 고객 니즈 대응 미흡으로 시장이 위축되고 있다.

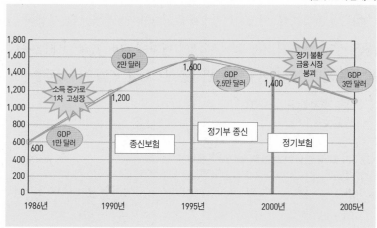

〈표 58〉 일본 보장자산 추이(보유계약고)  (단위: 10 억 달러, %)

한국은 사망보장 가입률이 아직은 40% 수준이고 30~40대 가구의 필요보장자산 대비 준비율이 30~40% 수준에 불과하다. 따라서 보장자산의 성장 잠재력은 높으나 건강보험과 연금보험에 비해서

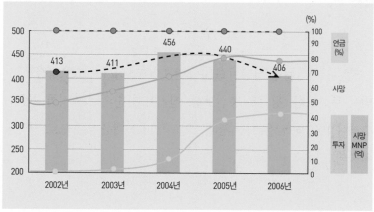

〈표 59〉 한국 사망보험 월납 초회보험료  (단위: 억 원)

성장이 다소 정체되어 있다.

한국 · 미국 · 일본의 사망보장 시장을 비교해보면, GDP의 성장에 따라 지속적으로 성장했다. 특히 국민소득이 1만 5,000~3만 달러 시기에 사망보장금액이 크게 확대되었다.

## 3. 노후연금 준비의 부족

2008년 우리나라 국민들의 평균수명은 80세를 넘어섰다. 의료기술 발달을 감안한 60세 노인의 기대여명은 남자 28년, 여자 33년[104]을 넘는다고 하니 이제 100세 시대를 눈앞에 두고 있다.

《제3의 물결》 작가 앨빈 토플러는 제4의 물결은 생명공학에 의한 혁명에 의해서 비롯될 것이라고 했다. 게놈 프로젝트에 의한 유전자 정보 습득과 이를 활용한 유전자 치료로 맞춤 의료가 가능해지면 인간 수명은 120세 이상으로 획기적으로 연장될 것이라는 견해가 많다.[105]

오래 사는 것이 축복일 수 있지만, 준비되어 있지 않으면 재앙이 될 수도 있다. 건강하고 행복하게 그리고 경제적으로 풍요롭게 오래 사는 것은 그야말로 축복받은 것이다. 그러나 건강하지 못하거나 정신적으로 고통스럽거나 경제적으로 준비되지 못한 상황에서 오래 사는 것은 커다란 리스크가 될 수 있다.

은퇴 이후는 사전에 준비해야 하는데, 이에 대한 준비가 충분하지 않다. 특히 우리나라는 인구 고령화 속도가 워낙 빨라 국가, 기업, 개인이 충분히 준비하지 못하고 있는 상황에서 베이비부머들이 본격적으로 은퇴 시기를 맞이하고 있다.

베이비부머들의 경우 경제위기 등으로 인한 조기 퇴직으로 충분한 연금자산이 확보되지 않은 상황에서 노후를 맞이하게 되었다. 부모 부양, 자녀 교육과 내집 마련에 평생을 바쳤지만 자신을 위한 노후 준비는 소홀했다. 그러나 자식에게 노후를 의탁할 처지도 못되고 기대도 하지 않는 세대이기 때문에 스스로 노후를 준비해야 한다. 더욱이 베이비부머들의 48%만이 국민연금에 가입하고 있어 취약 계층이 많은 실정이다.[106]

우리나라 인구의 고령화 속도는 OECD 국가 중 가장 빠르다. 2000년에 65세 이상 인구가 7% 이상인 고령화 사회(Aging Society)에 진입했다. 2018년에는 그 비중이 14%를 넘어 고령 사회(Aged Society)가 될 것으로 전망된다. 나아가 2026년에는 65세 이상 인구가 20%인 초고령 사회(Post Aged Society)로 진입, 세계에서 가장 빠른 속도로 고령화가 진행될 것으로 예상하고 있다.[107]

〈표 60〉 고령화 진행 속도

| 구 분 | 진입년도 | | | 소요기간 | |
|---|---|---|---|---|---|
| 65세 ↑ | 7% | 14% | 20% | 7% → 14% | 14% → 20% |
| 한국 | 2000년 | 2018년 | 2026년 | 18년 | 8년 |
| 일본 | 1970년 | 1994년 | 2006년 | 24년 | 12년 |
| 미국 | 1942년 | 2013년 | 2028년 | 71년 | 15년 |
| 영국 | 1929년 | 1976년 | 2021년 | 47년 | 45년 |

자료 : 통계청 '장래 인구 특별추계 결과' (2005년)

선진국의 경우 고령화 사회에서 고령 사회로 넘어가는데 미국이 71년, 영국이 47년, 일본이 24년 걸린 것과 비교해도, 우리나라는 18년으로 가장 빠를 것으로 전망된다.

이처럼 우리나라의 급속한 고령 사회의 도래는 보건의료 수준 향상 및 영양 상태 개선에 의한 평균수명의 연장과 출산율 저하에 기인하고 있다. 결혼연령이 늦어지고 세대당 출산 자녀가 1.1명 수준으로 세계 최저를 기록해 최근 20년간 19세 이하 인구는 39%에서 26%로 크게 감소했다.

〈표 61〉 최근 20년 인구 추이

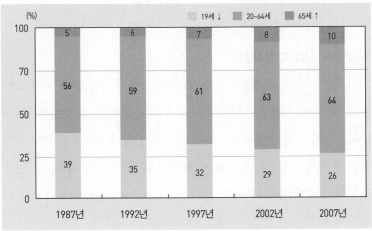

우리나라는 OECD 국가 중 평균수명이 가장 빠르게 연장되고 있다. 1960년과 2006년을 비교해보면 평균수명이 남자는 51.1세에서 75.7세로 24.6세 증가했고, 여자는 53.7세에서 82.4세로 28.7세 연

〈표 62〉 주요국 평균수명 및 수명 연장 비교 (단위 : 세)

| 구 분 | | 한국 | 일본 | 미국 | 영국 | OECD |
|---|---|---|---|---|---|---|
| 1960년 | 남자 | 51.1 | 65.3 | 66.6 | 68.1 | 65.8 |
| | 여자 | 53.7 | 70.2 | 73.1 | 71.9 | 70.8 |
| 2006년 | 남자 | 75.7 | 79.2 | 75.5 | 77.0 | 76.0 |
| | 여자 | 82.4 | 85.9 | 80.4 | 81.3 | 81.7 |
| 수명 연장 | 남자 | 24.6 | 13.9 | 8.9 | 8.9 | 10.2 |
| | 여자 | 28.7 | 15.7 | 7.3 | 9.4 | 10.9 |

장되었다. 동기간 OECD 평균수명이 남자 10.2세, 여자 10.9세 연장된 것보다 약 2.5배 빠른 속도로 진행되고 있다.


### 고령화 시대의 문제점

이러한 추세가 계속된다면 2050년에는 생산 가능 인구 대비 노인 인구 즉 노년부양비율이 세계 최고 수준에 이르게 될 것이다. 1999년에는 생산 가능 인구(15~64세) 10.4명이 노인 1명을 부양하고 있었는데, 10년 뒤인 2009년에는 생산 가능 인구 6.8명이 노인 1명을 부양하고 있다. 2026년에는 생산 가능 인구 3.2명이 노인 1명을 부양하게 될 것이다.[108]

인구의 노령화는 국가 재정에 급속한 악화를 초래할 것이다. 조세 수입은 감소하지만 노인 인구 증가에 따른 국민연금보조비, 노인 의료비, 노인복지비 등 사회복지비의 지출은 계속 늘어나 만성적인 재정 적자를 기록하게 될 것이다.

2008년 노인의료비는 10조 5,000억 원으로 2007년에 비해 15.5% 늘었다. 이는 전체 의료비 증가율 8.6%에 비해 두 배에 가까운 수치이다. 노인의료비가 전체 의료비에서 차지하는 비율은 29.9%에 달하고 있다.[109)]

2000년대에 들어서면서 베이비부머[110)]들의 은퇴가 시작되고 있다. 은퇴 이후의 노후생활을 제대로 보장하기 위해서는 국가, 기업, 개인이 각각 국민연금, 퇴직연금, 개인연금을 통해 철저히 준비해야 한다.

총인구의 14.6%인 712만 5,000명에 달하는 베이비부머 1세대가 정년기를 맞이하고 있다. 이중 자영업자 등을 제외한 임금근로자 311만 명이 해마다 30~40만 명씩 직장에서 은퇴할 전망이다. 또한 총인구의 17.3%인 845만 8,000명에 달하는 베이비부머 2세대[111)]들이 은퇴준비기에 진입하고 있다.

〈표 63〉 베이비부머 세대의 인구 분포

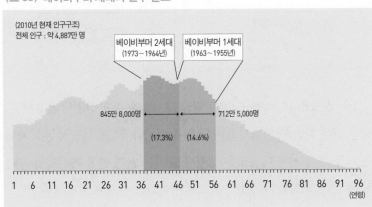

우리나라 베이비부머 세대의 인구 비중은 높지만 미국, 일본에 비해 훨씬 조기에 퇴직하고 있다. 따라서 연금소득 공백 기간이 긴 반면에 개인 금융자산은 적어 노후생활에 큰 어려움을 겪게 될 것은 명약관화한 일이다.

월드 뱅크(World Bank) 등 국제기구가 권고하는 은퇴 이후 소득대체율은 70~80% 수준이다. 하지만 우리나라의 경우 근로 기간 35년 기준으로 국민연금, 퇴직연금, 개인연금에 의한 실질 소득대체율은 42.1%에 그치고 있는 것으로 나타났다.[112]

〈표 64〉 연금제도에 의한 실질 소득대체율

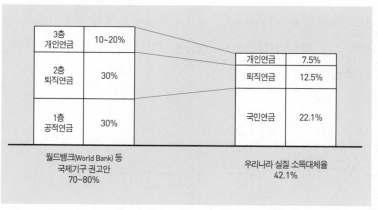

소득대체율 42.1%는 OECD 평균 68.4%와 주요 선진국이 70% 이상인 점을 감안하면 심각하게 낮은 수준이다. 주요 선진국 은퇴자들은 보통 은퇴 전과 다름없는 생활을 즐기는 반면 한국 은퇴자들은 은퇴 후 많은 노인들이 저소득층으로 추락하는 것으로 나타났다.[113]

<표 65> 국가별 연금 소득대체율 현황 (단위 : %)

| 구 분 | 한국 | 일본 | 미국 | 영국 | OECD평균 |
|---|---|---|---|---|---|
| 소득대체율 | 42.1 | 56.9 | 78.8 | 70.0 | 68.4 |

자료 : OECD

국민연금만 가지고는 노후생활이 턱없이 부족한 것이 현실이다. 그러나 국민연금조차도 지속적인 수급불균형에 따른 재정 악화로 제도 개선을 요구받고 있다. 수급을 잘못 예측한 것도 있지만 제도 운용에 있어서 정치적인 면이 고려되다 보니 이를 수정하는 것이 쉽지 않다. 또한 퇴직연금의 경우는 가입할 수 있는 금액이 제한되어 있고 그 용도도 실질적으로 노후보장보다는 퇴직금 중간정산 등 가정의 긴급자금으로 이용되고 있는 현실을 고려할 때 실질적으로 안정된 노후보장을 위해서는 개인연금의 역할이 중요할 수밖에 없다.

선진국에 비해 국가 재정, 복지제도가 미흡해 2004년 GDP 대비 국민연금자산 비중은 17.6%로 미국 45.3%, 일본 42.1%보다 매우 낮다. 국민연금 수급연령도 60세에서 65세로 지연되었고, 개인연금 가입은 2009년 26.5%에 불과해 노후자금 준비는 크게 부족할 것으

<표 66> 노후 준비 필요자금 (단위: 원)

| 구 분 | 1997년 | 2000년 | 2003년 | 2006년 | 2009년 |
|---|---|---|---|---|---|
| 노후 월간 생활자금 | 112만 | 118만 4,000 | 137만 5,000 | 166만 6,000 | 176만 3,000 |
| 월간 가구소득 | 218만 | 217만 7,000 | 280만 4,000 | 306만 8,000 | 321만 6,000 |
| 노후자금 현재 소득 비중 | 51.4% | 54.4% | 49.0% | 54.3% | 54.8% |
| 20년간 연금 | 2억 6,880만 | 2억 8,320만 | 3억 2,880만 | 4억 80만 | 4억 2,310만 |
| 30년간 연금 | 4억 320만 | 4억 2,480만 | 4억 9,320만 | 6억 120만 | 6억 3,470만 |

주) 연금은 할인율 미적용 금액임, 자료 : 생보협회, 생명보험성향조사

로 전망된다. 노후생활 필요자금은 2009년 현재 월 176만 원으로 연간 가구소득의 55% 수준에 이르며 60세부터 30년간 약 6억 3,000만 원의 자금이 필요하다.[114]

그러나 세대당 준비되어 있는 연금자산은 2,200만 원으로 미국의 1/9, 일본의 1/5 수준에 불과하다.

〈표 67〉 국가별 연금자산 비교 (단위: 만 원, 배)

| 구 분 | 1인당 연금자산 | 배수 | 가구별 연금자산 | 배수 |
|--------|----------------|------|-----------------|------|
| 한국 | 918 | - | 2,156 | - |
| 일본 | 5,810 | 6.3 | 1억 10 | 4.6 |
| 미국 | 1억 790 | 11.8 | 1억 9,290 | 8.9 |

자료 : 2005년 OECD 연금통계

노후 준비 수단으로서는 예·적금, 부동산, 보험, 펀드 순으로 나타났으며, 베이비부머 7명 중 1명만이 노후 준비 수단으로써 보험을 선호하고 있다.

〈표 68〉 노후 준비 수단 현황

| 노후 준비 수단 | 예·적금 | 부동산 | 보험 | 펀드 | 기타 |
|----------------|---------|--------|------|------|------|
| 점유율 | 31% | 28% | 15% | 13% | 13% |

자료 : 2007년 설문조사 결과

은퇴준비자산으로 매월 월세 수입이 보장되는 수익형 부동산은 제 역할을 할 수 있지만 그렇지 않은 부동산의 경우에는 오히려 보유세 및 종부세 등으로 인해 부담을 주게 된다.

2006년 현재 우리나라 가구당 평균자산은 2억 7,700만 원 수준인데, 그 중 부동산이 약 77%인 2억 2,000만 원 수준이고, 금융자산은 23%인 5,700만 원에 불과하다. 은퇴 시점에는 부동산 의존도를 줄이고 금융자산을 늘려 가급적이면 이자소득세 및 금융종합과세에서 제외될 수 있는 연금보험을 선택하는 것이 바람직하다.[115]

자녀들이 전부 분가한 60세 이후에는 역모기지제도의 활용을 고려할 수도 있다. 역모기론은 고령자가 보유한 주택을 금융기관에 담보로 맡기고, 노후생활자금을 연금방식으로 지급받는 대출 상품이다. 역모기론은 시중 은행과 주택금융공사가 취급한다. 주택금융공사의 주택연금의 경우 대출 기간이 종신인데다, 사망할 때까지 담보로 맡긴 집에서 거주할 수 있다는 장점이 있다.

OECD의 '연금편람 2009'에 따르면 한국은 65세 이상 고령인구의 소득빈곤률이 45.1%로 OECD 회원국 30개국 중 가장 높은 것으로 나타났다. 이는 노인자살률이 크게 늘고 있는 것과 무관하지 않을 것으로 보인다.

국내 은퇴자의 절반 이상이 가족소득에 의존하거나 직접 일을 하여 생계를 유지하고 있다. 한국노동연구원 자료에 따르면[116] 자신의 저축(16.1%)이나 연금·퇴직금(12.1%), 재산소득(9.7%)에 의해 노후생활을 하는 경우는 39.1%에 불과하고, 가족·친지에 의존하는 경우가 41.7%, 은퇴 후 생계 유지를 위해 직접 일을 하는 경우가 12.1%로 나타났다.

외국의 경우 가족, 친지로부터 받은 사적 이전소득에 노후생활을 의존하는 비율은 유교문화권인 대만만이 우리나라와 비슷한 수준이고 독일은 1% 미만, 미국은 아예 하나도 없다. 이미 고령화가 심각한 사회문제로 대두되고 있는 일본의 경우 사적 이전소득이 1980년대에는 16%이던 것이 1996년에는 4%에 불과한 것으로 나타났다. 아마 우리나라도 멀지 않아 일본과 같은 수준이 될 것으로 보인다.

이제는 노후를 자식에게 의탁하겠다는 것은 시대에 뒤떨어진 생각이고 노후는 스스로 준비해야 한다.

특히 은퇴자의 56.7%가 은퇴 후 경제적으로 어려움을 겪고 있으며, 퇴직을 앞둔 2,113명을 대상으로 한 노후생계조사에서도 56%가 노후생계에 대한 대책이 불확실하다고 응답했다.[117]

〈표 69〉 노후생계비 조달경로

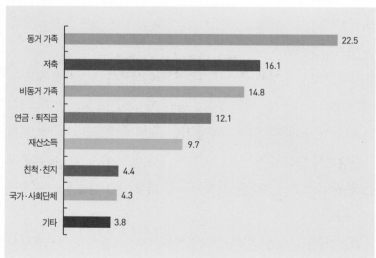

출처 : 한국노동연구원

## 정년퇴직의 컨셉

우리나라 기업체에서의 정년은 대개 55세로 정해진 경우가 많다. 그러나 우리나라의 경우 많은 기업들이 정년을 보장하지 못하고 있어, IMF 금융위기 당시에는 '사오정' 이니 '오륙도' 라는 말이 유행했었다.

최근에는 근무 기간이 길어지긴 했으나, 아직도 정년을 제대로 보장하지 못한다. 설령 정년퇴직을 한다고 하더라도 국민연금 수급권은 만 60세 이상부터 지급이 개시되고 그것도 점차 늦어지고 있다. 따라서 우리나라에서의 정년은 일을 그만둔다는 '停年(정년)'의 부정적인 컨셉을 가지고 있다. 그러나 서구에 있어서의 정년은 국민연금 수급권이 부여되는 연령에 도달했다는 의미에서의 '定年(정년)' 이므로 긍정적이며 밝은 미래를 연상케 하는 컨셉을 가지고 있다.

정년을 연장한다고 하면 한국에서는 일할 수 있는 기간을 늘려준다는 의미로 매우 긍정적인 이미지로 인식하지만, 서구에서 정년을 예컨대 65세에서 67세로 연장하는 것은 국민연금 재정 고갈로 직장에서의 근무 기간을 늘릴 수밖에 없는 데 기인하므로 정년 연장은 부정적인 이미지를 갖고 있다. 그리스 등 재정위기에 빠진 남유럽 국가에서 국민들이 정년 연장에 반대하고 있는 것은 이러한 연유에서이다.

### 트리플(Triple) 30의 의미

1960년대만 하더라도 우리나라 노인들은 환갑을 넘기기가 쉽지 않았다. 따라서 당시에는 환갑잔치를 성대하게 거행했고 환갑을 넘어 사는 기간은 플러스 알파라는 의미에서 '여생'이라 불렀다.

그러나 요즘은 평균수명이 팔순이고 보니 칠순잔치도 잘 하지 않는 실정이다. 또한, 앞으로는 60세의 평균여명이 30년을 넘어갈 것이다.

오종남 교수의 저서 《은퇴 후 30년을 준비하라》에서는 인생을 트리플 30으로 정의한다. 자라서 배우고 준비하는 기간 30년, 사회 활동하고 돈을 벌면서 생활하는 기간 30년, 돈을 벌지 못하면서 일 없이 사는 노년의 기간 30년으로 구분하고 있다. 그는 두 번째 30년 동안 건강하지도 않고 경제 활동도 제대로 할 수 없는 세 번째 30년을 미리 준비해야 한다고 강조하고 있다. 돈을 벌 수 있는 기간이 30년이어도 턱없이 부족한 경우가 많은 것이 우리나라의 현실이기 때문에 노후 준비는 더욱 심각한 문제이다.

## 4. 의료실손 및 헬스케어 서비스산업의 급성장

### 네트워크형 의료실손의 필요성

질병보험은 세대가입률이 87% 수준으로 거의 포화 상태에 있지만 의료실손보험의 세대가입률은 34% 수준에 그치고 있다. 우리나라 1인당 의료비는 GDP 대비 6.8% 수준으로 미국 16%, OECD 평균 8.9%에 비하면 현저히 낮다. 따라서 앞으로 국민소득 증가와 더불어 의료산업이 발달하게 되면, 의료 시장 규모가 크게 성장할 수 있으며 네트워크 및 의료실손보험이나 건강 서비스 등 새로운 성장동력을 기대할 수 있을 것이다.

한국은 1998년부터 2008년까지 1인당 연평균 의료비 지출 증가율이 11.6%(OECD 평균 6.7%)로서 OECD 국가 중 1위, 약제비 증가율이 11.3%로 2위(1위는 아일랜드 13.6%)를 기록하고 있다.[118]

항암제, MRI, 희귀난치치료제 등 고가 신기술에 대한 공보험 적용범위 확대에 의한 의료비 급증에 따라 건강보험의 재정이 2005년 1조 2,000억 원 흑자에서 2010년에는 1조 3,000억 원 적자로 반전되었다. 향후에도 계속적인 재정적자가 우려되며 이에 대한 대책이 필요하다.[119]

반면 한국 의료업계는 IT에서의 강점과 우수인력 및 인프라를 갖고 있으며 선진 수준의 교육·진료시스템을 보유하고 있어 헬스케어산업이 크게 성장할 전망이다. 총의료비 시장이 고령화 진전 및 양질의 의료 서비스 증대로 2008년 43조 원에서 2020년 171조 원으로 빠른 속도로 성장했다. 이에 따라 의료실손보험 시장도 2008년 2조 원에서 2020년 24조 원 수준의 거대 시장으로 확대될 것으로 전망되고 있다. 이런 상황에서 이러한 네트워크형 의료실손[120]은 업그레이드된 반드시 필요한 상품이 될 것이다.

인구의 고령화로 인해 질병 없이 건강하게 사회적·육체적 활동을 영위하려는 니즈가 확대되고 있다. 2008년 한국인의 기대수명은 80세인 반면 질병 없이 건강하게 생활할 수 있는 건강수명은 71세에 불과하다.

〈표 70〉 총 의료비 및 의료실손 시장 발전 전망　　　　　　(단위: 조 원)

| | 2008년 | 2010년 | 2013년 | 2015년 | 2017년 | 2020년 |
|---|---|---|---|---|---|---|
| 총 의료비 | 43 | 49 | 64 | 82 | 109 | 171 |
| -공적보험 | 28 | 34 | 42 | 48 | 61 | 96 |
| -개인부담 | 15 | 15 | 22 | 34 | 48 | 75 |
| (의료실손) | (2) | (6) | (8) | (11) | (15) | (24) |

주) 2008년 보건산업연구원 자료

현재 우리나라의 의료실손 체계의 가장 큰 문제점[121]은 환자들이 병원이나 의사에 대한 정보가 부족해 수도권 종합병원에 몰리면서 일반 병의원들이 어려움을 겪거나 도산하는 경우가 많다는 것이다. 즉 환자가 효율적으로 배분되지 못할 뿐더러 의료자원이 낭비되고 있다.

수도권 종합병원에서는 예약을 하더라도 진료를 받기까지 오랜 대기 기간이 필요하며 예약일에 방문하더라도 장시간 기다리는 경우가 많다. 그러나 정작 진료는 3~5분의 짧은 시간 내에 처리되어 충분한 상담이 이루어지지 않아 환자의 궁금증이 해소되지 않는 등 의료 서비스가 열악하다. 반면 일반 병의원은 환자가 부족해 불필요한 입원, 수술을 권하거나 입원일수를 연장하는 등 모럴 해저드가 늘어나고 있는 실정이다.

특히 지방 대도시 환자들까지도 KTX를 이용해 수도권 종합병원으로 집중되다 보니 지방 병의원의 생존 차원의 모럴 해저드가 극심해지고 있다. 심지어 65세 이상 노인들의 경우는 병원에서 물리치료를 받는 것이 저렴하기에 의료비가 남용되는 원인을 제공하기도 한다.

사실상 국민들이 경미한 질병에도 치료를 위해 시간과 비용을 들여 수도권 종합병원으로 몰리는 것은 가까운 의원, 병원 중 어디가 믿을 수 있고 어느 의사가 잘 치료하는지를 모르기 때문이다. 현재도 심평원에서 병원별, 의사별로 평가해 그 정보를 제공하는 사이트가 있지만 국민들의 활용도는 많지 않다.

만약 보험회사나 네트워크 운용기관에서 병원별, 의사별로 전문성을 파악하고 모럴 해저드를 감안해 우수한 병원 및 의사를 선정해 네트워크를 운영하고, 24시간 메디컬 센터를 통해 질병의 종류나 정도에 따라 효율적으로 치료할 수 있는 병원, 의사를 추천한다면 국가적인 의료자원의 효율적 활용과 더불어 모럴 해저드도 점차 줄어들게 될 수 있을 것이다.

또한 우리나라에서는 치명적 질병의 경우 닥터 쇼핑(Doctor Shopping)[122]이 심하다. 그때마다 병원에서는 CT, MRI 등을 재촬영하는 등 중복검사가 많아 의료자원 낭비와 의료비부담이 심각한 상황이다. 이 경우 의료네트워크를 통한 세컨드 오피니언(Second Opinion)[123]을 활용한다면 각 분야 최고 전문의를 직접 찾아가지도, 중복검사를 하지 않고도 진료소견을 받아 볼 수 있는 서비스를 저렴하게 제공할 수 있을 것이다.

보험사 입장에서도 의료실손 상품의 표준화로 상품경쟁력이 동일해졌기 때문에 생보사 간 주보험경쟁력에 큰 차이가 없다면 차별화된 의료 서비스의 제공여부에 따라서 상품경쟁력이 좌우될 것이다. 고객 세그먼트(Segment)별로 고객 니즈에 맞는 다양한 건강관리(Health Care) 서비스를 개발해 네트워크 병원을 통해 제공하게 된다면 차별화된 상품경쟁력이 확보될 것이다. 예컨대 다양한 건강검진플랜을 운영하거나 만성질환자에 대한 특별 서비스 등을 제공할 수도 있을 것이다.

또한 네트워크 선정 시 모럴 해저드가 의심되는 병원 의사를 배제함은 물론 네트워크 병원의 집적된 의적정보를 주기적으로 분석해 네트워크 병원의 재입원율, 재수술률, 모럴 해저드 사례 등을 평가해야 한다. 그러면 의료남용 리스크를 간접적으로 통제해 사차 리스크를 줄이게 되고, 그 결과 의료실손보험료도 저렴해져 상품경쟁력을 더욱 높이는 계기가 될 수 있을 것이다.

### 헬스케어 서비스사업의 필요성

기나긴 노후생활을 병석에 드러눕지 않고 건강하게 보내야 본인과 가족 모두가 행복할 수 있기 때문에 스스로가 건강수명을 늘리기 위해 노력해야 한다. 건강에 부담을 주는 습관과 행동을 지양하고 금연, 절주, 규칙적인 식생활 및 충분한 수면, 체조와 유산소 운동 등을 통해서 고혈압, 고지혈증, 당뇨병, 비만 등 생활습관병을 예방해야 한다. 이러한 노력이 암, 뇌졸중, 심근경색 등 치명적 질병을 멀리하고 건강한 노후를 향유하는 길이다.

건강보험 보유계약을 많이 갖고 있는 보험회사의 경우 바른생활 습관 또는 건강생활 캠페인을 전개하고, 고객에게 건강관리 서비스를 제공하여 건강수명 연장을 도와준다면 보유계약 위험률차 리스크를 개선하는 데 크게 도움이 될 것이다. 뿐만 아니라 고객에 대한 차별화된 건강 서비스를 제공함으로써 회사의 이미지 개선 및 영업 활동에도 활용할 수 있을 것이다.

보험회사의 경우 공익기금의 일부를 할애해 생보업계 차원에서 건강생활 캠페인을 전개한다면 국민의 삶의 질 향상, 보험회사 이미지 제고, 위험률차 손익관리의 세 가지 효과를 얻을 수 있을 것이다.

보건복지부는 그동안 '온 국민이 함께하는 건강세상'을 비전으로 삼고 '건강수명 72세 달성과 건강형평성 확보'를 추진해왔다. 세계보건기구도 정부 주도의 활동 외 민간 참여를 적극 권장하고 있다. 최근 고령화, 소득수준의 향상, 의료기술의 혁신 등 의료 서비스를 둘러싼 환경 변화로 인해 헬스케어에 대한 수요가 빠르게 증가하고 있다. 특히 고객의 니즈가 '치료·재활'에서 건강한 삶을 추구하는 '예방·건강증진' 쪽으로 다양화·고도화되고 있다.

때마침 정부에서도 '헬스케어 산업'을 국가의 중기(5~10년 이내) 신성장동력으로 선정(총 6대 분야 22개 산업, 2008년 9월 22일 발표)하여 2018년 헬스케어 서비스 선도국가 실현에 목표를 두고 있으며 건강관리 서비스업을 육성하고 있다. 최근 건강에 대한 국민의 관심과 수요 증가로 인해 건강관리 서비스업은 성장잠재력이 높은 새로운 시장으로 대두될 전망이다. 건강관리 서비스란 금연, 절주, 식이, 운동 등 생활습관을 개선해 스스로 건강을 증진하도록 평가, 교육, 상담 등의 서비스를 제공하는 것이다.[124]

미국의 경우 건강관리 서비스 시장이 2006년 2조 1,000억 달러에서 2016년 4조 달러로 2배 이상의 성장이 예상된다. 이는 민영보험회사나 기업 등이 주요 구매자로 보험 가입자에게 서비스를 제공하는 것이 기본적인 형태이다. 일본은 2004~2005년 경제산업성에서 건강 서비스 비즈니스화 연구회(T/F)를 구성·운영해 2007년부터 서비스산업 창출 시범사업을 실시 중이다. 2008년부터는 건강검진 결과에서 고위험군인 국민에게 보험 서비스를 제공하고 있다.

우리나라의 경우 그동안 영양, 운동 상담 등 일부 서비스를 보건소를 통해 제공했으나 접근성과 규모 면에서 불충분했다. 종래 의료법상 민간 회사가 건강관리 서비스를 제공하면 무면허의료행위로 처벌되고 의료기관의 경우 비용을 받을 수 없었기 때문에(임의비급여에 해당) 제도적으로 시장이 활성화 될 수 없도록 되어 있었다. 다만 대형 의료기관이 건강검진과 연계된 금연, 운동, 식이관리 등 일부 서비스를 제공하고 있으나, 아직 초기 생성 단계에 불과하며 체계적인 공급 시장은 형성되지 않고 있다. 따라서 건강관리 서비스의 개념을 정립하고 의료기관이나 민간기업의 서비스 제공이 가능하도록 법적 근거가 마련되어야 한다.[125]

2005년 세계적으로 3,500만 명이 심장질환, 뇌졸중, 암, 당뇨와 같은 만성질환으로 사망하고 있으며, 우리나라에서도 암, 뇌혈관질환, 심혈관계질환이 각각 사망 원인의 1~3위를 차지하고 있다. 이러한 만성질환의 주요 인자는 비만(나쁜 식이습관과 운동 부족), 흡연, 음주인데, 이러한 위험 인자가 제거되면 심장질환, 뇌졸중, 2형 당뇨병의 80% 이상, 암의 40%가 예방이 가능하다.

평균수명은 꾸준히 증가하고 있지만 2008년 조사에 의하면 건강수명은 71세로 평균수명 80세와는 9년 차이가 났다. 이는 노후에 9년 동안을 병원신세를 지면서 살게 될 것이라는 말이다. 인구의 노령화와 더불어 노인의료비가 급증하고 있는 것도 문제이지만 건강수명 연장을 통한 삶의 질 향상을 위해 건강생활 캠페인은 반드시 전개되어야 한다.

우리나라 남성 흡연율의 경우 50.3%로 OECD 평균 32.4%와 비교해서 매우 높고 19세 이상 고위험음주율[126]도 63.4%(남 79.1%)로 매우 높다. 청소년 음주 시작 연령은 12세로, 음주율 증가의 잠재요인이 되고 있다.

세계적으로 큰 문제인 비만율은 계속 큰 폭으로 증가하고 있다. 미국의 경우 1960~1962년에 13.3%이던 것이 2005~2006년 34.3%

〈표 71〉 OECD 국가의 흡연율 (단위: %)

| 구 분 | 한국 | OECD | 미국 | 영국 |
|---|---|---|---|---|
| 흡연율 | 50.3 | 32.4 | 19.4 | 28.0 |

자료 : OECD Health DATA 2005 (한국 2005년, 기타 국가 2003년)

로 2.6배 증가되었다. 일본 남성 비만율도 지난 30년간 약 2배가 증가(1975년 15.2% → 2006년 29.7%)되었으며, 우리나라 남성 비만율도 지난 10년 동안 1997년 21.6%에서 2007년 33.4%로 급증했다.

국민건강보험공단의 자료를 보면 건강위험요인에 따른 진료비 규모는 흡연 관련 질환이 가장 크다. 하지만 건강위험요인에 의한 전체 기여분 즉, 위험요인을 조절하면 절감이 가능한 부분은 비만이 가장 높은 것으로 나타났다.

〈표 72〉 진료비 규모 및 진료비 기여도 (단위: 억 원, %)

| 구 분 | 진료비 | 기여분 | 진료비 기여도 |
|---|---|---|---|
| 비만 | 3조 6,320 | 5,000 | 13.8 |
| 흡연 | 5조 1,580 | 4,010 | 7.8 |
| 음주 | 4조 3,490 | 3,000 | 6.9 |
| 운동 부족 | 3조 2,070 | 460 | 1.4 |

자료 : 국민건강보험공단의 건강위험요인에 따른 진료비 지출 비교분석(2006년)

질병은 일단 발병을 하게 되면 그 치료비용이 많이 투여된다. 그리고 서비스로 질병 치료뿐 아니라 회복과 재활까지도 고려해야 한다. 때문에 아무리 많은 의료자원을 투입한다 해도 질병 발병 전으로 회복하는 것은 어려워 최근 의료 서비스의 혁신적 측면에서는 치료 중심이 아닌 질병의 예방과 건강증진을 더 중요시하게 되었다.

세계적으로 많은 비용이 투입되는 암, 뇌혈관질환, 심장질환 및 생활습관병의 예방을 위해 건강위험요인을 본인 스스로가 잘 관리할 수 있도록 유도해야 한다. 또한 급증하는 의료비와 만성 퇴행성 질환의 증가를 막는 환경을 보험사가 앞장서서 조성하는 것이 보험사의 이미지 개선은 물론 위험률차 손익 개선을 위해서도 바람직 할 것이다.

## Chapter 06

# 새로운 성장 모멘텀과 블루오션

미래의 성장동력을 발굴하고 이를 개발하기 위해 보장자산 확대, 은퇴를 위한 연금보험 확대, 네트워크형 의료실손보험이나 건강 서비스 등에 대한 전략 방향을 제시하고자 한다.

## 1. 보장자산 확대전략

생존급부에서 위험률차손이 나고 있는 반면에 사망급부에서는 50%가 넘는 위험률 차익이 나고 있어 둘의 밸런스가 크게 불균형한 상태다. 생존급부에 있어서는 위험률변동(Non-Guaranteed)제도의 도입 허용, 위험률 산출 시 장기 트렌드 반영, 선진국 위험률 반영 및 안정할증률 확대 등을 허용해야 한다. 반면 사망급부에 있어서는 보험료를 낮추고 보험금을 확대할 수 있는 여러 가지 노력이 필요하다.

## 보장자산의 중요성 인식

젊은 시절 미국에서 수학했던 서강대 경제학과 이경용 교수는 미국에 있을 때 종신보험의 필요성을 깊이 인식했다. 따라서 우리나라가 진정한 보험이라 할 수 있는 종신보험에 대한 인식이 미국에 비해 부족하다는 것을 알리기 위해 노력했다. 그는 자신의 제자들에게 수업시간 중 "가정에서 가장 중요한 자산이 무엇인지 얘기해 보라"고 하면 학생들로부터 "아파트, 승용차, 피아노, 보석 등" 다양한 답변이 돌아오곤 했으나, 이경용 교수는 단호하게 고개를 저으면서 가정에서 가장 귀중한 자산은 다름 아닌 가장(家長)이라고 강조했다고 한다.

가장(家長) 유고 시 가정이 큰 위기에 처할 것은 충분히 상상이 가능한 일이다. 특히 30~40대 가장의 유고 시에는 아파트대출금 상환 곤란으로 인해 가족이 아파트에서 쫓겨날 수도 있고, 교육자금 부족으로 자녀가 진학을 포기하는 경우도 생길 수 있다. 가정에서 아이들만 돌보던 미망인이 새롭게 일을 구해야 하는 경우도 많을 것이다.

이러한 위험으로부터 남겨진 가족을 구제할 수 있는 것이 바로 종신보험이나 정기보험이다. 정기보험은 보험기간 중 사고가 발생하지 않을 경우 소멸되거나 기납입 보험료를 환급받을 수 있지만, 보험기간 만료 후에는 아무런 보장을 받을 수 없다.

그러나 종신보험은 종신까지 사망을 보장하기 때문에 반드시 일정금액 이상의 사망보험금을 확정적으로 보장하게 된다. 또한 상속의 필요성이 적을 경우는 본인이 연금으로 전환해 노후생활에 도움이 될 수도 있다. 젊은 시절 비교적 연봉이 높은 변호사나 의사, 대학교수 등 전문직 종사자가 고액의 종신보험에 가입하는 것은 가족보장에 대한 니즈가 크고 고액의 보험료를 납입할 여력이 있기 때문이다.

### 푸르덴셜의 성공비결

종신보험 불모의 땅 한국에서 종신보험이 최고의 히트 상품으로 부상하게 된 것은 한국에 진출한 푸르덴셜의 성공에 힘입은 바가 절대적이다.

그동안 한국에서는 저축이나 연금보험 중심으로 판매했다. 보장성보험은 재해사망을 비롯한 상해보험이나 암보장, 남성·여성 건강보험 등 질병보험만 소액으로 대량 판매했다. 그렇게 사망보장에 대한 일반 국민의 인식이 저조한 상황에서 비싼 보험료로 사망보장을 고액 설계 판매하는 데에 성공했다는 것은 높이 평가할 사항이었다.

1989년에 처음으로 영업허가를 받았던 푸르덴셜도 애초에는 시행착오가 있었다고 한다. 사회적으로 보장성보험에 대한 인식이 희박했던 시절이다 보니 종신보험은 시장에서 별 호응을 받지 못하고 푸르덴셜 초기의 설계사인 라이프플래너(Life Planner)들도 스스로 확신이 부족했다. 보장에 대한 개념이 희박한 사람들에게 죽음에 대해서 이야기하다가 퇴짜를 맞게 되는 경우가 많았다. 실전 경험이 부족한 라이프플래너들은 사람들의 냉대 속에 번번이 좌절하게

되었다.[127]

라이프플래너들의 보상 체계가 기여도에 따른 능력급이고, 영업비용을 급여에서 쓸 수밖에 없었기 때문에 영업실적이 부진하자 영업비용 부족으로 불만과 좌절이 커지게 되었다. 또한 지점장이나 세일즈매니저(Sales Manager)들의 경험 부족으로 이들을 제대로 리드해 나갈 수 없다보니 라이프플래너들과의 불신의 골이 깊어졌다. 결국 노조가 결성되어 극단적인 상황으로 치닫게 되었다고 한다.

그래서 1989년부터 구축되었던 기존 조직을 포기하고 1993년부터 일본 푸르덴셜의 성공모델에 따랐다. 새로운 세일즈매니저를 뽑아 처음부터 다시 철저히 교육을 시키고 새로운 지점을 만드는 'SM 프로젝트(일명 Big Rock Project, 빅 락 프로젝트)'를 성공시킴으로써 오늘날의 푸르덴셜 전통이 확립되었다고 한다.[128]

세일즈매니저는 관리자로 양성할 사람이기 때문에 기존의 보험영업 경험이 없는 대졸 남성으로 다양한 분야에서 영업과 기획업무 경력을 갖춘 인재를 스카우트했다. CIS(회사의 직무설명회)와 TS(Targeted Selection)를 거쳐 그 능력을 철저히 검증받은 자에 한하여 2개월간의 강의실 교육, 11주간의 라이프플래너 OJT와 6주간의 SMTC, 그리고 6개월간의 SM OJT를 포함하는 혹독한 트레이닝을 거쳐야만 세일즈매니저가 될 수 있었다.[129]

철저한 교육으로 무장된 세일즈매니저들이 설계사인 라이프플래너를 거의 같은 방식으로 채용·육성하면서 성공을 이끌어내었다.

라이프플래너 역시 보험회사 경험이 없는 유망한 직종에 근무하는 대졸 이상자로 영업 경험이 3년 이상 있는 사람을 스카우트했다. 초기 2년간 고액연봉을 보장하면서 이들로 하여금 의사나 변호사 등 고소득층을 공략하도록 함으로써 높은 정착률, 유지율, 생산성을 유지해 성공을 거두게 된 것이다.

푸르덴셜의 차별화 전략은 '보험은 지급이다' 라는 슬로건이다. 다른 회사가 '보험은 판매' 라고 하면서 진행한 무리한 판매로 인해 보험금 지급과 관련된 많은 민원이 속출하고 있을 때, '보험은 지급' 이라며 보험사고가 발생한 계약자에게 신속하게 보험금을 지급했다. 이러한 기업정신이 종신보험이 우리 시장에 뿌리내리게 된 원동력이 되었다.

라이프플래너는 보장자산의 중요성을 인식하고 고객들과 인생의 동반자라는 십(Ship)을 가지고 종신보험에 가입시켜야 하며 가정의 미래를 책임지고 구원한다는 신념을 가져야 한다.

푸르덴셜의 지점장이었던 교보생명 김승억 부사장은 그의 저서 《사랑으로 성공하는 보험컨설팅》에서 보험컨설턴트와 일반 세일즈맨의 차이를 분명히 하고 있다. 세일즈맨의 목적은 개인적인 성공이지만 보험컨설턴트는 고객의 재정적 안정과 마음의 평화다.[130]

세일즈맨은 무조건 소개를 확보하려 하지만, 보험컨설턴트는 고객에게 만족을 준 대가로 자연스럽게 소개를 확보한다. 세일즈맨은 유창한 화법으로 자신의 상품을 설명하는 것에 역점을 두지만, 보험컨설턴트는 고객의 니즈에 맞추어 최적의 상품을 설계하기 위해 고객으로부터 듣는 것에 역점을 둔다.

세일즈맨은 판매 이후의 후속 판매 수입을 위해 사후 서비스를 제공하지만, 보험컨설턴트의 사후 서비스는 고객의 가족을 보장하기 위해 보험금을 지급하는 것이다. 즉 보험컨설턴트와 고객은 인간 사랑과 가족 사랑을 나누는 평생의 동반자이며 동일한 가치를 공유한다.

### 종신보험의 강점 활용

종신보험의 가장 큰 특징은 어떤 형태의 사망이든 즉, 일반사망이든 재해사망이든 사망보험금이 평생 보장된다는 점이다.

종신보험의 인기는 피보험자가 사망하면 사망 이유에 관계없이 유가족에게 무조건 보험금을 지급하는 데에 있다. 보험 가입 후 2년이 지나면 피보험자가 자살한 경우에도 보험금을 지급한다.

기존의 다른 상품들은 대부분 10년, 20년, 70세 만기, 80세 만기 등으로 보장기간이 짧다. 만기 후에도 계속 보장받으려면 연령이 늘어난 만큼 보험료가 훨씬 비싸지거나 건강 악화와 가입 연령의 제한으로 새롭게 가입할 수 없게 되는 경우가 발생할 수 있다.

2000년대 초 종신보험이 히트를 치기 전에 가입했던 보장성보험은 주로 암보험 등 특정질병보험과 상해보험이었다. 특정질병보험과 상해보험은 종신보험에 비해 보장범위가 좁기 때문에 모든 사망 원인에 대해 보장받기 위해서는 종신보험을 가입해야 한다는 화법이 강조되었다. 따라서 기존 계약의 리모델링을 통한 종신보험 가입이 크게 증가할 수밖에 없었다.

종신보험이 잘 판매되게 된 또 다른 이유는 기존에 잘 판매되었던 건강보험의 리스크가 크게 부각되자 암보험 및 여성·남성 건강보험의 주보험을 판매 중지하고 종신보험에 특약 형태로 진단, 입원, 수술 등 생존급부를 보장할 수 있었던데 기인한다. 이 때문에 생존급부를 부가한 종신보험 판매가 크게 활성화 되었던 것이다.

FY 2001년 생명보험사 당기순익 규모는 전년 6,000억 원 적자에서 1조 7,000억 원 흑자로 전환되었으며 이때부터 생보산업의 이익 규모가 정상적인 궤도에 오르게 되었다. 이렇게 생보산업에서 이익이 급등한 이유는 여러 가지가 있겠지만 종신보험의 판매 확대가 그 핵심이라고 할 수 있다. 푸르덴셜을 중심으로 한 선진적인 재정설계 및 상담으로 판매가 늘기 시작한 종신보험에 국내 대형사까지 합류하면서 판매가 큰 폭으로 증가했다. 종신보험은 2001년 4월부터 2002년 2월까지 개인보험 실적에서 차지하는 종신보험 비중이 25% 수준이 되었다.

종신보험의 판매로 회사는 40%가 넘는 위험률차 이익과 10%에 가까운 비차익을 확보할 수 있어 경영 안정에 많은 도움이 되었다. 이후 이러한 경영 기조는 보장성보험과 저축성보험의 판매구성비를 적절히 조절하는 계기가 되기도 했다.

종신보험의 두 번째 특징은 일생에 필요한 모든 자금을 자유롭게 설계할 수 있는 종합보장 상품이라는 개념으로 발전하면서 유니버셜 기능이 강조되고 있는 점이다.

종신보험은 처음에는 금리확정부 상품으로 개발·판매되었다. 2001년 저금리 시대의 도래로 금리의 급격한 변화에 따른 이차손 리스크와 유동성 리스크를 방지하기 위해 삼성생명이 2001년 9월 금리연동형으로 종신보험을 처음으로 개발하게 된 이후 회사별 전략에 따라 금리확정형 또는 금리연동형 상품이 판매되고 있다.

비교적 보유계약 이차손 리스크가 적은 외국계 생보사나 신설 생보사의 경우에는 금리확정형 상품을 주력으로 하고 있었다. 그에 비해, 보유계약 이차손 리스크가 큰 대형 생보사들은 금리연동형 상품을 주력으로 하고 있다.

종신보험은 평준식 보험료를 이용해 계약 시부터 동일한 보험료를 적용하는 것이 일반적이며 납입한 보험료의 상당 부분은 계약 준비금으로 계속 적립된다. 이 보험의 계약 준비금은 보험계약자의 현금가치가 되며 계약을 해약할 때 해약환급금의 원천이 된다. 또한 이 현금가치는 보험계약자의 약관대출에 대한 담보로 쓰일 수 있고 연금으로 전환할 수도 있다. 즉, 종신보험은 피보험자의 사망보장 기능과 함께 생존 시에도 자금을 활용할 수 있는 저축 기능을 모두 가지고 있다.

종신보험의 이러한 기능 때문에 단순히 사망보험금에 의한 유가족의 생활보장을 위한 것이라는 개념에서 벗어나 일생에 필요한 모든 자금을 자유롭게 설계할 수 있는 종합보장 상품이라는 개념으로 발전하면서 유니버설 기능이 강조되고 있다.

즉, 종신보험에 정기, 상해, 암, 입원, 수술, 간병 등 다양한 특약을 자유롭게 조립해 사망, 상해, 질병 등 다양한 니즈를 종합보장하고 있다. 또한 유니버셜 기능을 부가해 중도에 필요한 교육자금, 결혼자금 등 긴급자금을 인출할 수 있으며, 자금의 여유가 생기면 추가 납입을 할 수도 있게 되었다.

종신보험의 세 번째 특징은 상속세 대중화 시대를 맞이해 상속세 절세 및 수단으로써 종신보험 가입을 고려할 수 있다는 점이다.

유대계 미국인들이 자식에게 종신보험을 물려주면서 부를 대(代) 물림한 일화는 유명하다. 선진국에서 종신보험은 상속과 관련된 재무계획 수립 시 큰 비중을 차지한다. 우리나라도 이제 상속세가 중산층까지 대중화되는 시대를 맞이하고 있어, 상속세 절세 수단으로써 종신보험 가입을 고려할만하다.

우리나라의 경우 최근 부동산 가격의 상승과 주식, 채권 등의 투자형 금융자산의 비중 증가로 상속재산이 크게 늘고 있는데다 고액 자산가의 상속세율은 오히려 증가했다.

· **부동산 가격** : 전국 매매지수 2000년 64.9 → 2004년 100.7 → 2007년 122.0(2배 상승)

· **100만 달러 이상 부자의 증가율** : 14% - 세계 6위(2006년 메릴린치 아시아 보고서)

· **금융자산 중 주식채권 비중**: 2002년 20.5% → 2006년 29.6%(한국은행)

<표 73> 상속세제 개편 내용

| | 1억 원 이하 | 1~5억 원 | 5~10억 원 | 10~30억 원 | 30~50억 원 | 50억 원 초과 |
|---|---|---|---|---|---|---|
| 2000년 이전 | 10% | 20% | 30% | 40% | 40% | 45% |
| 2000년 이후 | 10% | 20% | 30% | 40% | 50% | 50% |

이와 같이 부유층의 지속 증가와 함께 상속세 부담이 가중되고 있는 상황이다. 금융재산 10억 원 이상이면서 총재산 50억 원 이상인 부자의 수는 최소 12만 5,000명에서 16만 6,000명으로 추정된다(한국경제, 2006년 11월 23일).

상속세가 누진제이기 때문에 상속재산의 증가 속도에 비해 상속세의 증가 속도가 훨씬 빠르다. 상속재산이 20억 원에서 2배, 4배로 늘어날 때, 현재 1억 3,000만 원에 불과한 상속세는 각각 5억 6,000만 원(4.3배), 17억 9,000만 원으로(13.8배) 급격히 증가한다.

특히 한국인의 자산구조는 부동산 비중이 76.8%로, 선진국에 비해 자산유동성이 현저히 취약하므로 향후 상속세 납부 시 물납과 급매도에 따른 자산가치 감소 초래가 우려된다. 이에 대비하기 위해서라도 종신보험 가입이 필요하다.

왜냐하면 부동산 물납(物納)의 경우 부동산가격 상승 시 상승분만큼의 기회손실이 발생하고 기준시가를 적용하므로 시가 대비 손실이 발생하기 때문이다. 또한 부동산 일부 물납 시 부동산 가격 하락 및 권리 행사 제한이 우려되기도 한다. 그리고 부동산 급매로 인해 상속 개시 후 6개월 이내 매매 시에는 상속재산 평가액은 기준시가가 아닌 매매가격으로 평가되어 상속세 과표 상승의 우려가 있고 부동산 급매 시에는 저가(低價) 매도가 발생할 수도 있다.

## 장기납 판매를 통한 보장자산 확대

### 보험료 납입 기간에서 종신납 활용

우선 80세납이나 종신납 등을 활용하면 동일한 보험료로 사망보장금액을 높일 수 있어 유효한 전략이 될 수 있다. 즉, 종신보험을 20년납으로 가입하는 것보다 종신납으로 가입한다면 보험료는 33% 저렴해지고, 동일 보험료당 보장금액은 1.5배 증가될 수 있기 때문이다.

우리나라의 경우 은퇴연령이 낮아 보험료 납입 기간이 긴 것을 싫어하지만 사고 발생 시 납입하는 보험료에 비해 큰 보장을 받을 수 있어 보장성보험의 취지에도 부합한다. 나중에 보험료 납입 능력이

〈표 74〉 납입 기간의 변화에 따른 종신보험료 비교 (단위 : 원)

|  | 10년납(A) | 20년납(B) | 30년납(C) | 80세납(D) | 종신납(E) | E/B |
|---|---|---|---|---|---|---|
| 보험금 1억당 보험료 | 26만 1,000 | 15만 9,000 | 12만 7,000 | 11만 | 10만 7,000 | 67.3% |
| 보험료 20만 원당 보장금액 | 7,660만 | 1억 2,581만 | 5,750만 | 11억 8,180만 | 1억 8,690만 | 1.5배 |

- 남자 40세, 종신보험, 월납 기준
- 최종연령 가정: 1회: 남자 100세, 여자 109세    2~4회: 남자 103세, 여자 109세
              5~6회: 남자 104세, 여자 110세
- 사업비 가정: $\alpha$(신계약비): 10/1,000+기준 연납 순보험료의 5%×20
              $\beta$(납입 중 유지비): 1/1,000+영업보험료의7%
              $\beta\beta$(납입 후 유지비): 0.6/1,000
              $\gamma$(수금비): 영업보험료의 2.5%

없어진다면 감액 완납이나 연금 전환을 통해 그 목적을 수정 또는 전환할 수 있다.

1992년 상품관리규정 제정 당시 보장성보험의 사망보험금이 이미 납입한 보험료보다 적을 경우 민원이 많이 발생할 수도 있고 상품 성격상 보장성보험 취지에도 벗어난다는 이유로 이를 허용하지 않았다. 당시에는 소비자의 보험에 대한 인식도 낮았고 설계사의 판매 교육도 잘 이루어지지 않은 점 등을 고려해서 규정한 것이었다.

2005년 금융감독원의 중장기 혁신 방안으로 이에 대한 개선안이 수립되었다. 다행스럽게도 2009년부터는 80세납까지의 사망보험금이 기납입 보험료보다 적더라도 판매를 허용했다.[131]

그러나 현재까지 종신보험의 종신납을 제한하고 있는 것은 일반 소비자를 위한 것이라기보다는 일부 있을지도 모를 민원을 막자는 생각에서 비롯됐다고 볼 수 있다. 실질적으로 평균수명을 고려한다면 종신납이나 80세납의 보험료 차이는 거의 없을 것이다.

따라서 이러한 규정은 오히려 소비자의 선택권만 제한할 수 있다. 종신납을 제한하기보다는 종신납을 허용할 경우 나타날 수 있는 일부 부작용을 해소하는 방안을 검토해 추진하는 것이 바람직하다고 본다.

그동안 보험기간은 종신임에도 불구하고 보험료 납입 기간은 10년납, 20년납 등 단기납이 주종을 이루어왔다. 하지만 종신납, 80세납 등을 주종으로 바꾸게 되면 동일한 보험료 수준의 보장금액은 커질 수 있다. 그러나 7년 해약환급식 준비금구조로 인해 손익 왜곡 현상이 여전히 나타나고 단기납이 장기납보다 수당재원이 많은 점 등을 고려할 때 아직도 납입 기간 확대를 통한 보장금액 확대가 어려운 상황이다.

　준비금구조를 전기 해약환급금식으로 변경하되 소비자 보호를 위해서 신계약비 규모를 다소 낮추는 방법을 적극 모색한다면, 장기납 확대를 기해 보장자산 확대를 기할 수 있을 것이다. 또한 기간 손익이 기간별로 상이함으로써 나타나게 되는 경영의 모럴 해저드 현상도 방지할 수 있을 것이다.

### 우량체 세분화를 통한 보장자산 확대

　미국의 경우 1980년대 AIDS(에이즈)의 출현 등으로 건강진단이 일반화되면서, 피보험자의 다양한 건강정보를 확보해 우량체 세분화를 본격화했다. 표준체의 위험률 분포가 60~140%까지, 최고 80%의 차이가 발생하므로 이러한 건강 상태를 기준으로 하는 세분화가 정기보험부터 시작되어 종신보험까지 확대되었다. 1980년대 60% 이상의 생보사가 우량체 세분화를 도입했고 현재 대부분의 회사가 도입하고 있다.

〈표 75〉 상품별 우량체 적용 비율

| 구 분 | 표준식정기 (Level Term) | 매년 갱신형 정기 (Annual Renewable Term) | 변액종신 · 변액유니버설종신 (VL/VUL) | 유니버설종신 (UL) | 종신보험 (WL) |
|---|---|---|---|---|---|
| 우량체 적용률 | 83% | 70% | 89% | 88% | 51% |

우량체 세분화의 대표적인 상품인 정기보험은 최근 10년간 2배 이상 성장했다. 성장요인은 기존 상품 대비 저렴한 보험료를 장기간 보증(10년, 20년, 30년)하는 상품의 등장과 언더라이팅 기법의 발달로 다양한 우량체 등급(Class)을 개발한 데 그 원인이 있다.

〈표 76〉 상품별 가입 속성 (단위: 달러)

| 구 분 | 정기 | 종신 | UL | VL | VUL |
|---|---|---|---|---|---|
| 사망보험금 1,000달러당 보험료 | 2.13 | 16.99 | 20.67 | 12.46 | 18.10 |
| 평균가입금액 | 42만 | 5만 8,000 | 28만 5,000 | 58만 2,000 | 45만 7,000 |
| 평균보험료 | 893 | 980 | 5,880 | 7,254 | 8,271 |

정기보험 기준 회사별 우량체 등급 분류는 5~6등급이 일반적인데 미국의 G사는 우량체를 8등급으로 구분하고 있다.

〈표 77〉 미국 생보사의 리스크 등급 구분 분포

| 등급(Class) | 3개 | 5개 | 6개 | 기타 |
|---|---|---|---|---|
| 분포 | 12% | 43% | 18% | 27% |

리스크 등급을 다단계로 하는 이유는 다양한 고객의 니즈를 흡수하고 타사와의 상품경쟁력을 확보하며 고객이 초우량 등급의 판정을 받지 못했을 경우 다음 등급을 적용함으로써 고객의 불만을 최소화하기 위함이다.

미국의 등급별 보험료 수준은 비흡연 및 흡연 각각의 표준체를 기준으로 비흡연 초우량체의 경우 55.3%, 흡연 우량체의 경우 80% 수준이다. 비흡연과 흡연의 판매 비중(건수)은 비흡연체가 88%, 흡연체 12%로 비흡연체가 대부분을 차지하고 있다.

〈표 78〉 미국 생보사의 흡연 관련 등급별 보험료 수준

| 구 분 | 비흡연자 | | | 흡연자 | |
|---|---|---|---|---|---|
| | 초우량체 | 우량체 | 표준체 | 우량체 | 표준체 |
| 보험료 | 55.3% | 74.5% | 100% | 80% | 100% |
| 비중 | 36.2% | 29.3% | 34.5% | 61.6% | 38.4% |

우량체를 8등급으로 구분하고 있는 G 사의 경우 40세 남성의 20년 만기 정기보험을 보면 비흡연 초우량 등급과 흡연 최저 등급과는 6.2배의 보험료 차이가 발생한다.

〈표 79〉 G 사의 각 등급별 연간보험료 분포    (단위: 달러)

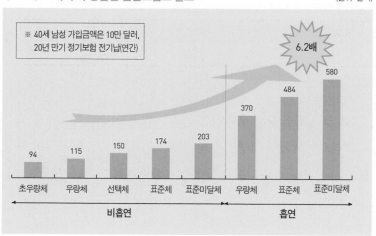

미국의 경우 우량체 세분화 이후 판매량이 증가했다. 1998년 SOA설문 결과 70.4%가 우량체 세분화 이후 판매량 증가를 경험했다고 하며 평균 가입금액도 우량체가 표준체보다 크게 높다.

우리나라에서는 설계사들이 우량체로 가입 시 보험료 할인으로 수당이 감소하는 것을 우려해 우량체제도를 적극 안내하지 않고 있다. 하지만 이것은 가입금액의 증액으로 해결할 수 있다. 저렴한 보험료를 셀링포인트로 해서 새로운 계약자 및 기존 계약자에게 우량체 소개가 가능해 가입금액의 증액 판매(Up Sale)가 용이하기 때문이다. 설계사의 수당이 적어지는 것에 대한 불안감은 교육과 인센티브제도 운영으로 개선하는 것도 한 방법이다.

그리고 우량체의 판매 컨셉을 보험료 할인보다는 건강하면 보장금액을 증액시킬 수 있다는 점을 강조하는 것이 바람직하다. 즉, 우량체로 판정되면 추가 보험료 부담 없이 동일한 보험료로 보장금액을 높이도록 권유하고, 우량체 판정을 받기 위해서는 건강진단이 필요하다는 것을 가입자에게 설명하는 프로세스를 교육한다. 설계사가 우량체 계약 판매와 계약유지율이 높을 경우는 유지 보너스를 인센티브로 지급하는 것이 좋다.

〈표 80〉 우량체 세분화를 위한 상품 판매 프로세스

이렇게 우량체 세분화가 정상적으로 정착된다고 해도 우량체에 대한 보험료할인제도로 인해 회사의 수익이나 설계사의 수수료가 줄어드는 것은 아니다. 오히려 보장금액의 고액화를 통해 회사의 수익과 설계사의 수수료 수입이 늘어나고, 계약자는 저렴한 보험료로 고액보장을 받게 된다. 또한 보험제도를 통해 건강한 생활습관에 대한 인센티브를 제공하므로 국민의 건강증진에 기여하는 등 장점이 상당히 크다.

우리나라의 경우 고액계약자나 건강한 사람들의 경우에는 사망보장보험료가 비싸며 특히 정기보험의 경우에는 더욱 그러하다. 따라서 고액계약건의 경우 별도의 위험률을 적용하거나 우량체를 세분화해 보험료를 차별화한다면 보장자산 확대에 크게 도움이 될 것이다.

현행 우량체 등급은 세분화되어 있지 않아 보험료 인하 폭이 크지 않고 제도적으로 가입 이후 소급해서 우량체를 적용하도록 하고 있다. 준비금 적립은 보수적으로 표준체와 동일하게 하도록 하고 있어 보험사가 우량체 확대를 꺼리고 있다. 또한 보험사는 생존급부 사차손을 메우고 사망급부의 사차익을 보호하기 위해 우량체 도입을 꺼리고 있다 보니, 보장자산 확대에는 상당한 시간이 걸릴 것으로 전망된다.

그러나 보장자산을 확대하기 위해서는 우량체를 세분화해 건강한 사람들의 경우에는 동일한 보험료로 사망보장 금액을 대폭 확대하는 전략을 강구한다면 종신보험 및 정기보험 판매의 활성화가 이루어질 것이다. 이를 통해 사망보장에서의 사차익 규모의 하락은 방지할 수 있을 것으로 판단된다. 우량체의 경우에도 합리적인 준비금 적립방법이 강구되어야 할 것이다.

우리나라는 우량체에게 보험료를 상당 수준 할인해 주고 있으나 우량체를 오직 한 등급으로만 운영하고 있다. 이와 별도로 비흡연자 할인 특약을 부가해 비흡연자에게는 보험료를 소폭 할인해 주고 있다.

그러나 우리나라의 경우 가입 당시 우량체나 비흡연체 할인제도를 이용할 수 있도록 안내하는 경우가 많지 않다. 이는 건강진단 시 혹시 거절될 것을 우려해서 설계사가 안내를 기피하는 측면과 우량체나 비흡연체로 할인 시 수당이 줄어들기 때문이다.

그래서 일부 설계사는 가입 후에 우량체로 전환하도록 유도하고 있는데, 가입 후 우량체전환제도는 보험 수리적으로도 잘못된 제도이다. 왜냐하면 가입 후 건강이 좋아진 경우는 우량체로 전환을 신청할 수 있지만, 건강이 나빠졌다고 해서 표준미달체로 전환을 신청하지는 않기 때문이다.

생존급부에서 사차손을 시현하고 있는 생보업계로서는 사망급부 영역에서 우량체의 세분화를 도입하면 사차익이 축소될 우려가 있으므로 우량체세분화제도의 도입을 꺼리고 있다. 그러나 우리나라가 사망급부에서 50%가 넘는 사차익을 확보하고 있는 것은 보험료가 비싸서 사망급부의 판매가 크게 부진해 보장금액 확대에 한계가 있다는 뜻으로 해석할 수 있다.

전략적으로 판단해 볼 때 사망급부의 사차익률은 너무 높기 때문에 가입을 꺼려하고 생존급부는 보험료가 싸서 가입을 선호하고 있는 상황이다. 이런 상황에서는 사망급부의 보험료를 인하하는 대신 생존급부는 진단, 입원, 수술률의 증가 추세를 충분히 반영해 보험료를 인상하고 균형 잡힌 상품 포트폴리오전략을 구사해야 할 것이다. 이러한 전략을 뒷받침하기 위해서는 생존급부 위험률 산출에 있어서의 트렌드 반영, 위험률 변동제도의 허용 등 제도적 지원이 필요하다.

특히 우량체 할인율은 종신보험보다는 정기보험의 경우에 훨씬 크기 때문에 정기보험을 확대하는 전략으로 활용할 수 있을 것이라고 판단된다.

보험료를 차별화하는 경우 그러한 기준이 보험산업에 적절하게 정착되는 것이 중요하다. 흡연, 체격(BMI지수), 혈압, 혈당 등 건강정도에 따라 보험료를 차별화하는 것은 합리적이라고 판단된다.

많은 경우 보험료 차별화가 가격 경쟁으로 이어져 별도의 준비 없이 가격만 과도하게 인하한다. 이런 경우 보험산업이 전체적으로 어려워질 수 있으니 이 점은 꼭 염두에 두어야 한다. 위험률을 구분하는 경우 회사의 이익기여도에 미치는 영향에 대해서 세부적이고 다양한 분석이 필요하며 가격을 차별화하는 것은 주변 여러 정황을 고려해서 신중하게 추진해야 할 것이다.

대신 현재보다는 입구 단계에서의 언더라이팅을 보다 강화해야 할 것이다. 우리나라의 경우 미국에 비하면 언더라이팅 수준이 매우 느슨한 편이다.

미국의 경우 대부분 건강진단을 받고 텔레 인터뷰를 통해 적부조사를 하고 있다. 자동차 운전기록 조회(Motor Vehicle Record), 주치의 소견서 확보(APS) 등이 가능하고 MIB(Medical Information Bureau)에 의한 의적정보 조회도 가능하다.

우리나라는 건강진단율과 적부조사율이 매우 낮은 수준이다. 자동차 운전기록 조회나 주치의 소견서 확보 등은 특별한 경우 별도 조사에 의해서만 가능하고 MIB와 같은 정보집적기관은 없다. 특히 손보업계 장기보험 영역에서의 입구 단계 언더라이팅 수준이 생보업계 보장성보험에 비해서 더욱 느슨한 것은 앞으로 보강되어야 할 과제이다.

## 정기보험 활성화를 위한 제도적 장치 강구

무해약환급금제도 도입, 정기보험 가입 후 종신 전환, 결혼, 자녀 출산 등 이벤트 발생 시 정기보험의 증액 가입 허용 등 정기보험 판매 확대를 위한 각종 제도적 장치 강구가 필요하다.

만기 시 환급금이 없는 정기보험도 중도에 해약환급금을 보장하고 있는데 별로 필요성이 느껴지지 않는 중도 해약환급금을 없앤 무해약환급금은 정기보험의 보험료를 인하하는 좋은 수단이다.

우리나라는 만기환급이 없는 순수형이라 하더라도 중도해약 시에는 해약환급금이 발생하게 된다. 그 이유는 가입 후 상당 기간 동안 평준식 위험보험료가 자연식 위험보험료보다 훨씬 높기 때문에 준비금이 적립되었다가 일정 기간 후부터 준비금이 줄어들어 만기에는 준비금이 제로가 되기 때문이다.

중도해약환급금이 일부 발생한다 하더라도 마케팅에 별로 도움이 되지 않기 때문에 처음부터 무해약환급금 상품을 개발한다면 보험료가 저렴해질 것이다. 다만 이러한 무해약환급금 상품을 개발하는 데에는 각별한 주의를 요한다. 무해약환급금은 해약환급금도 하나의 급부로 생각하고 프라이싱하면서 해약환급금을 제로로 처리한 것인데, 이 경우에는 중도탈락률을 예측해 프라이싱하게 된다.

캐나다에서는 무해약환급금부 정기보험을 많이 판매했는데, 당초 예상했던 탈락률보다 훨씬 낮게 해약함으로써 막대한 탈퇴손이 발생하게 되었다. 따라서 현재의 경험탈퇴율을 사용한다면 캐나다와 같이 프라이싱상 큰 실패를 맛 볼 수 있다. 따라서 철저히 보수적이고 안정적인 탈퇴율 사용을 전제로 해야 한다. 종신보험의 경우 일본 동경해상의 자회사인 안심생명처럼 저해약환급금제도를 도입해 보험료를 인하하는 것도 검토해 볼만하다.

갱신형 정기보험(Renewable Term)을 도입하면서 10년 이상 유지 후 50세에 진입하는 경우 등 종신 니즈가 발생한 때 무심사로 종신으로 전환해 주는 것도 좋은 전략이 될 수 있다. 계약자가 보험기간 만료일 15일 전까지 다른 의사를 표시하지 않고 갱신 시점의 1회 보험료를 납입하면 자동 갱신되며(예컨대 10년) 갱신 시점의 보험료율을 적용한다.

이와 같은 계약자의 선택권은 보험계약자가 최초의 보험계약 기간 종료 시 또는 이후 계속되는 보험기간 말 갱신 시의 건강 상태와 관계없이 보험계약을 갱신할 수 있도록 허용한다. 다시 말하면, 보험계약의 갱신은 보험계약자가 의적 진단 없이 갱신 시점의 연령, 즉 도달연령의 보험료를 납입함으로서 이루어 질 수 있다. 처음부터 80세 만기 정기보험에 가입하는 것과 비교해보면 젊은 시절 저렴한 보험료로 고액의 보장을 받기에 매우 유용하다. 또한 연령이 증가하면서 갱신 시 보험료가 당연히 올라가지만 평균수명의 연장으로 갱신 시의 보험료가 저렴해지는 부분도 있다.

다만 갱신 시에 피보험자의 연령이 올라감으로써 보험료가 비싸지기 때문에 다수의 건강한 피보험자는 갱신하지 않고, 건강 상태가 나쁜 대부분의 피보험자는 비싼 보험료에도 불구하고 갱신하려고 함으로써 리스크가 증가할 수도 있다. 따라서 보험회사는 갱신된 보험증권이 발행되는 시점의 연령을 제한함으로써 리스크를 관리할 수 있을 것이다.

정기보험의 종신전환제도는 갱신형 정기보험뿐만 아니라 전통형 정기보험에도 적극 도입한다면 젊은 시절 보험료가 비싸 종신보험에 가입하지 못하고 정기보험에 가입했던 계약자에게 일정한 조건 하에 종신보험으로 전환할 수 있는 기회를 줄 수 있을 것이다. 이는 젊은 층의 정기보험 가입 활성화에 크게 기여할 수 있을 것이다.

결혼, 출산, 주택 구입 등 라이프타임 이벤트(Lifetime Event) 발생 시 무심사로 보험금을 증액하는 권리를 부여하는 GIO(Guaranteed

Insurability Option)를 도입하는 것도 보장자산 확대에 도움이 될 수 있을 것이다. 미국은 GIO를 1950년대에 출시해 1970년대 이후 활성화되었으며, 현재는 정기, 종신, CI보험에 부가하고 있다. 레귤러 타입(Regular Type, 일정 주기인 3~5년마다 증액하는 형태)은 옵션 행사에 따른 리스크 수준이 높아 옵션 보험료 부가가 불가피하고, 행사 도래 시점에서 옵션을 행사하지 않으면 이후의 옵션 행사 권한이 소멸하는 등 시장소구력이 높지 않다. 이에 반해 라이프타임 이벤트 발생 시 보험금을 증액할 수 있는 선택권(Option, 옵션)은 역선택 소지가 낮아 외국에서도 옵션 보험료를 별도로 받지 않고 있어 상품 소구력이 있을 것이다.

GIO옵션을 행사할 수 있는 라이프타임 이벤트로는 결혼, 자녀 출산 또는 입양, 생애 첫 주택 구입, 주택 구입으로 인한 대출 증가, 자녀 취학, 연봉 10% 이상 증가 등이 고려될 수 있다. 옵션 행사율을 높이기 위해서는 추가 증액 시 설계사에게 수수료를 일부 지급하는 것도 검토해 볼 필요가 있다. 단, 암, CI 등 지급사유 발생이 인지된 경우는 GIO옵션 행사를 제한해야 할 것이다.


### 선택률표(Selection Table)의 도입

가입 초기는 계약 선택 효과를 감안해, 위험률이 낮고, 경과 기간이 길어질수록 위험률이 증가하는 선택률표(Selection Table)를 도입하는 것이 선진국에 비해 상대적으로 비싼 종신보험 및 정기보험의 보험료를 인하하는 데 도움이 될 수 있다.

현재 우리나라는 보험기간, 연령에 관계없이 동일한 사망률 테이블을 사용하고 있어 선택 효과가 발생하는 가입 초기에 위험률차익이 집중되는 구조를 가지고 있다. 이에 비해 미국의 경우 1980년대 이후 가격경쟁이 심화되고 언더라이팅 기법이 발전하면서 사망보험 등에 선택률표가 도입되기 시작했다. 선택 효과가 있는 기간 중에는 낮은 위험률을 사용하나, 그 이후에는 원래의 사망률 테이블로 환원된다.

선택률표를 사용하게 되면 계약자 입장에서는 보험 가격이 인하되는 효과를 기대할 수 있으며, 보험회사 입장에서는 경과 기간별 위험률차 손익이 안정적으로 확보될 수 있어 이익관리가 용이해진다.

〈표 81〉 선택률표(Selection Table) 사용 전후 위험률차익 비교

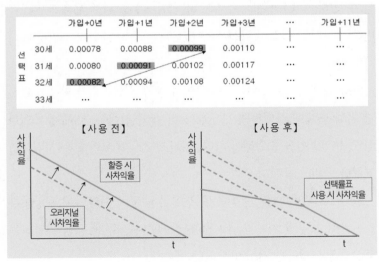

## 2. 노후 준비를 위한 개인 연금자산 확대

### 절박한 노후대책 마련

빠른 인구고령화 진행속도로 국민들에게 길어만 가는 노후대책 마련의 중요성을 인식시키려는 노력이 절박하게 요구되는 실정이다. 바람직한 노후생활에 대한 국가, 기업, 개인의 역할 모델을 정립해 기업, 개인에게 제시하고자 하는 노력이 시급하다.

더욱이 선진국에 비해 연금소득 대체율이 크게 낮은 우리나라의 경우 노후 준비는 정부의 지원책만으로 한계가 있다. 이러한 사실을 기업이나 국민들에게 깊이 인식시켜야 한다.

기업들은 퇴직연금을 조기에 도입하고, 국민들은 젊어서부터 스스로 은퇴 준비를 시작한다면, 복리 효과로 노후 준비를 효과적으로 할 수 있다. 따라서 젊어서부터 편안한 노후를 위해 체계적으로 준비해야 한다는 인식이 확산될 수 있도록 사회적 분위기를 만들어 나가야 한다.

다음 표에서 보는 바와 같이 동일한 연금액 월 100만 원을 수령하기 위해 35세에 가입하면 보험료가 월 32만 원이나, 55세에 가입하면 월 152만 원을 불입해야 한다. 따라서 가급적이면 젊은 시절부터 연금을 준비하는 것이 좋다.

인생 100세 시대를 눈앞에 두고 있기 때문에 연금의 수령방법은 일시금이나 일정 기간 지급되는 확정형보다는 평생 동안 지급받는 종신형을 선택하는 것이 바람직할 것이다.

〈표 82〉 연금 월 100만 원 수령을 위한 연령별 보험료 수준 (단위: 원)

| 구분 | 35세 | 45세 | 55세 | 65세(일시납) |
|---|---|---|---|---|
| 보험료 | 32만 1,000 | 60만 3,500 | 152만 2,000 | 2억 1,275만 |
| 총 보험료 | 1억 1,556만 | 1억 4,484만 | 1억 8,264만 | 2억 1,275만 |
| 수령 연금액 (합계) | 80세 1억 8,000<br>90세 3억<br>100세 4억 2,000만<br>109세 5억 3,000만 | | | |

가정: 남자, 65세 연금 개시, 종신형, 전기월납, 예정이율 4%, 사업비율 12.5%

최근 평균수명이 크게 늘어나면서 고객의 장수 리스크에 대한 관심 증가로 종신연금형의 인기가 점차 상승하고 있다. 요즈음 50~60대 사이에서 '종신형 즉시연금'이 새로운 노후재테크 수단으로 인기를 끌고 있다. 이는 종신형 즉시연금으로 자녀 리스크를 피하겠다는 목적이다.

아무리 돈을 많이 벌어놓았다 하더라도 노후에 자식들이 사업이나 주택 구입 등을 이유로 자금을 요구하면 부모가 어떻게 거절할 수 있는가. 그러나 해약 자체가 불가능한 종신형 즉시연금에 가입하면 이를 피할 수 있다. 미국에서도 GLWB(Guaranteed Lifetime Withdrawal Benefit), 즉 평생 일정 금액의 연금이 보장되는 옵션 상품이 가장 인기가 높은 것은 동일한 현상이다.

### 다양한 보증옵션의 활용 필요성

컴플라이언스 리스크를 줄이기 위해 판매자의 교육 및 자격제도 운영을 통한 판매자의 레벨 업이나 적합성 테스트, 투자원금 공시 등을 통한 고객 위주의 판매제도도 중요할 것이다. 하지만 시장 리스크인 주가 변동 리스크를 제어할 수 없다면 근본적인 컴플라이언스 리스크 제어는 곤란하게 된다.

변액보험에 부가된 보증옵션은 이러한 시장 리스크를 헤지해 컴플라이언스 리스크를 재무 리스크로 변환시키는 것이다. 판매자는 고객에게 보증옵션을 잘 설명한다면 고객은 안심하고 변액보험에 가입하게 된다.

변액연금보험이 장기투자 상품으로써 각광받는 또 다른 이유는 여러 가지 보증옵션 기능을 부여하고 있기 때문이다. 보증옵션은 보험료의 운용 실적과 상관없이 납입 보험료 및 사망보험금 등에 대해 보험약관에서 정한 최저 수준을 보장해 주는 특약이다.

변액연금보험의 대표적인 보증옵션은 최저사망보증(GMDB)이다. 최저사망보증은 보험료의 펀드 운영 실적과 상관없이 연금 개시 전에 사망보험금을 최저 수준으로 보장하는 형태이다. 그러나 현실적으로 연금 상품에 대한 고객의 주요 니즈는 퇴직 후 생활을 위한 것으로 사망보장이 중심이 아니라는 점에서 생존급부를 충실히 하는 고정 특약을 부가하기 시작했다. 그래서 개발된 보증옵션이 최저연금액보증(GMIB)이다.

최저연금액보증은 퇴직 후의 연금 지급 시점에 최소한의 연금소득을 보장하기 위해 매년 일정한 이율(연 3~6%)을 적용해 적립한 금액과 적립 기간 중 펀드가치가 가장 높았던 금액 중 큰 금액을 연금

지급 기준액으로 보증하는 특약이다. 국내 변액연금 시장에 도입된 것은 최저연금액보증에서 다소 변형된 최저적립금보증(GMAB)이다. 이는 일정 시점 이후 최저 보증한 적립금액을 환급금으로 보증하는 형태이다. 이러한 보증옵션은 매년의 연금액을 보증하는 것이 아니라, 계약 갱신 시에 적립금이나 연금 수령 개시 시 연금 원자(原資)금액을 최저 보증한다.

최근에는 최저정기인출액보증(GMWB)이 개발되어 연금 상품 가입 후 적립금액의 일부를 인출하려는 고객의 니즈를 반영한 형태로 운영되고 있다. 가입 후 일정 기간 후에 투자금액의 일정 범위 내에서 투자성과와 관계없이 일정 금액의 인출을 보장한다.

그 중에서 평균수명의 연장으로 인한 고령 사회 도래로 평생 일정한 지급비율, 즉 평생 연금이 보장되는 옵션인 평생인출액보증(GLWB)이 미국에서 현재 가장 인기가 높은 옵션이다.

WB(GMWB나 GLWB)는 납입 보험료의 일정비율을 확정 기간 또는 평생 부분 인출을 통해서 지급하는 것을 보증하는 것으로 최저 소득흐름을 보장하는 특성이 있다.

GMWB는 연금 지급 개시 후에도 특별계정에서 계속 운용한다는 점에서 GMIB나 GMAB와 다르고 거치 기간이 짧다. GMAB는 연금 개시 시점의 최저 투자적립금을 보증하는 것으로 투자의 안정성을 강조해 뮤추얼펀드 등 하이리스크 하이리턴(High Risk High Return) 금융 상품과 차별화하는 데 셀링 포인트(Selling Point)를 둔다. 거치 기간도 5~15년으로 길어서 고령자에게는 불리하나 보증비용은 저렴하다는 특성이 있다.

GMIB는 WB보증옵션에 비해 금리 리스크에 더 많이 노출되어 있어서 헤지 실효성이 WB에 비해 현저히 낮지만, 보증옵션 코스트는 가장 높은 수준이다. 그러나 GMIB는 투자 환경이 아주 좋지 않을 때 계약자에게 유리하며 퇴직 후 최소한의 생활수준을 유지할 수 있다.

고령화 사회의 도래에 따라 고령자일수록 미래가 아닌 현재의 소득보상 수요가 높기 때문에 연금 개시 전 장기간의 거치 기간을 요하는 GMAB나 GMIB보다는 WB보증옵션을 선호한다. 미국의 경우 WB보증옵션을 선택하는 계약자는 주로 60대 초반으로 타 보증옵션보다는 계약자의 평균연령이 높은 경향이 있다.

〈표 83〉 최저보증옵션별 계약자와 계약 특성(미국)

|  | GLWB | GMWB | GMIB | GMAB |
|---|---|---|---|---|
| 계약자 평균연령 | 62세 | 61세 | 58세 | 56세 |
| 평균가입금액 | 11만 4,085달러 | 10만 8,875달러 | 11만 9,035달러 | 8만 4,747달러 |
| 평균보증비용 | 63bps | 53bps | 66bps | 43bps |

**보증옵션에 대한 헤징 필요성**

변액연금은 기본적으로 계약자가 리스크를 부담하는 상품이나, 상품경쟁력을 강화하기 위한 사망보험금보장(GMDB), 연금 개시기 원금보장(GMAB), 일정한 이율보장(GMIB), 연금액 또는 인출금액보장(GMWB, GLWB 등) 등 다양한 보증 기능의 추가로 인해 상당한 리스크를 회사가 부담하는 구조로 변질되었다.

이러한 옵션은 옵션 보험료(Option Premium)를 받아서 준비금으로만 쌓아두고 아무런 헤징 노력도 없는 경우에 시장이 급락하게 되면 엄청난 리스크에 노출된다. 따라서 재보험이나 정적 헤징(Static Hedging), 동적 헤징(Dynamic Hedging) 등을 통해 리스크를 적극적으로 헤징해 만약의 사태에 대비해야 한다.

그러나 미국의 경우, 주식 시장의 장기 활황 후 2000년부터 주식 시장이 침체기에 빠져들면서 2002년 10월경에는 보증 부문 리스크가 상당히 커졌다. 이로 인해서 위험 노출액이 자본금을 초과하는 회사도 생기게 되어 보증옵션에 대한 재보험 인수가 거의 중단되었다.

그 이후에는 각사가 지나친 옵션 제시를 지양하면서 다소 보수적인 프라이싱으로 GLWB(평생연금보장) 등을 확대해 나가면서도 동적 헤징 시스템(Dynamic Hedging System)을 갖춰서 대부분의 대형 생보사들은 헤징을 하고 있었다. 그러나 2008년에 느닷없이 찾아온 세계적인 금융위기 속에서 직접 모기지 채권, 파생 상품 등 위험자산 투자로 인해 파산하거나 어려움을 당한 생보사가 많았다. 하지만 옵션을 통한 헤징은 리스크를 줄이는 데 기여했다고 한다. 헤징을 만약 하지 않았다면 더욱 심각하게 위기를 가중시켰을 것이 분명하다.

우리나라의 경우 변액연금 도입 초기에는 비교적 리스크가 적었던 최저사망보험금을 보장하는 GMDB와 연금 지급 개시 시 기납입 보험료의 100%를 보장하는 GMAB 등의 보증옵션을 도입했다. 최근에는 기납입 보험료의 130%를 보장하는 GMAB, 스텝 업(Step-Up) 또는 롤업(Roll-Up)기능의 GMAB, 차세대 옵션이라 할 수 있는 라이프 타임(Life-Time) GMWB 등 다양한 옵션이 출시되기 시작했다.

따라서 주가변동성이 미 · 일 등 선진국의 2배 이상인 국내 금융 환경하에서는 변액보험의 지속 성장 및 새로운 보증옵션의 도입을 고려할 때, 효율적인 보증 리스크관리 및 헤징을 위한 기반 마련을 통해 선행 · 예방적 감독 체제를 조속히 구축할 필요가 있다.

최저보증 준비금은 기타 부채로 계상되어 손비 인정이 되지 못했었으나, FY 2010년부터 최저보증 준비금이 책임준비금 항목에 포함되었다. 또한, 보증옵션에 위험회피 회계를 적용해 보증준비금 공정가액 평가를 시행토록 하고 있다.

다만, 법인세법 개정이 지연되고 있어 손비 인정은 실현되지 못하고 있다.

보증보험료만을 준비금으로 적립해 두는 방식에서 금리, 주가 등 스타캐스틱 시나리오(Stocastic Senario)에 의해 평가된 준비금을 적립하도록 변경된 것은 금융 환경 변화에 대한 사전 대비 차원에서 바람직하며, 향후 우리나라에서도 보증옵션에 대한 헤징을 적극적으로 도입하는 계기가 되고 있다.

또한 상품개발 단계에서 주식투자 비중, 보증옵션의 종류와 내용 등에 따라 적절한 보증수수료를 부가해야 한다. 보증수수료의 부가는 펀드의 주식투자 비중, 판매 포트폴리오, 최저생존급부 수준, 자본 시장 상황에 따라 민감하게 변한다. 보험개발원의 보고서에 따르면 주식투자 비중이 50%인 경우, 보증수수료는 주식에 30% 투자한 경우에 비해서 8배가 높은 수준이다. 그러나 현재 보증수수료는 거의 동일하다. 보증보험료는 주식투자 비중, 최저보증급부 등을 고려해 상품 성격에 맞는 책정방법 마련이 필요하다.

그리고 보증 리스크는 시장 위험에 따라 상당히 달라질 수 있으므로 회사는 시장을 제대로 평가하고 측정할 수 있도록 전문지식을 습득하고 리스크관리 시스템을 구축해야 한다. 또한 다양한 최저보증급부를 특약 형태로 구분해 고객이 선택하도록 하는 것도 고려해 볼 수 있다.

### 변액연금에 잘 어울리는 보증옵션과 인덱스펀드(Index Fund)

변액연금보험은 여러 가지 면에서 가장 잘 팔릴 수밖에 없는 보험 상품이다. 베이비부머들이 은퇴를 준비하는 상품으로 인플레 헤지 기능이 있으면서 원금보증(GMAB)이나 인출액보장(GMWB) 등 다양한 보증옵션을 통해 안정성을 확보할 수 있기 때문이다.

장기투자형 상품인 변액유니버셜(VUL)의 경우 변액연금보다는 다소 공격적인 투자를 위해 펀드구성도 혼합형 50%, 주식형 펀드, 해외펀드 등 다양한 펀드를 장착하고 있는 경우가 많다. 그에 비해 변액연금은 노후연금액의 안정적인 수급이 매우 중요하기 때문에 연금액을 충실하게 보장하는 보증옵션이 중요하다. 그 중에서도 스텝 업(Step-Up) GMAB, 롤 업(Roll-Up) GMAB나 GLWB 등이 인기가 있다.

보증옵션을 헤징하기 위해서는 많은 비용이 소요되는 데 인덱스펀드(Index Fund)일 경우 보증옵션 헤징 비용이 훨씬 적게 소요된다. 따라서 보증옵션을 주된 기능으로 부가하고 있는 변액연금은 인덱스펀드가 잘 어울린다.

주식형 펀드를 통해 장기저축의 효과를 제대로 누리기 위해서는 공격적인 운용전략으로 장기적으로 지속적인 성과를 기대하기 어려운 액티브펀드(Active Fund)보다는 비교적 보수적인 운용으로 예측 가능한 수익률을 제공하는 인덱스펀드를 적극적으로 활용하는 것이 바람직하다. 수많은 실증 데이터를 이용한 분석 결과를 보면, 액티브펀드의 성과지속성이 일반투자자가 바라는 것처럼 오래가지 않는다는 점에 유의할 필요가 있다.

단기간에 많은 수익을 내는 액티브펀드가 부각되기 시작하면 그 이후 많은 자금이 유입되면서 일정 기간 성과가 지속될지 모르겠지만 결국은 수입이 악화되는 국면에 접어들게 된다. 이 경우 뒤늦게 액티브펀드에 가입한 투자자들은 원금 손실이라는 뼈아픈 고통을 받게 된다.

즉, 액티브펀드는 시장 지수 수익률 이상의 초과 수익을 추구하기 때문에 높은 수익을 기대하는 만큼 높은 투자 리스크를 수반한다. 특히, 주로 펀드매니저의 역량에 의지해 매우 적극적이고 때론 공격적으로 펀드를 운용하기 때문에 장기투자펀드로는 인덱스펀드에 비해 상대적으로 안정적이지 못하다고 볼 수 있다.

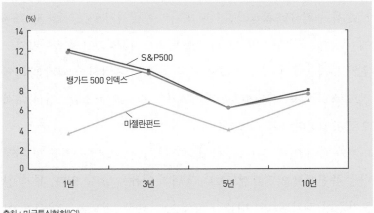

〈표 84〉 미국 펀드 시장에서 인덱스펀드 및 액티브펀드의 수익률 비교

출처 : 미국투신협회(ICI)

실제로 미국의 인덱스펀드의 대표격인 '뱅가드 500 인덱스펀드'
와 피델리티 사의 액티브펀드인 '마젤란펀드' 간의 수익률을 살펴
보면 놀랍게도 1년, 3년, 5년 및 10년, 전 기간에 걸쳐 인덱스펀드가
우위를 점하고 있다.

펀드의 장기 성과는 앞서 언급한 바와 같이 펀드 관련 비용이 결
정적인 영향을 미친다는 점에서 주목할 필요가 있다. 현재 국내 인
덱스펀드의 평균비용(판매 및 운용보수)은 액티브펀드의 평균비용보
다 약 1% 내외의 차이가 있는 것으로 조사된다. 여기에 액티브펀드
의 빈번한 매매회전에 따른 매매비용까지 감안하면 그 차이는 더 벌
어질 것으로 판단된다.

얼핏 보기에는 적어 보이는 펀드비용이 왜 투자자에게 중요한 것
일까? 예를 들어 수익률이 연평균 10%인 펀드에 10년간 투자한다

고 할 경우, 연간 액티브펀드의 비용 2.5%와 인덱스펀드의 비용 1.5%를 누적하면 복리계산으로 초기 투자금액의 53.27%와 33.28%에 해당하는 금액이 비용으로 지불된다. 이때 액티브펀드 투자자는 초기 투자금액의 약 20% 만큼의 비용을 더 지급하게 되기 때문에 펀드 관련 비용 측면에서도 장기투자의 경우 인덱스펀드가 상대적으로 유리하다고 할 수 있다.

이와 같이 인덱스펀드는 장기투자 관점에서 보면 수익률 및 거래비용 측면에서 액티브펀드보다 우위에 있음을 알 수 있다. 투자 전문가들이 장기투자의 대표적 상품으로 인덱스펀드를 권유하는 이유가 여기에 있다.

〈표 85〉 액티브펀드와 인덱스펀드의 비교

| | 액티브펀드 | 인덱스펀드 |
|---|---|---|
| 운용방식 | · 공격적 운용(Active) | · 안정적 운용(Passive) |
| 초과 수익 방법 | · 목표 : 지수대비 초과 수익률<br>· 마켓 타이밍 포착, 종목 선정 | · 벤치마크 지수 수익률<br>· 포트폴리오 구성, 차익거래 등 |
| 투자위험 | · 마켓 타이밍, 종목 선정 위험 | · 분산투자 효과 大 |
| 거래비용 | · 고(高)비용 | · 저(低)비용<br>(시장 분석, 매매 등 최소화) |
| 특 징 | · 일부 펀드의 경우 고수익 가능<br>(펀드별 성과 차이 大)<br>· 고(高)비용 구조로 인해 장기적으로 지속적인 수익 창출에 어려움 | · 투자의 투명성이 높고 펀드별 성과 차이가 적어 안정적이며 장기투자에 유리<br>· 약세장이나 단기적으로 고수익률 창출에 어려움 |

## 일시납 중심의 연금보험 활성화 필요성

우리나라 개인연금의 경우, 주로 젊은 층의 매월 불입형 적립식 연금보험이 주를 이루고 있으며 은퇴 시기가 임박한 계층의 일시납 연금보험의 판매는 부진하다.

일시납은 월납에 비해 사업비가 저렴하기 때문에 고령층의 경우에는 고객을 위해서도 일시납 중심의 연금보험 판매가 요구되며 순수형 연금보험을 출시해 가입연령을 대폭 확대할 필요가 있다.

은퇴층의 경우 자산이 많이 축적되어 있는 반면, 월 소득은 적어 일시납을 선호할 수밖에 없다. 은퇴를 몇 년 앞두고 있는 은퇴준비층도 일시납이나 단기납을 선호하게 된다.

부동산 가치 하락 및 조세부담 등으로 50대 후반 이후 고령자들은 주택을 축소하고 금융자산으로 바꾸고자하는 수요가 증가하고 있다. 따라서 적립식 펀드 등 간접투자의 활성화로 금융자산이 향후 급격히 증가될 것으로 예상된다.

국민연금 개시 시기가 60세에서 65세로 연장되지만 개인연금 가입자가 26.5%에 불과해 은퇴 직후 소득공백기가 발생하므로 연금 일시납 가입이 요구되고 있다. 금융자산 10억 원 이상 자가 12만 명, 1억 원 이상 자 290만 명(2007년)으로 부유층이 급속도로 증가하고 있어 부유층이 선호하는 변액연금 일시납의 인기가 높아지고 있다.

또한 변액연금 일시납은 월납에 비해 사업비율이 매우 낮아 고객의 수익률 측면에서도 바람직하다. 미국의 경우 연금보험은 일시납으로만 판매되고 있다. 보험료를 계속 납입하고 싶을 경우에도 일시납을 계속 구매하는 일시납 중심의 자유납·수시납이 활용되고 있다.

과거 은퇴 후 퇴직금을 제대로 관리하지 못하고 사업을 하다 망하거나 자식의 사업이나 주택 구입에 써버리는 속수무책인 노인이 많았다. 덕분에 최근에는 연금 개시 후 중도해약이 불가능한 일시납의 일종인 종신형 즉시연금이 인기가 높아졌다.

이와 더불어 본인이 생전에 이자를 받아 생활하다가 나중에 원금을 배우자나 자녀에게 물려주는 상속형 즉시연금도 잘 팔리고 있다.

최근 각 금융권이 은퇴 시장을 둘러싸고 치열한 경쟁을 벌이고 있다. 각 사는 은퇴설계 캠페인 전개와 더불어 F/P(Financial Planner, 재무설계사), P/B(Private Banker, 고액자산가를 위한 은행의 재무컨설턴트) 등 은퇴설계 전문가 양성에 적극 나서고 있으며, 많은 금융기관이 F/P(Financial Planning), P/B(Private Banking)센터 등을 운용하고 있다.

### 선진국의 변액연금 일시납 동향

이러한 변액연금 일시납 시장의 향후 성장 가능성은 미국, 일본 등 선진국의 변액연금 일시납 동향을 살펴보면 쉽게 이해할 수 있을 것이다.

미국은 1990년대 투자 상품에 대한 경쟁력 확보 및 금융 인프라를 활용해 변액연금을 주력 상품화했다. 미국 퍼시픽라이프 사를 중심으로 살펴보면 후취부가방식 체계와 자산 운용옵션을 장착한 투자형 상품설계, 다양한 보증옵션 부가 및 이에 대한 철저한 헤지전략이

| 구 분 | 내 용 |
|---|---|
| 고객 니즈 | 세금이연 효과 + 보험보장 기능 + 뮤추얼펀드 수요 |
| 상품설계 | 투자형 상품설계(후취부가방식 + 자산 운용옵션)<br>다양한 보증옵션 부가와 리스크 헤징 |
| 펀드 종류 | 펀드의 다양화(1990년 7개 → 2001년 32개) |
| 채널 | 비전속 판매 의존도 76% 점유 |
| 고객응대 | 전문인력(NASD Series 6 자격취득자)이 전담 |

핵심이었으며, 비(非)전속 판매 채널 활용이 성공요인이었다.

미국 하트퍼드(Hartford) 사는 변액 상품 전업사로서 비전속 채널만을 100% 활용해 미국 내 변액보험 시장을 주도하면서 자산을 12년만에 17배로 증가시켰다. 2000년도에 일본 시장으로 눈을 돌려 대형 보험사들이 다 철수한 일본의 변액보험 시장을 공략해 커다란 성공을 거두었다.

하트퍼드 사가 성공한 비결은 타깃(Target)고객을 잘 설정하고 경쟁력있는 상품을 제공하면서 은행과 증권사 채널을 통해 홀세일러(Wholesaler)를 지원조직으로 잘 활용한 것이 성공의 비결이었다. 즉, 일본의 경우 65세 이상 인구가 금융자산의 50% 이상을 보유하고 있었기 때문에 이를 핵심 타깃(Core Target)으로 했다. 상품은 상속과 연금보장 두 가지 니즈에 초점을 맞추어, GLWB(평생연금보장)같은 옵션을 부가한 변액연금 일시납 상품을 출시했다. 이를 60세 이상 노년층과 거래가 많았던 은행, 증권사 채널을 통한 B to B(Business to

Business) 판매를 근간으로 하되, 보험사에 홀세일러를 지원조직으로 활용해 장기적인 성과를 거두었다.

필자는 2004년도에 제대로 된 변액연금 일시납 사업을 추진하기 위해 변액연금사업전략 T/F를 6개월 동안 운영했다. 하지만 내부적으로 후취부가방식 도입이 시기상조라는 주장이 강해 실행에 옮기지 못했다.

그러나 변액연금사업전략 T/F를 운영하면서 변액연금사업이 성공하기 위한 핵심요소(Key Success Factor)가 무엇인가를 절실히 느낀 바 있었다.

## 변액연금 일시납사업의 핵심 성공요인

우선 고객관점의 상품 및 펀드 운영전략이 필요하다. 이를 위한 핵심 성공요인을 살펴보겠다.

첫째, 우리나라 변액보험 시장은 월납이 주를 이루고 있으나 은퇴세대들은 많은 자산을 보유하고 있기 때문에 일시납 중심으로 운영할 경우 훨씬 큰 시장을 열 수 있다는 점이다.

미국은 연금보험이 일시납 중심의 자유납으로 운영되고 있다. 그에 반해 우리나라는 월납, 일시납이 병존하며 일시납보다는 월납 위주로 가입을 권유하고 있다. 고액계약의 경우 월납 가입 후 조기 해약 시, 조기 해약으로 인한 손실이 막대해 민원이 많이 발생하고 있다. 따라서 가급적 고액계약은 일시납 위주로 가입시키고 추가자금이 있다면 계속해서 일시납을 추가 가입하도록 권유하는 것이 바람직하다.

둘째, 일시납의 사업비 구조를 초기부가방식에서 후취부가방식으로 바꾸되 투입원본 공시를 철저히 함으로써 투자 상품과 투명하게 경쟁할 수 있어야 한다.

미국도 1990년대 변액보험 본격 판매 이후 후취부가방식을 도입해 과세이연 효과 감안 시 7차년도 시점에서 변액보험 수익률이 뮤추얼펀드 수익률을 초과하게 되었다. 우리나라의 경우, 가입 후 10년 이상 유지 시 보험차익 비과세와 금융소득종합과세 대상에서 제외되는 세금 절감 효과를 주요 포인트로 활용할 수 있다.

그리고 후취부가방식의 도입과 함께 선진국처럼 준비금비례사업비 부가, M&E 차지(M&E Charge) 등의 인정으로 일시납의 수익성을 개선시켜 줄 필요가 있다.

왜냐하면 한국의 경우 연금일시납의 사업비가 선진국에 비해 현저히 낮아 수익성이 약해 보험사들이 적극적인 마케팅을 하기가 어려운 측면이 있다. 또한 월납보다는 사업비율이 낮게 부가되어 있지만 초기부가방식이기에 조기 해약자의 컴플라이언스 리스크는 여전히 개선되어야 할 과제다.

셋째, 다양한 형태의 원금보장옵션 부가로 타 투자 상품 대비 경쟁력을 확보해야 한다. 따라서 GMWB나 GLWB 같은 선진형 보증옵션의 부가가 필수적이다. 특히 최근 미국 노년층에게 인기 있는 거치 기간이 짧고 평생 연금액 지급이 보증되는 GLWB의 도입이 무엇보다도 필요하다.

왜냐하면 우리나라도 종신형 즉시연금이 선풍적인 인기를 끌고 있기 때문이다. 다만 GLWB를 도입하려면 반드시 다이나믹 헤징(Dynamic Hedging)이나 재보 출재 등 헤징의 실행이 전제되어야 한다.

넷째, 고객·채널별 투자 성향에 따른 상품(Fund, 펀드)의 다양화 및 고객·채널 특성에 맞는 해지수수료의 차별화로 상품경쟁력을 제고할 필요가 있다. 예컨대 은행 채널의 경우는 안정형 펀드로, 증권 채널의 경우는 성장형 펀드로 고수익을 추구하는 것이 바람직하다.

다섯째, 고객 니즈에 부합하고 다른 투자 상품과 경쟁할 수 있는 차별화된 펀드와 투자 리스크를 최소화 할 수 있는 선진 자산 운용 옵션을 개발하되, 운용수수료를 최대한 낮출 수 있도록 노력해야 할 것이다.


### 채널전략 측면

첫째, 신사업을 통한 외연 확대를 위해 B to B방식의 비전속 채널을 중심으로 외부 고객 확보에 주력해야 한다.

타깃 고객층과 판매 채널의 적절한 매칭을 위해서는 증권사 FP 및 은행 PB 채널 활용이 효과적이다.


> · 부유층 고객의 금융기관 선호도 조사 결과
>
> 은행 PB (38%) 〉 증권 FP (22%) 〉 보험 컨설턴트 (17%)

상품의 투자적 성격 및 컴플라이언스 리스크를 감안할 때 투자 상품 판매에 익숙한 은행, 증권사 활용이 적절하기 때문이다.

둘째, 변액연금 일시납은 고액투자 성격이므로 전속 채널은 엄격한 판매자격 제한 및 FP센터의 지원 아래 판매하는 것이 고객의 컴플라이언스 리스크 예방 차원에서도 바람직하다.

만기 재입금을 위해서는 변액연금 일시납은 전속 채널에서도 매우 중요한 상품이다.

셋째, 채널 특성에 맞는 판매수수료 체계 및 수준으로 타 투자 상품 대비 판매수수료 경쟁력을 제고해야 한다. 단, 판매수수료 가이드라인 운용을 통해 과도한 판매수수료 경쟁은 지양해야 한다.

넷째, 은행이나 증권회사 등 방카슈랑스 채널을 이용할 때에는 이들에게 판매 화법을 숙지하게 하고 판매 자료를 제대로 제시할 수 있도록 교육하는 홀세일러조직이 생산성 향상과 완전판매의 키(Key)가 된다는 점이다. 홀세일러는 전문 금융지식을 갖춘 인력의 선발 및 양성이 무엇보다도 중요하며 영업활성화를 위해서는 성과보상 체계 확립이 필요하다.

일본 하트퍼드 사는 전담 홀세일러를 통해 컴플라이언스 리스크에 대처해(7년간 3건의 소송만 발생) M/S를 2001년 0.1% → 2005년 15.6%로 끌어올렸다. 2005년 미국의 하트퍼드 사는 은퇴설계 니즈 충족을 위해 은퇴설계 전문 홀세일러조직인 '픽스드 인컴 솔루션 팀(Fixed Income Solution Team)'을 신설해 은퇴 후의 효율적인 현금흐름관리를 위한 캐쉬 플로우 매니저(Cash Flow Manager) 역할에 대한 고객의 요구를 수용하고 있다고 한다.

## 다이나믹 헤징의 중요성

세계적인 금융위기가 닥쳐오기 직전 2007년 말부터 2008년 상반기까지 삼성생명은 세계적인 변액보험 전업사인 모 회사와 함께 한국의 연금보험 일시납 시장이 블루오션이라는 데 공감하고 기존 채널을 위한 상품개발과 새로운 방카슈랑스 합작사 신설 등의 제휴를 노력했다. 비록 모 회사와의 제휴는 불발에 그쳤지만, 그 당시 확인하게 된 것은 다이나믹 헤징 기술의 확보가 얼마나 중요한 것인가였다.

협상대표로 나왔던 모 회사의 임원은 다이나믹 헤징의 노하우는 모 회사의 차별화된 자산으로 절대 전수할 수 없으며 다이나믹 헤징에 대해서는 많은 수수료(Fee)를 요구해왔었다.

실질적인 협상자였던 필자는 반드시 삼성생명도 다이나믹 헤징 기술을 갖추어야 한다는 신념을 가지게 되었고 미국 P사의 헤징 시스템을 구축했던 핵심 인력을 영입해 오게 되었다.

그 외에도 다이나믹 헤징을 하기 위해서는 액티브펀드(Active Fund)보다는 인덱스펀드(Index Fund)와 같은 안정적인 펀드로 운용하는 것이 헤징 비용은 물론 운용수수료도 적게 들기 때문에 고객의 수익률 향상에 도움이 된다는 점도 철저하게 인식하게 되었다.

미국은 1990년대 투자 상품에 대한 경쟁력 확보와 금융 인프라를 활용해 변액연금을 주력 상품화했다. 미국의 보험사들은 후취부가방식 체계와 자산 운용옵션을 장착한 투자형 상품설계와 다양한 보증옵션 부가 및 이에 대한 철저한 헤지전략이 핵심이었으며 비전속 판매 채널의 활용이 성공요인이었다.

특히 하트퍼드 사는 타깃 고객을 금융자산이 많은 65세 이상으로 설정하고 금융지식이 설계사보다 우수한 은행의 PB나 증권사 채널을 통해 평생연금액보증(GLWB)옵션 등 경쟁력 있는 상품을 제공했다. 또한 잘 훈련된 홀세일러를 지원조직으로 활용해 탁월한 성과를 거두었다.

우리나라는 월납의 경우 사업비율이 높으나 일시납의 경우에는 선진국에 비해 사업비율이 현저히 낮아 수익성이 약해 보험사들이 적극적인 마케팅을 하기가 어려운 측면이 있다. 그럼에도 불구하고 사업비부가방식이 초기부가방식이기에 조기 해약 시의 컴플라이언스 리스크는 여전히 개선되어야 할 과제이다.

따라서 우리나라의 경우에는 첫째, 55세 이상 고객을 타깃으로 하되 평생연금액보증(GLWB)옵션 등 경쟁력 있는 상품을 제공하고 둘째, 후취부가방식으로 변경하면서 사업비율을 적정하게 인상한다. 셋째, 잘 훈련된 홀세일러를 활용해 은행, 증권 등 방카슈랑스 채널을 통하거나 우수설계사 중심으로 변액연금 일시납을 판매한다면 블루오션 시장이 될 수 있을 것이다.

## 3. 선진 의료실손의 도입

### 네트워크형 의료실손 도입

보험사 입장에서도 의료실손 상품의 표준화로 상품경쟁력이 동일해졌기 때문에 보험사 간 주보험경쟁력에 큰 차이가 없다면 차별화된 의료 서비스의 제공 여부에 따라 상품경쟁력이 좌우될 것이다. 고객 세그먼트별로 고객 니즈에 맞는 다양한 건강관리 서비스를 개발해 네트워크 병원을 통해서 제공하게 된다면 차별화된 상품경쟁력이 확보될 것이다. 예컨대, 다양한 건강검진플랜을 운영하거나 만성질환자에 대한 특별 서비스 등을 제공하는 것이다.

또한 네트워크 선정 시 모럴 해저드가 의심되는 병원 의사를 배제함은 물론 네트워크 병원의 집적된 의적정보를 주기적으로 분석해 네트워크 병원의 재입원율, 재수술률, 모럴 해저드 사례 등을 평가해야 한다. 이를 통해 의료남용 리스크를 간접적으로 통제함으로써 국가의 건강보험 비용이나 보험사의 위험률차 리스크를 줄여야 한다. 그 결과 건강보험료와 의료실손보험료도가 저렴해져 상품경쟁력을 더욱 높이는 계기가 될 것이다.

### 민영 의료실손사업에 대한 시민단체의 우려

보험회사가 네트워크형 의료실손사업을 영위하기 위해서는 의료법 제27조 제3항(의료기관 소개, 알선, 유인의 금지)[132]이 개정되어야 한다. 2007~2008년에 이 법안의 개정논의가 있었으나 의사협회와 시민단체의 반대로 연기되었다. 건강관리 서비스업이 보험회사에도 허용될 때 의료 서비스(Medical Service)를 장착한 네트워크형 의료실손사업이 가능해질 것이다.

의사협회와 시민단체에서 보험회사의 의료기관 소개, 알선, 유인행위 등을 반대하는 것은 보험회사가 네트워크관리를 통해 병원과 의사를 사실상 지배하게 되거나 지나치게 컨트롤하는 것을 우려하기 때문이다.

이러한 우려는 미국과 같은 대체형 의료실손제도에서 나타날 수 있는 사항으로 내용이 다른 우리나라의 보충형 의료실손제도에서도 일어날 것으로 오해하는 데에서 기인한다. 특히, 시민단체들은 우리나라에 민영 의료실손보험이 활성화되면 영화 〈식코(Sicko)〉[133]에서처럼 서민들은 의료사각지대로 내몰리고 부유층만을 위한 의료체계로 양극화 현상이 벌어질 것으로 우려하고 있다.

그러나 향후에도 정부에서 공적보험 체계의 보장성 강화 노력을 계속하면서 민영 의료실손보험은 보충형 형태로 유지한다면 이러한 우려는 지나친 것으로 판단된다. 인구고령화가 가속화되어 노인의 의료비가 급증할 경우 선진국처럼 막대한 소요예산 때문에 보충형 민영 의료실손보험 시장은 커질 수밖에 없다.

예컨대, 일본의 경우도 본인부담분이 20%였던 것을 30%로 올릴 수밖에 없었으며, 미국의 공적의료보험인 메디케어(Medicare)의 경우에도 너무 많은 예산이 소요되기 때문에 정부의 예산을 삭감할 수밖에 없는 상황이다.

국가가 보장성을 계속 강화하더라도 보장성 비율이 별로 증가하지 않고 본인부담분 절대액만 지속적으로 커지고 있는 실정이다. 공적보험에서 보장하지 않는 비급여 부분의 경우, 심평원의 통제를 받지 않으므로 최신의 고가의료기술이나 약제품 등의 사용이 증가하고 있고 때로는 불필요한 시술도 행해지고 있기 때문이다. 이는 네트워크형 민영 의료실손보험의 영위가 필요한 이유이다.

### 네트워크형 의료실손보험 도입의 기대 효과

이 제도가 도입되면 보험회사는 의료비용이 적으면서도 치료기술과 의료 서비스가 질적으로 높은 병원과 의사를 적극 추천할 수 있게 된다. 그러면 모럴 해저드가 줄어들고 의료비용이 낮아지며 비급여 부분에 대한 의료수가가 합리적으로 정립되는 계기가 될 것이다.

또한 네트워크 병원과의 전자데이터교환(EDI: Electronic Data Interchange) 시스템 구축을 통해 보험금 청구 및 지급심사 업무의 효율화가 진행될 수 있을 것이다. 소액이면서 자주 발생하는 실손 상품의 특성상 고객이 청구서류를 확보하고 보험금을 청구해야 하나 그 프로세스가 복잡하고, 시간과 경비가 많이 든다. 의사도 별도 진단서 발급 등 업무가 가중되고 있고, 보험사 입장에서도 심사에 많은 시간과 경비가 소요되고 있어, 병원과의 직불 시스템을 구축하게 되면 3자 모두 편리하고 비용이 절감될 것이다.

EDI를 통해 정부의 비관리 대상인 비급여 데이터를 축적한다면 고객 니즈에 맞는 차별화된 상품을 만들 수 있게 될 것이다. 정액건강보험의 계약을 많이 가지고 있는 회사는 의료실손 네트워크를 통해 보유계약 리스크를 크게 줄일 수 있을 것으로도 판단된다.

네트워크관리가 발전하게 되면 질병관리(Disease Management), 사례관리(Case Management), 예방관리(Preventive Management) 등의 운용이 가능해 질 것이다. 이런 메디컬 코스트 매니지먼트(Medical Cost Management)를 이용한다면 의료비용관리를 최적화할 수 있을 것이다.

〈표 87〉 질병관리와 사례관리의 비교

| 구 분 | 질병관리(Disease Management) | 사례관리(Case Management) |
|---|---|---|
| 정의 | 개인이 직접 질병을 관리할 수 있도록 도와주는 체계 | 개인별 중증도 및 환경여건에 맞는 케어 플랜 |
| 특징 | · 만성질환자 집중 케어<br>- 만성질환 관련의 교육, 환자 상태의 모니터링<br>- 장기 입원 및 합병증 방지<br>· 고위험군(High Risk)환자관리<br>- 고혈압, 고지혈증, 당뇨 등 사전관리 | · 개인별 맞춤 케어<br>- 자가관리법 제공, 증상에 맞는 의사, 병원 안내, 급성 증상관리 등 |
| 애트나 사 사례 | · 투자대비 2.5배 비용 절감<br>- 응급실 방문 간호(천식 7%, 관상동맥 3%)<br>- 입원율 감소(뇌졸중18%, 천식 11%) | · 투자대비 3.5 배 비용 절감 |

다만 보험사가 병원을 소유하고 관리하는 미국과는 우리나라의 의료 환경이 매우 다르므로 위 제도가 도입된다 하더라고 한국형 제도로 변화하게 될 것이다.

보험사와 네트워크를 맺어 국가가 정한 수가에 의해 비급여 금액을 미리 협약해 환자 치료에 사용된 비용을 합당하게 받을 수 있게 된다면 병원도 굳이 임의로 비급여를 발생시켜 보건복지부 실사를 걱정하지 않아도 될 것이기 때문이다.

### 네트워크형 병원의 선정과 유지관리

네트워크형 병원은 지역별 고객 수, 특화 전문병원, 전국적 분산 등의 원칙에 따라 선정한다. 초기에는 양질의 우수한 병원을 선정하도록 하고 그 후 지역별 고객수를 고려해 병원 수를 확대해가는 것이 바람직하다. 저렴한 진료비용으로 좋은 치료성적을 내는 의료기관과 서비스 수준이 높고 비용이 낮은 특화 전문병원을 선정한다.

이렇게 함으로써 지방 중·소병원의 품질을 높이고 3차병원의 환자를 이동시킴으로써 코스트 절감 및 의료 이용의 분산 효과를 얻을 수 있다.

네트워크를 계속 유지관리하기 위해서는 임상, 경영지식 교류를 위한 정기적인 세미나 등 품질 향상 활동을 지원해야 한다. 빠르고 정확한 안내 서비스 제공을 위해 네트워크 병원 전용의 24시간 너스 헬스라인(Nurse Healthline) 운영과 전용 웹 사이트를 통한 커뮤니케이션 채널로 정확한 의료정보 제공 및 불필요한 의료 이용을 방지해야 한다. 이는 비용효과적이며 적절한 의료 이용을 촉진하면서도 고객만족도를 제고하고 있다. 특히 임상경력 간호사로 구성된 24시간 메디컬 콜센터는 모든 응대방법이 매뉴얼로 되어 있어 고객에게 신속하고 정확하게 서비스를 제공해야 한다.

이와 같은 네트워크형 의료실손보험은 고객에게 양질의 의료 서비스를 제공하고 본인부담금을 경감시켜 편의성과 혜택(Benefit)을 제공할 수 있다. 네트워크 병원에서는 보험회사의 고객을 추천 받아 수익을 증대시킬 수 있고, 비급여부분의 수가도 합리적으로 되어 운영의 안정화와 보험회사의 의료 서비스와 연계한 수익 확대도 가능할 것이다.

보험회사의 경우 우수 네트워크를 활용하면 메디컬 서비스를 통한 상품경쟁력이 제고되고 업무프로세스 효율화를 통한 보유계약 리스크 감소로 위험률차 손익의 안정화에 기여할 수 있을 것이다. 따라서 보험사마다 우수한 네트워크를 확보하기 위해 경쟁을 하게 되므로 우수한 병원이 되기 위해 병원도 서비스를 개선을 위한 노력을 하게 될 것이다. 그리고 결과적으로는 고객에게 혜택이 돌아가게 될 것이다.


## 4. 헬스케어 서비스의 개발

그동안 생존급부의 손해율이 높아지면서 보험회사의 입장에서는 보유계약에 대한 리스크가 증가하고 있다. 이에 따라 손해율관리를 위해서라도 예방·건강관리 중심의 사전적인 역할이 중요해지고 있다. 해외 건강보험회사들은 손해율을 완화시키고 고객의 건강관리에 대한 다양한 수요를 충족시키기 위해 u헬스케어(u-Healthcare)를 적극 활용하고 있다.

u헬스케어란 유비쿼터스 헬스케어(Ubiquitous Healthcare)의 약자로서 정보통신과 보건의료 및 건강관리를 연결해 언제 어디서나 환자를 유무선 기기로 관찰해 질병을 예방, 진단, 치료하고 건강관리를 제공하는 서비스를 말한다.[134]

u헬스산업은 IT, BT 서비스 등이 복합된 대표적인 융합 신산업이자, 일자리 창출의 보고로서 우리나라의 경우 연평균 12% 이상의 고속 성장[135]이 예상되는 미래 성장동력이다. IT인프라, 신기술 수용문화, 높은 의료기술 등 국내 u헬스산업의 잠재력이 현실화할 경우 2014년까지 3만 9,000명의 양질의 고용을 창출할 것으로 예상된다.[136]

u헬스케어는 질병 치료 중심의 헬스케어형과 건강 유지 및 향상을 제공하는 웰니스(Wellness)형으로 구분된다. 헬스케어형에는 의료기관의 모바일화와 의료기관 간 네트워킹 확대를 위한 u호스피탈(U-Hospital), 노인 및 만성질환자를 위한 원격 환자 모니터링 서비스인 홈 앤 모바일(Home & Mobile) 헬스케어가 있다.

인구의 고령화와 만성질환자의 증가로 늘어나는 의료비 부담을 경감하기 위해 주요국들은 이미 수년 전부터 u헬스케어에 적극 투자해왔다. 글로벌 기업들도 지속 성장할 u헬스케어 시장을 대비해 u헬스케어 기기, IT시스템, 서비스 모델 개발에 총력을 기울이고 있다.

세계적인 건강보험회사들 또한 IT와 네트워크를 기반으로 한 u헬스케어산업에 적극 진출하고 있다. 우리나라도 삼성전자, SDS, LG CNS, SK 텔레콤, KT 등 전자, 통신업체 및 IT업체들이 본격적인 진출을 계획하고 있다. 의료기관 및 건강관리회사에서도 높은 관심을 가지고 서비스를 시작하고 있으나, 아직 제공되는 서비스는 제한적이다. 의료법에서 원격의료를 상당 부분 제한하고 있기 때문에 국내에서 원격의료가 활성화되기까지는 법의 개정과 더불어 상당한 시간이 필요할 것이다.

미국 보험회사 유나이티드 헬스 그룹(United Health Group) 사나 독일의 DKV 사 등은 원격진료 중심의 헬스케어형 서비스를 운영하고 있다. 유나이티드 헬스 사는 이동버스 클리닉을 이용해 지역 순회를 통한 u헬스케어 서비스를 제공하고 있다. 독일의 DKV 사는 24시간 국제 고객 서비스센터를 운영해 외국에서 병원에 입원하는 경우에도 최상의 의료 지원 서비스를 제공하고 있다.[137]

미국 보험사의 경우에도 웰니스형을 중점으로 피트니스, 금연, 스트레스관리 등의 건강관리 프로그램 서비스를 제공하고 있다. 건강보험에 가입한 고객의 위험률관리를 위해 민영 의료보험회사가 비용을 부담하면서 건강관리회사에 위탁해 건강관리를 지원하고 있다. 위탁받은 건강관리 회사들은 건강증진 프로그램 및 환자군에게 식이, 운동, 교육 등 집단 혹은 개인별 맞춤형 건강 서비스를 제공한다. 보험회사는 고객의 건강관리를 건강관리회사에 위탁함으로써 질병을 예방하고 중증질환으로 발전을 차단해 손해율을 관리하고 있다.

그리고 웰니스형 프로그램에 참여하게 되면 보험료와 피트니스 등 각종 건강관리 비용을 할인해주거나 무료로 많은 서비스 및 정보를 제공하고 있다.

예컨대, 미국의 유나이티드 헬스 그룹은 건강관리 프로그램에 가입할 때 10~50% 할인해 주는 제도를 운영하고 있다. 미국의 애트나사는 금연, 체중 감량, 스트레스관리를 위해 전문가의 조언을 들을 수 있는 모티베이션 코칭(Motivational Coaching) 프로그램을 운영하고 있다. 이 회사는 이 프로그램을 통해 1년간 일주일에 30분씩 전화로 1대1 코칭과 인터넷으로 자가요법 자료를 고객에게 제공하고 있다.[138]

국내 보험회사는 부수사업에 대한 제한이 많고 원격진료의 허용 범위와 책임 소재에 대한 제도 정비가 미흡해 질병 치료 중심의 헬스케어형은 아직 시기상조이다.[139] 다만 원격의료가 제도권 내에 들어오게 되어 건강보험에서 급여화가 된다면 이를 보장해 주는 실손보험과 원격 치료에 사용되는 메디컬 디바이스(Medical Device) 등을 지원해 주는 상품이 가능하게 될 것이다.

보험 가입자의 혈압, 혈당, 맥박, 운동량, 칼로리 소모량 등을 모니터링해 이상 수치가 나타나면 진료예약 등의 서비스를 제공하거나 식이 프로그램 제시가 가능하다. 또한 다양한 동작 감시 센서를 이용해 운동량을 측정하고 온라인 및 모바일을 사용해 고객의 건강 상태에 맞춘 트레이닝 프로그램 제시도 가능하다.

우리나라의 경우 u헬스(u-Health) 중 민간보험회사는 웰니스 분야로 진출하는 것이 가장 적합하다. 또한 u헬스 중 u웰니스(u-Wellness) 시장의 규모가 가장 크게 발전할 전망이다. 2009년 세계 u헬스 시장은 1,431억 달러였고, 그 중 54%가 u웰니스 시장이었다. 2010년 한국의 u헬스 시장은 1조 6,849억 원이었고, 그 중 61%가 u웰니스 시장이었다.

보험회사는 웰니스 프로그램을 통해 건강보험에 대한 고객의 접근성을 높이고 고객에게는 건강관리 서비스를 제공해 역선택과 도덕적 해이를 완화시킬 수 있다. 건강보험 가입 고객도 건강을 유지 및 증진시켜 건강한 삶을 영위할 수 있을 것이다. 예를 들어 당뇨질 환자는 보험 가입이 어렵지만 고객이 웰니스 프로그램으로 건강을 관리해 당화혈색소를 일정 수치 이하로 유지해 관리한다면 보험 가입 문호를 확대해 주는 것도 검토할 수 있을 것이다.

그동안 보험회사의 위험률차 손익관리는 주로 위험률 인상, 엄격한 언더라이팅 기준 설정, 상품급부 조정, 보험금 지급심사 강화 등에 의존했는데 이러한 방안은 보험회사와 계약자 간의 갈등을 야기하는 측면이 있었다. 그에 반해 건강관리 서비스 제공에 의한 건강증진 프로그램은 계약자와 보험회사가 서로 윈-윈(Win-Win)할 수 있는 전략이다. 이 제도는 보험료 인상 억제와 언더라이팅 기준 완화, 보험금 지급 관련 민원 감소뿐만 아니라 위험률차 손익을 개선시킬 수 있는 첩경이 될 것이다.

질병을 질병 전(前) 단계와 질병 치료 단계 그리고 회복과 재활의 3단계로 나눈다면 보험회사는 질병 전 단계에 투자해 고객의 질병을 예방하고 건강을 증진하도록 예방에 적극적으로 힘쓰는 것이 바람직 할 것이다. 또한 보험회사를 중심으로 한 금연 및 비만관리 운동 전개 등의 건강생활 캠페인 등 보건복지부와 공동으로 국민 건강 증진 프로그램을 개발하는 방안도 생각해 볼 수 있다.

보험 상품 설계에도 변화를 주어 현재는 주로 질병 발생 시 치료 자금을 지급하는 것을 향후에는 예방을 목적으로 하는 급부설계를 병행하는 것도 검토할 필요가 있다. 질병 예방을 위한 일정 조건에 만족하거나 일정 기간 동안 무사고 시에는 건강축하금을 지급하고 웰니스 프로그램 등 건강관리 서비스를 제공하는 방안을 모색해 볼 수 있다. 또한 건강증진 교육으로 건강보험 판매설계사들을 건강전도사로 양성해 계약자를 정기적으로 관리하는 방안과 계약자 본인의 노력으로 건강 상태가 개선되었을 경우 인센티브를 제공하는 방안 등도 새로운 아이디어 차원에서 고려해 볼 수 있다.

만성질환의 증가로 의료비에 대한 사회적 부담 증가를 사전 예방 활동을 통해 최소한으로 줄이기 위해서는 건강 생활 습관의 중요성을 전파하고 캠페인을 전개하면서 실제로 도움이 될 수 있는 헬스케어 서비스를 개발·제공하는 것이 필요하다. 국가는 헬스케어 서비스의 대상을 가장 작은 단위의 개인에서 지역사회 주민 전체로 확대해 궁극적으로 전 국민을 대상으로 해야 한다. 보험사는 내부 임직원과 외부 고객에게 확대해 금연과 절주, 적절한 영양섭취, 비만관리, 체중조절, 적절한 휴식, 적절한 운동, 주기적인 건강진단을 받을 수 있도록 범국민적인 건강증진운동을 전개해야 한다. 이렇게 노령화되어가는 대한민국 사회를 치료 받는 환자에서 스스로 관리하는 건강관리자로 의료 서비스 환경을 혁신적으로 바꾸어 가야 한다.

보험회사의 경우 의료기관과의 네트워크에 의한 건강검진 서비스, 헬스케어 디스카운트 서비스, 24시간 너스 라인(Nurse Line) 서비스, 세컨드 오피니언(Second Opion) 서비스 등 다양한 헬스케어 서비스를 제공하면 기존 보유계약의 위험률차도 개선하면서 신성장동력이 될 수 있을 것이다.

하지만 아직 의료법 제27조 3항(의료기관 소개, 알선, 유인의 금지)과 건강관리 서비스업이 보험회사에 허용되지 않아 현실적으로 불가능하다.

질병을 예방하고 건강을 증진하는 것이 건강한 노후 생활을 영위할 수 있고 증가하고 있는 노후 의료비를 다소나마 줄일 수 있다. 이런 점에서 국가가 법제화하려고 하는 건강관리 서비스의 주체에 보험사를 반드시 포함시키는 것이 바람직하다 할 것이다.


## 5. 기업복지 시장의 활성화

### 기업복지 T/F와 카페테리아 플랜

삼성생명은 기업복지 시장을 적극적으로 개척하기 위해 2002년 8월 기업복지 T/F를 구성했다.[140] 기업복지 T/F의 역할은 기업복지 시장과 단체 보장성 시장을 확대하기 위해 카페테리아 플랜의 컨설팅 영업과 기업연금사업을 준비하는 것이었다.

이를 실행하기 위해서는 무엇보다도 컨설팅 역량 습득이 절실히 필요하다는 인식 하에 별도로 6개월간의 컨설팅을 통해 컨설턴트를 자체 양성하기 시작했고 외부 인력도 영입하게 되었다. 이를 토대로 2003년부터 본격적으로 컨설팅 영업을 실시했다. 2003년에는 행정자치부와 연계해 공무원 카페테리아 플랜을 개발해 중앙인사위원회, 기획예산처, 경찰청 등 정부기관에 시범 도입 할 수 있었다.

그러나 우리나라 단체보험 시장은 업계 각 사간의 지나친 경쟁으로 과도한 요율 덤핑과 함께 언더라이팅도 소홀해져 적정한 마진 확보가 불가능했고 급기야 출혈경쟁으로 치닫게 되었다. 보험료율 덤핑을 자제시키기 위한 여러 가지 논의나 금융감독원의 지도행정도 공정거래 위반으로 지적되면서 사업을 주도해 온 생보업계가 이 시장에서 크게 퇴조하고 있어 안타까운 심정을 금할 수 없다.

더욱이 보험회사의 소극적인 마케팅 활동으로 기업들의 카페테리아 플랜 가입이 활발하지 못한 것은 아쉬운 일이다. 다른 나라의 경우에는 의료실손보장이 카페테리아 플랜의 일환으로써 단체보험으로 활성화되어 개인보험보다는 보험료가 저렴하고 언더라이팅도 간편하다. 반면 우리나라는 카페테리아 플랜의 활성화 미흡으로 개인 의료실손보험이 많이 이용되고 있어 보험료가 상대적으로 비싸고 언더라이팅도 까다로운 상황이다. 앞으로 보험회사 스스로 요율 덤핑을 자제하고 합리적인 계약인수제도를 통해 건전한 경쟁으로 다시 카페테리아 플랜을 적극 활성화해야 할 것이다.

## 퇴직연금제도의 도입 배경과 내용

1998년 경영계의 요구로 퇴직연금제도가 노사정위원회의 의제로 선정되어 퇴직금제도 개선 관련 연구용역 실시 결과를 토대로 2002년 4월부터 경제사회소위에서 본격적으로 논의되었다. 2002년 10월에 제도 개선 정부안이 노사정위원회에 제출되었으나, 노사 간의 입장 차이로 개선안을 확정하지 못하고 2003년 7월에 논의를 종결한 후, 그 결과만을 정부에 이송하게 되었다.

이에 노동부에서 노사정위원회의 논의 결과를 반영해 '근로자 퇴직급여 보장법'을 마련, 2003년 9월에 입법예고했으나, 국회 처리 절차가 지연되어 입법화는 2005년 12월에야 시행하게 되었다.

퇴직연금제도의 도입은 근로자의 노후소득보장을 위한 3층 보장체제를 구축하고 퇴직 시장에 대한 법인영업 30년사의 전환점이 되는 큰 변화였다.

삼성생명은 1989년 10월에 기업연금 T/F가 결성되었다. 권병구 SWS 대표는 처음부터 이 T/F에 참여해 지속적으로 연구해 왔는데 16년 만에 결실을 맺게 된 것이다. 이 책의 퇴직연금 관련 내용은 그의 도움을 받아 정리한 것이다.

퇴직연금제도가 근로자에게 유리한 점은 첫째, 퇴직금의 근로자 수급권 강화이다. 기존 퇴직금제도에서는 퇴직금의 사외예치가 의무가 아니므로 기업이 도산할 경우 퇴직금을 받지 못하는 경우가 많았다. 하지만, 확정급여(DB)형에서는 퇴직금의 60% 이상(현재 기준, 향후 단계적으로 인상 예정), 확정기여(DC)형에서는 100% 이상을 사외적립해야 하므로 기업이 도산하더라도 퇴직금을 받을 수 있게 된다.

둘째, 연금으로 수령할 수 있다. 기존 퇴직금제도에서는 퇴직금을 일시금으로만 수령할 수 있었지만, 퇴직연금의 경우 연금으로도 수령할 수 있다.

셋째, 퇴직금을 중도에 생활자금으로 소진하지 않게 된다. 외환위기 이후 도입된 중간정산제도로 인해 많은 근로자들이 노후자금으로 활용해야 할 퇴직금을 중도에 소진해 왔다. 이직 등으로 퇴직금을 수령할 경우에도 생활자금으로 소진하는 것이 대부분이었다.

하지만 퇴직연금 도입으로 중간정산이 제한되고 이직할 때도 개인형 IRA(개인퇴직계좌)를 통해 퇴직금을 통합관리할 수 있게 되었다. 퇴직 후에 직장을 새로 갖거나 직장을 자주 옮기는 경우는 IRA를 활용하면 좋다. 퇴직 후 60일 이내에 퇴직한 직장에서 받은 퇴직일시금의 80% 이상을 이 계좌에 넣으면 퇴직할 때 납부한 퇴직소득세를 돌려받을 수 있다. IRA는 최종적으로 퇴직급여를 받을 때까지 퇴직소득세를 이연해주는 세제 혜택을 통해 가입을 유도할 수 있는 장점이 있다.

퇴직연금은 사용자 측면에서도 퇴직부채의 사외예치를 통해 법인세 혜택을 얻을 수 있다. 기존의 사외예치 수단이었던 퇴직보험과 퇴직일시금신탁이 2010년 12월말 폐지됨에 따라 퇴직부채의 사외예치분을 100% 손비로 인정받기 위해서는 반드시 퇴직연금에 가입해야 한다.

또한 사외예치를 통해 재무제표상의 부채를 줄여 기업의 재무 상태를 개선할 수 있고, 퇴직급여 관련 비용의 현금흐름을 평준화하고 부채와 비용에 대한 예측을 통해 재무관리를 용이하게 할 수 있다. 연봉제, 임금피크제 등 다양한 유형의 인사제도에 적합한 퇴직연금제도도 운용할 수 있을 것이다. 제도의 성공적 도입은 노사 간에 상호 만족도를 높여 협력적 노사관계에 도움이 될 전망이다.

또한 퇴직금을 매년 중간정산하려면 근로자의 명시적인 의사표시가 있어야 하므로 임의로 퇴직금을 중간정산하는 것은 불법이 된다. 하지만 DC형(확정기여형)을 도입하면 회사 입장에서는 매년 근로자의 별도 의사표시 없이 중간정산을 하는 것과 동일한 효과를 거둘 수 있어 법률적 리스크를 벗어날 수 있다.

퇴직연금은 국가 측면에서도 노후복지 역할 분담으로 국민연금 재정 안정에 기여하고 개인연금과 함께 사적연금제도 실시 강화로 노후복지 충실화를 도모할 수 있게 된다.

근로자퇴직급여보장법에서 사용자는 근로자에게 퇴직금제, 확정급여형 퇴직연금제, 확정기여형 퇴직연금제 중 하나 이상의 제도를 설정해야 한다. 근로자의 과반수가 노조원인 경우 그 노동조합의 동의가 필요하며, 그렇지 않은 경우에는 근로자의 과반수의 동의가 필요하다.

근로자퇴직급여보장법의 적용 대상은 전 사업장 근로자이다. 그동안 5인 이상 사업장 근로자를 대상으로 적용했던 것이, 2010년 12월 1일부터 상시 4인 이하 사업장에서 1년 이상 근무하고 퇴직한 근

| | | 퇴직금제 | 확정급여형(DB) | 확정기여형(DC) |
|---|---|---|---|---|
| 비용부담 주체 | | 사용자 | 사용자 | 사용자 (종업원 추가부담 가능) |
| 퇴직급여 형태와 수준 | | 일시금 | 연금 또는 일시금 (퇴직금과 동일) | 연금 또는 일시금 (≠퇴직금) |
| 적립방식과 수급권 보장 | | 사내적립, 불안정 | 초기 부분 사외적립 부분보장 가능 | 전액 사외적립 완전보장 |
| 적립금 운용 | | - | 사용자 | 근로자 |
| 세제 혜택 | 근로자 | 일시금 퇴직소득 과세 | 연금 수급 시까지 과세이연 | 연금 수급 시까지 과세이연 |
| | 사용자 | 추계액의 30% 손비 | 부담금 전액 손비 | 부담금 전액 손비 (추가부담분 소득공제) |
| 전직 시 승계 가능성 | | 불가능 | 어려움 | 쉬움 |

로자도 퇴직금 또는 퇴직연금을 받을 수 있게 되었다(근로자퇴직급여보장법 부칙 사항). 다만 급여 및 부담금 수준은 2012년까지는 퇴직급여의 100분의 50을 적용하고 2013년 1월 1일부터 동일한 수준이 적용된다.

퇴직연금제도를 도입하는 절차는 노사가 협의해 우선 어떤 형태의 퇴직연금제도를 도입할 지 선택하고, 퇴직연금 규약을 작성한 후 노동부에 신고한다. 그리고 마지막으로 사용자는 퇴직연금을 운용하는 사업자와 계약을 체결하게 된다.

우리나라는 아직 다양한 기능을 결합한 복합형 퇴직연금제도는

| | | 장점 | 단점 |
|---|---|---|---|
| 사용자 | DB | · 현행 제도와 유사해 제도 운영에 익숙<br>· 장래 부족 시의 사전 예측 및 자금 평준화 | · 투자 운용에 대한 책임<br>· 최종 지급 등 운영관리 부담 |
| | DC | · 적립금 운용에 대한 책임 없음<br>· 퇴직급여 충당금을 설정할 필요가 없음 | · 근로자 운용 실적에 따른 문제 발생 가능성<br>· 근로자 교육 및 투자환경 고려 필요 |
| 근로자 | DB | · 퇴직금 지급책임이 기업에 있음<br>· 퇴직 시 급여 수준이 확정되어 안정적임 | · 최종 급여 감소 시 퇴직금 감소 우려 |
| | DC | · 운용 수익률〉급여 상승률의 경우 유리<br>· 개인 추가부담으로 퇴직금 확대 가능 | · 퇴직급여가 금융환경 리스크에 노출될 우려가 있음<br>· 상품 이해 및 시스템 사용 등 근로자 노력 필요 |

도입되어 있지 않기 때문에 수익률과 안전성 등을 고려해 DB형(확정급여형), DC형, IRA 등을 선택해야 한다.

DB형은 근로자가 퇴직 시 수령할 퇴직급여가 근무 기간과 평균임금에 의해 사전에 확정되어 있는 제도로 사용자가 적립금을 직접 운용한다. 이에 반해 DC형은 사용자가 매년 연간 임금의 1/12 이상을 부담금으로 납부하고, 근로자가 적립금의 운용방법을 직접 결정하는 제도이다.

DB형과 DC형 중 어느 형태를 선택하는 것이 좋은 지에 대해서 알아보겠다. 선진국에서는 퇴직연금자산을 주식, 채권 등 적극적 운용으로 불려 나가는 DC형 비중이 크게 높아지고 있다. 우리나라에서는 퇴직금 규모가 보장되는 DB형을 일반적으로 선호하고 있다.

퇴직할 때까지의 임금상승률이 운용수익률보다 높으면 DB형이 유리하다. DB형은 퇴직하는 해의 임금을 기준으로 퇴직금을 계상하고 DC형은 매년(또는 분기, 반기) 해당 연도의 임금에 맞춰 퇴직금을 지급하는 형태다. 자신이 퇴직금을 받아 매년 임금 상승률 이상의 수익을 낼 자신이 있는 경우에는 DC형을 선택하는 것이 유리하다.

대체로 낮은 직급의 근로자는 앞으로 승진을 하면 임금이 많이 오를 가능성이 있으므로 DB형을, 높은 직급의 경우에는 DC형을 고르는 것도 무난하다.

처음에는 DB형을 선택했다가 DC형으로 교체할 수도 있다. 임금피크제가 시행되어 임금이 줄면 DB형의 경우 퇴직급여액이 줄기 때문에 DC형으로 바꾸는 것이 바람직하다.

### 퇴직연금제도의 전면 개선안
현재의 근로자퇴직급여보장법하에서는 제도 운영상 아직도 여러 가지 문제가 있다. 이를 개선 · 보완하기 위해 2008년 11월 근로자퇴직급여보장법 전면 개정안이 국회에 상정되어 있으나 아직 처리되지 못하고 있다.

〈표 90〉 전면 개정안의 방향

| | 주 요 내 용 |
|---|---|
| 제도 도입, 설계 및 운영의 유연성 강화 | 현행 법령은 단순한 형태의 운용 기준을 제시하기에 다양한 욕구를 반영하지 못함<br>→ 개인별 복수형태(DB형+DC형)의 퇴직연금 선택 허용, 중소기업을 위한 연합형제도 도입, 담보대출 활성화, 근로자 대표 동의절차 합리화 추진 |
| 퇴직급여제도의 연속성 및 수급권 강화 | 퇴직금 중간정산, 잦은 직장 이전으로 은퇴 시 충분한 노후재원 확보 곤란<br>→ 퇴직금 중간정산 요건을 근로자퇴직급여보장법에서 정하는 중도인출과 같은 요건으로 강화하는 것이 바람직<br>→ 퇴직연금제도의 연속성 강화(이직 시 개인형 퇴직연금으로 이전하는 것을 원칙으로 함) |
| 제도 활성화 촉진 | 개인퇴직계좌제도가 충분히 활용되지 못하고 있음<br>→ 신설 사업장에 퇴직연금 강제화 추진<br>→ 개인퇴직계좌를 개인형 퇴직연금제도로 발전시켜 자영인 등에 확대 적용 |
| 퇴직연금제도 운영 인프라 확충 | 퇴직연금 사업자의 사업 중단, 사용자의 제도 변경 및 폐지 절차 등 관련 제도 보완 |
| 재정 검증절차 강화 | 적립금 과부족 발생 시 규제장치가 미비하며 재정건전성 검증에 대한 정확성을 확인하는 절차나 기준이 미비함<br>→ 재정건전성 검증 기준 정비    90% 미달 시 : 부족분 해소<br>                                  100% 초과 : 장래 부담금과 상계<br>                                  150% 초과 : 반환 |

## 퇴직연금 활성화 방안

전면 개정안에 포함되지 않은 사항이지만 퇴직연금 활성화를 위해서는 개선되어야 할 관련 규제가 아직도 많다.

첫째, 현재 DC형의 경우 전액 사외적립해야 손비가 인정되나 DB형의 경우 60% 이상만 사외적립하면 가입이 가능하다. 더욱이 사내

유보 퇴직급여 충당금의 경우 아직도 30%를 손비 인정해 주고 있어 퇴직연금 활성화에 장애 요소로 작용하고 있다. 따라서 사내 유보 퇴직급여 충당금의 손비 인정 폐지일정을 보다 앞당길 필요가 있다.

둘째, 현재 개인연금저축보험료와 퇴직연금보험료 중 근로자 부담분을 합하여 연간 400만 원 한도 내에서 보험료 소득공제가 허용되기에 퇴직연금제도의 세제 혜택이 미흡하다.

개인연금저축보험료 소득공제와 구분해 퇴직연금보험료에 대한 별도 추가 세제 지원이 필요하다. 또한 퇴직연금과 국민연금을 합한 연금의 소득공제 한도 900만 원은 단계적으로 인상하는 대신 퇴직일시금에 대한 소득공제 한도 40%는 단계적으로 인하하는 것이 바람직하다. 왜냐하면 퇴직일시금에 대한 소득공제율이 연금으로 받는 소득공제율보다 높아 퇴직일시금이 퇴직연금보다 우대되고 있기 때문이다.

셋째, 우리나라 퇴직연금 적립금 운용 규제는 양적 규제로 근로자의 자산 운용 폭을 제한해 투자수익률을 저하시킴으로써 자칫 퇴직연금제도 활성화의 저해요인이 되고 있다. DB형의 경우 수급권 보호를 위해 최소 한도의 양적 규제는 견지하되, DC형의 경우는 위험자산 투자를 금지하고 있다. 이를 완화하고 수탁자 책임하에 선량한 관리자 의무에 입각한 질적 규제로 단계적으로 전환시켜야 할 것이다.

넷째, 연금 적립금 과부족에 대한 검증 절차는 마련되고 있으나 불이행 시 제제조치에 대한 명확한 규정이 없다. 또한 선진국처럼 보험계리사 등을 통한 책임준비금의 적정성 확인, 검증과 회계 감사 및 연금 재정 시 계리사의 검증을 반영한 규정이 부재하므로 연금수지 개념에 입각한 연금 재정의 적정성 검증이 이루어질 수 있도록 하는 법적·제도적 장치 확립이 필요하다. 현재는 손비 인정 한도를 퇴직급여추계액(청산 기준)으로 하고 있어 연금계리방식에 의한 부담금(계측 기준)이 퇴직급여추계액을 넘는 경우 세제상 손금산입이 불가능하다.

다섯째, 중장기적으로 실질적 수급권 보호장치 마련을 위해서 정부의 지원하에 미국의 연금지급보장공사(PBGC) 등과 같은 별도의 연금지급보장제도를 도입, 운용하는 것이 바람직하다.

### 퇴직연금보험의 운영상 문제점

2010년 12월 현재 퇴직보험을 포함한 우리나라 퇴직연금자산은 은행, 증권, 보험 등 56개 사업자가 약 45조 원을 운용 중이나 2015년에는 100조 원대로 커질 것으로 전망된다. 우리나라 퇴직연금 자산의 규모는 GDP 대비 4%로 일본(23%), 영국(55%), 미국(58%) 등 성숙 시장에 비해 아직 걸음마 단계에 불과하다.

2010년 12월말 퇴직연금자산(퇴직보험 제외) 29조 원 중 DB형이 72%, DC형 18%, IRA가 10%이다. 원리금보장 비중은 DB형에서는 93.4%, DC형에서는 70.4%에 달해 대부분의 적립금이 원리금보장형 상품에 몰려 있다.

우리나라 퇴직연금 규제는 주식이나 펀드 등에 대한 투자를 엄격히 규제하는 방식을 취하고 있다. 확정급여형 퇴직연금의 경우 부동산, 펀드에 대한 규제를 일부 완화했다. 확정기여형 퇴직연금의 경우는 근로자의 투자지식 부족 등을 고려해 주식, 부동산, 주식형·혼합형 수익증권에 엄격하게 투자를 금지하고 있다. 또한 퇴직연금 운용사들이 원금 손실을 피하기 위한 극단적인 보수적 운용으로 일관하고 있어 주식 비중이 1% 수준으로 OECD 국가 중 최하위이다.

퇴직연금 시장은 금융권의 새로운 블루오션으로 기대를 모으고 있었던 터라 은행, 보험, 증권사 56개사가 참여해 퇴직연금 사업을 위한 시스템 구축과 컨설팅 및 운용 인력의 양성, 배치 등 인프라 구축에 많은 사업비를 투여하고 있다. 그러나 금융권 간, 회사 간의 경쟁이 지나쳐서 제 살 깎아 먹기식 고금리 경쟁으로 오히려 레드오션으로 변질되고 있다. 퇴직연금 사업자들이 제공하는 원리금보장형 상품의 금리는 시장의 실제 금리보다 훨씬 높은 고금리 상품이 제공되고 있기 때문이다. 또한 운용관리 및 자산관리 수수료 수준은 지속적으로 인하 경쟁이 치열하다.

퇴직연금 사업자들은 초기 시장 선점을 위해 역마진 우려에도 불구하고 외형 M/S 추구에 골몰하고 있다. 고금리 제시나 수수료 인하도 문제가 있지만 중도 해지 시 페널티까지 면제해 주는 것은 큰 리스크를 떠안는 것이 된다.

보험연구원의 '퇴직연금 가입 및 인식 실태조사(2009년 10월 8일)'에 따르면 금융사의 불건전 가입 권유가 20%를 상회하고 있다. 대표적인 유형은 대출 만기 연장, 우대금리 또는 기존 대출조건 유지, 신규대출, 만기 도래 회사채 연장 등이었다. 종업원들에게 우대금리로 신용대출을 해주는 조건 제시도 있었다. 불건전 권유가 많은 반면 부실한 사후관리가 많았고, 연금계리와 재정건전성 검증이 10% 수준에 불과하다. 계약사항 안내도 부실하며 근로자 교육도 부족한 실정이다.

이와 같은 고금리 상품 제공 및 수수료 인하는 단기적으로는 가입자에게 유리한 측면이 있으나, 중·장기적으로는 퇴직연금 사업자의 경영 부실을 초래하고 양질의 서비스를 제공받을 수 없다. 따라서 결과적으로는 퇴직연금 시장의 건전한 발전을 저해하는 요인으로 작용할 것이다.

## Chapter 07

# 판매 채널 다양화에 따른
# 향후 채널 운용전략

## 1. 비전속 채널화의 급진전

우리나라도 판매 채널의 다양화가 크게 진전되어 GA, 방카슈랑스 등 비전속 채널의 업적 비중이 월납 초회 보험료 기준으로 2003년 15.5%에서 2010년 37.2%까지 크게 증가했다. 반대로 전속 채널 중 여성설계사 업적 비중은 동 기간 중 65.8%에서 42.5%로 23.3%나 감소했다. 동 기간 중 전속 채널 업적은 3% 감소했지만 비전속 채널 업적은 3.1배 증가했다.

여성설계사의 경우 판매인력의 고령화가 심각한 문제로 대두될 것으로 전망된다. 여성설계사의 평균연령이 1997년 37.9세에서 2009년 43.4세로 5.5세나 증가되었다.

<표 91> 생보업계 판매 채널별 업적 변화(월납 초회보험료 기준)　　단위 (억 원, %)

| 전속<br>여성 | 2003년 (A) | 占 | 2010년(B) | 占 | 증감 | 占 | B/A | 신장률 |
|---|---|---|---|---|---|---|---|---|
| 전속 | 711 | 84.5 | 688 | 62.8 | -23 | -21.7 | 0.97 | -3.2 |
| 여성 | 553 | 65.8 | 466 | 42.5 | -87 | -23.3 | 0.84 | -15.7 |
| 비전속 | 130 | 15.5 | 408 | 37.2 | 278 | 21.7 | 3.14 | 214 |
| 계 | 841 | 100.0 | 1096 | 100.0 | 255 | - | 1.30 | 30 |

※2010년은 추정치임

　이제는 다양한 선진보험 상품들이 대부분 출시되어 있기에 채널마다 상품을 똑같이 판매하는 것은 바람직하지 않다. 주력 상품별로 타깃 고객을 설정하고 그에 알맞은 채널을 선택해 상품-고객-채널을 매치시켜 채널을 특화해 나가야 한다. 동일한 유형의 상품이라도 채널별로는 상품을 달리해 채널 간의 마찰을 줄이는 것이 바람직하다.

　단순 상품이나 전통적 상품의 판매는 전속 채널이 담당하고 투자자문 기능에 초점을 맞춘 금융 상품은 금융전문가로 양성된 전속 채널이나 비전속 채널을 활용 하는 것이 바람직하다. 아직은 금융전문가로 양성된 전속이나 비전속 채널이 많지 않지만 향후 부유층 고객은 한 보험사의 상품만 판매하는 방식보다는 고도의 금융지식과 다양한 금융 상품을 갖추고 최적의 재무 설계가 가능한 독립형 비전속 판매 전문조직을 필요로 하게 될 것이다.

　우리나라의 대형보험사들은 GA 채널의 확보나 통제를 제대로 못하고 있다. 수익성이 낮은 비전속 GA의 확보보다도 우선은 전속

GA에 대한 육성 지원을 보다 강화할 필요가 있을 것이다.

그러나 대형 보험사들은 굳이 전속 채널만을 고집할 필요는 없다고 본다. 연금 및 변액보험의 경우에는 방카슈랑스 채널을 통해 고소득층 시장을 공략하지 않으면 VIP 고객 확보가 어려울 뿐 아니라, 시장지배력을 잃게 된다. 또한 비전속 GA가 향후 점차 커질 수밖에 없다면 대형 GA와 제휴해 차별화된 상품을 출시해 보는 것도 검토해 볼 필요가 있을 것이다.

특히 전속 대면 채널이 약한 중·소형사나 외국사는 판매 채널을 새롭게 구축하기보다는 방카슈랑스나 GA를 적극적으로 활용해야 하며, 비대면 채널 활용도를 높이는 것이 유효한 전략이다.

2009년 3월말 기준 중·소형 보험사 비전속 채널 비중은 전속 채널을 앞지르고 있으며 독립 채널 비중이 50% 이상인 회사가 총 18개회사 중 9개사인 것으로 나타났다.[141]

〈표 92〉 생보사별 비전속 판매 비중                    (단위: %)

|        | 2006년 | 2007년 | 2008년 | 2009년 3월 |
|--------|--------|--------|--------|-----------|
| 대형사   | 19.0   | 17.9   | 20.7   | 18.2      |
| 중·소형사 | 36.7   | 40.1   | 44.4   | 53.6      |
| 외국사   | 19.8   | 23.8   | 9.1    | 10.4      |
| 계      | 24.3   | 264    | 25.8   | 28.4      |

## 2. 선진사의 채널 운용사례

미국의 노스웨스턴(Northwestern) 사[142]는 전속 채널만으로 성공한 회사이므로 훌륭한 벤치마킹 대상이다. 이 회사는 6,500여 명의 정예화된 전속 GA로 성공을 거두고 있다. 고학력인 대졸 인턴제도를 도입하는 등 22~35세의 젊은 층을 채용해 변호사, 회계사, 의사, 개인 사업가 등 전문직 고소득층을 대상으로 종신, 정기보험, 소득보상보험 등을 설계·판매하고, 상속 및 기업승계 컨설팅 등 고품질의 서비스를 제공하고 있다.

미국 보험업계의 일반적인 경향은 전속 채널조직이 감소하는 것이다. 하지만 노스웨스턴 사는 전속 채널이 오히려 지속적으로 증가하고 있음에도 불구하고 생산성이 높고 유지율이 양호하다. 그 결과 사업비 효율화로 코스트는 감소되고, 사차익은 양호해 수익성이 높다. 이를 통해 업계 최고의 배당률을 제시함으로써 영업경쟁력을 높힐 수 있어 선순환 경영을 하고 있다.

이 회사도 자체조직 내에서 우수한 고능률조직을 특화한 노스웨스턴 뮤추얼 네트워크(Northwestern Mutual Financial Network)를 활용해 뮤추얼펀드 등 금융 상품을 중점 판매하고 있다.

이와는 달리 전속 채널과 비전속 채널을 균형 있게 잘 활용하고 있는 회사는 메트라이프 사[143]이다. 이 회사는 특정 상품과 특화 시장에 국한하지 않고 다양한 판매 채널을 통해 시장을 확장해 나가고 있으며 전속 채널과 비전속 채널의 비중은 4:6 수준이다.

이 회사는 전속설계사 채널을 통해 전통적인 생명보험 55%, 연금 20%, 뮤추얼펀드 10% 등을 팔고 있다. 45~59세 부유층 시장을 공략하기 위해서 뉴 잉글랜드 파이낸셜(New England Financial)을 인수해 강력한 전속 GA 채널을 구축했다.

미국 하트퍼드 사는 변액 상품 전업사로서 비전속 채널만을 100% 활용해 미국 내 변액보험 시장을 주도하면서 1989년 이래 자산을 12년만에 17배로 증가시켰다. 2000년도에는 일본 시장으로 눈을 돌려 대형 보험사들이 다 철수한 일본의 변액보험 시장을 공략해 커다란 성공을 거두었다.

하트퍼드 사가 성공한 비결은 타깃 고객을 잘 설정하고 경쟁력 있는 상품을 제공하면서 은행과 증권사 채널을 통해 홀세일러를 지원조직으로 잘 활용한 것이다. 즉, 일본의 경우 65세 이상 인구가 금융자산의 50% 이상을 보유하고 있었기 때문에 이를 핵심 타깃(Core Target)으로 하고, 상품은 상속과 연금보장 두 가지 니즈에 초점을 맞추었다. GLWB(평생연금보장)옵션을 부가한 변액연금 일시납 상품을 60세 이상 노년층과 거래가 많았던 은행, 증권사 채널을 통한 B to B 판매를 근간으로 하되, 홀세일러를 지원조직으로 활용해 장기적인 성과를 거두었다.

미국 대형 GA 사와 지원전문 네트워크 사의 대표적 사례로는 NFP(National Financial Partners)와 엠 파이낸셜(M Financial) 그룹을 들 수 있다.[144]

NFP는 1999년 설립 이후 미국 전 지역의 소규모 비전속 독립대리점을 적극 인수해 2008년 기준으로 커미션 피(Commission Fee)가 미화 12억 달러, 종업원은 3,383명에 이른다. NFP는 독립 판매 채널을 인수하는 경우 지분을 100% 인수하더라도 피인수 채널의 경영진은 그대로 유지한다. 이들과의 계약을 통해 피인수 채널로부터 발생하는 수익은 피인수 판매 채널의 경영진과 공유하는 방식을 채택했다.

피인수 독립 판매 채널의 이익은 금융 상품 제조회사에 대한 협상력 증대, 업무 지원으로 인한 코스트 절감, NFP차원의 마케팅 수행으로 브랜드 파워(Brand Power) 제고, 최대의 취약점인 판매자에 대한 체계적인 교육을 받을 수 있는 등 유리한 점이 많다.

엠 파이낸셜 그룹은 1978년에 설립된 금융 서비스 네트워크이며 부유층 및 기업체를 대상으로 하는 전형적인 금융 상품 판매 전문회사이다.

엠 파이낸셜 그룹은 1,000명의 금융 상품 판매 전문가를 확보해 이들을 통해 미국 상위 5대 생명보험사에 맞먹는 실적을 보이고 있다. 116개 GA가 지분을 소유한 네트워크형 GA를 형성하고 공동 브랜딩 및 마케팅을 통해 협상력을 제고한다. 회원사에 대한 통제가 강력하며 그룹 브랜드를 사용하기 위해서는 2년간의 검증 기간이 소요된다. 선별된 우량고객의 낮은 사망률로 인한 사차익을 근거로 보험회사에 대한 협상력을 높이고 있으며 재보험회사를 보유하고 있어 재보험 이익을 공유하고 있다.

## 3. 대면 전속 채널의 운용전략

### 여성설계사 채널의 육성

대형 보험사의 경우 여성 전속 채널을 아직도 높은 비중으로 보유하고 있지만 설계사의 평균 연령이 점차 높아져가고 생산성이 낮아지고 있다. 따라서 이들의 생산성을 높여 정예화시키고 젊고 우수한 신인의 선별 도입과 육성이 무엇보다도 중요하다. 한때는 구조조정의 대상이 되었던 여성설계사 채널의 로열티가 남성설계사 채널보다 높고 수익성 면에서도 기여도가 큰 것은 과거 10년 동안의 경험을 통해 이미 깊이 인식하게 되었을 것이다.

다만 설계사들 간에 직장경력과 역량, 활동 스타일 등의 차이가 크기 때문에 이를 그룹핑해 타깃 고객을 달리 설정하고 이에 맞는 특화된 상품과 판매방식을 차별화하는 것이 효율적일 것이다. 예컨대 여성설계사 중 금융 상품에 대한 이해도가 높고 전문직이나 부유층 고객을 많이 보유하고 있는 계층을 특화해 운영하는 것이 필요하다.

특히, 서울 및 수도권 내 부유층 밀집지역을 선정해 부유층 특화점포를 설치하되 부유층 고객을 많이 관리해 본 경험 있는 설계사를 선발 배치해야 한다. 부유층 대상 세미나 개최, 부유층 고객 공략 시 동행 지원 등을 위해 FP(Financial Planner)나 이에 준하는 스탭을 지원한다면 성공할 확률이 클 것이다. 변액일시납과 간접투자 상품에 대한 철저한 교육과 더불어 FP센터나 외부의 세무 · 부동산전문가 등을 초청해 상속, 증여, 세무 등 재무설계 교육을 실시해야 할 것이다.

내점형 점포에 대한 고객의 니즈 수용을 위해 금융복합창구 설치를 하면 유력 잠재고객에 대한 초청 강의 개최 또는 유망신인 유치 기회로 활용할 수 있을 것이다.

베이스 마켓이 적은 일반적인 설계사들을 위해 직역 시장이나 상가, 아파트 대단지 등 지구 시장을 체계적으로 공략하기 위한 회사 차원의 노력은 다시 시작되어야 한다. 회사가 보유하고 있는 많은 보유계약 정보와 CRM기법을 활용해 설계사에게 가장 가능성이 높은 잠재 시장을 발굴하고 이를 공략하기 위한 세미나 개최 등의 효과적인 지원책을 강구해야 한다.

G-CRM(지리정보시스템과 고객관계관리의 합성어)기법[145]을 활용한다면 지역별 시장성 및 보유계약과 설계사의 거주지, 점포 소재지 등을 감안해 설계사에게 적합한 구역을 배분할 수 있다. 가능한 한 직역이나 상가, 고급 아파트 등을 우선 공략하는 것이 바람직 할 것이다.

지점 내 직역전담조직을 구축하고 이에 맞는 설계사들을 선발·투입하되 법인영업의 도움을 받아 인하우스(Inhouse) 설치, 출입증 확보 지원과 육성지도장 및 시장총무 등 스탭진의 총력 지원을 받도록 한다.

만기고객과 완납고객 중 장기간 터치(Touch)하지 않은 고아(관심)고객들은 수금건을 회수해 콜센터에서 고객을 웜 업(Warm-Up)시킨 후 설계사에게 재배분한다. 이 경우에는 가급적 수익증권이나 저축성 상품 중 신종 상품을 먼저 소개해야 할 것이다.

## 대졸 남성설계사 채널의 한계

사망보험에 대한 인식이 부족해 종신보험 불모의 땅 한국에서 종신보험 판매를 성공시키기 위해 푸르덴셜 사는 부업 성격의 여성설계사가 아닌 4년제 대졸 이상 자로 대기업 직장생활 3년 이상 경력이 있는 남성설계사를 리쿠르팅 대상자로 했다.

이들에게 보험의 가치, 필요성 등 십(Ship)으로 무장시키고, 노트북을 활용한 재정안정 맞춤 서비스를 제공토록 하는 차별화 전략을 구사했다. 그동안 여성설계사에 의해 상품 내용과 안내장 위주의 설명 등 비전문가적인 영업을 하던 한국 보험 시장에 신선한 충격을 주었다. IMF라는 특수한 상황에서 잠재력 있는 유능한 대졸 남성을 대거 도입해 종신보험 판매 성공을 이루었다.

푸르덴셜의 남성설계사는 체계화된 세일즈 프로세스 9단계 시행, 전화에 의한 사전 방문 약속, 주간 3W(3건의 신계약) 이상 업적 거적, 소개 마케팅 시스템 도입 등으로 생산성이 여성설계사에 비해 현저히 높았다. 유지율, 정착률 등 제반 효율에 있어서도 현저한 격차를 벌렸다. 푸르덴셜의 성공은 기존 보험사들에게 여성설계사 채널에 대한 회의적인 시각을 갖게 했으며, 2000년대 이후는 변액보험 등 투자형 상품이 주종을 이루면서 남성설계사 채널에 대한 니즈가 급증했다.

남성설계사의 구성비가 FY 2000년 6.5%에서 FY 2008년 27.2%

로 급격히 증가했다. 푸르덴셜 외에도 ING, 메트라이프, PCA, 뉴욕라이프, AIG 등 많은 외국계 생보사들도 대졸 남성 채널을 주채널로 육성했다. 대한, 삼성 등 대형사는 물론 미래에셋, 동부, 금호 등 중·소형사들도 남성 채널을 도입한 데 기인한다.

외국 생보사들의 남성 채널은 회사별 상품 전략에 따라 저마다 특색을 가지고 있다.

P생명은 초창기에 종신 및 정기보험 등 사망보장 상품 포트폴리오를 엄격하게 고수해 높은 사차손익을 유지하고 있으나, 조직의 양적 확대나 매출 신장에는 한계가 있었다.

이에 반해, I생명은 종신보험과 함께 프리미엄 연금보험을 주종으로 했으며 모집수수료의 선지급제도 도입으로 조직의 양적 확대나 매출 신장 면에서 탁월한 성과를 보여주었다. 그러나 리쿠르팅 요건상 학력 미달자 문제가 노출되고, 세계적인 금융위기를 맞으면서 변액보험 위축 및 보험 부문 매각설 등으로 조직 이탈이 급증해 사세가 크게 위축되었다.

M생명은 변액유니버셜을 주종으로 지속 성장했는데, 변액유니버셜 사업비 조정과 일부 판매상의 컴플라이언스 리스크(Compliance Risk) 노출, 세계적인 금융위기를 맞으면서 조정국면을 맞았으나 다시 성장세에 있다.

A생명은 변액연금과 변액유니버셜 그리고 수익증권을 중심으로 고도성장을 추구하면서 인력 스카우트 등으로 짧은 시간 내에 조직을 크게 확대했다. 그러나 역시 세계적인 금융위기를 맞으면서 수

익증권, 변액보험 등의 수익률 약화 등으로 크게 위축되었으나 현재는 회복세에 있다.

S생명의 경우, 대졸 남성조직은 1999년 LT(Life Tech)사업부로 출발해 기존 여성조직 채널에 보험의 가치, 필요성 및 사회적 역할 등 FC 십(FC Ship)과 체계적인 세일즈 프로세스, 우수한 영업인력 도입을 위한 프로그램(CIS-Program) 등 많은 노하우를 전수했다. 그러나 후발 조직임에도 불구하고 새로운 채널에 대한 장기적 차별화 정책 부재, VUL 판매 중지와 변액연금사업비 인하 등으로 우수설계사 유출과 우수 신규인력 도입 한계 등으로 크게 성장하지 못했다.

삼성, 대한을 비롯한 대형사, 동부, 금호, 뉴욕 라이프 등 중·소형사들은 대졸 남성설계사 확대에 많은 사업비를 투자했다. 그럼에도 불구하고 성과를 거두지 못했다.

이와 같이 대졸 남성설계사조직의 견실한 구축에 대부분의 회사들이 실패를 거듭하고 있는 이유는 무엇일까?

첫째는 리쿠르팅 과정에서 신규 인력의 발굴과 육성 노력보다는 업계 기존 인력의 스카우트에 의존해 급하게 조직을 확충하면서 정도를 견지하지 못한 데 있다고 하겠다.

타사 인력의 스카우트 시 역량에 비해 높은 비용 및 선지급수당 지급 등으로 보유하고 있던 기존의 대졸 남성조직의 로열티까지 무너뜨리게 되었다. 뿐만 아니라, 집단적으로 회사를 옮기면서 높은 스카우트 비용을 요구하는 사례가 빈발하고 있다.

이와 같이 스카우트 중심의 조직 구축은 사업비효율의 악화는 물론 모집 질서 및 계약자 보호 차원에서도 상당한 문제가 있다. 자리를 옮긴 대졸 남성설계사들이 새로운 고객 발굴 노력보다는 기존 고객에 대한 집중적인 승환계약에 치중함으로써 제반 효율이 악화될 뿐 아니라 승환계약으로 인한 고객의 피해도 커지고 있다.

뿐만 아니라 높은 고정급 보장기간이 종료되면 선지급수당을 챙겨서 유리한 조건을 제시하는 다른 회사로 진출하는 소위 '먹튀' 현상까지 발생하면서 업계 전체의 대졸 남성조직 운영상 난맥상을 보여주고 있다.

둘째는 기존 여성조직 채널과는 다른 차별화된 마케팅 전략의 부재에 원인이 있다.

최초 대졸 남성조직이 성공의 발걸음을 뗄 당시에는 여성조직과는 다른 차별화된 면이 많이 있었다. 기존의 비전문가적, 부업 성격의 여성 채널과는 달리 가족 사랑의 전도사로서 정신적 무장을 하고, 가입설계서가 아닌 노트북을 활용해 이미 가입한 보험계약 내용 분석과 더불어 개인에 맞는 맞춤식 재정보장 분석, 추후 지속적인 금융, 보험 정보 제공 등 보험금융 전문가로서 차별화가 확실히 되었었다. 그러나 그 후 여성조직에서도 남성조직의 장점을 도입 · 시행함으로써 차별화가 되지 못해 시장 경쟁은 더욱 가열될 수밖에 없었다.

대졸 남성조직이 성공하려면 그 핵심적인 성공요인을 다시 음미해 볼 필요가 있다. 당초 푸르덴셜의 주된 리쿠르팅 대상은 타 업종 대기업의 과장, 대리 등을 핵심 타깃으로 했다. 이는 전 직장이 훌륭한 베이스 마켓이 되어 50주 동안 신계약을 3건(3W) 이상 체결할 수 있어 성공이 확실 시 되었기 때문이다. 따라서 이미 베이스 마켓이 고갈된 자들을 스카우트했을 때 실패확률이 큰 것은 당연하다 할 것이다.

그런데 요즈음은 푸르덴셜도 리쿠르팅 면에서 크게 어려움을 겪고 있다고 한다. 30대 및 40대 초반의 대기업 과장, 대리들의 경우 처음에는 성공하는 사람들이 많았으나 시장이 성숙하면서 실패자들이 증가해 이들 계층의 전직 희망자가 크게 줄어들고 있기 때문이다.

대졸 남성조직이 주로 공략했던 시장은 전 직장 등 베이스 마켓도 있지만, 주로 의사, 변호사, 대학교수 등 전문직 종사자와 자영업자 등 중상류층이었다. 하지만 이러한 시장도 성숙되었고, 여성 채널 부문에서도 대졸 남성조직과 같은 교육, 육성, 마케팅 시스템 등이 도입됨에 따라 이제는 차별화되기 어렵다.

이렇게 치열한 시장에서 고능률 설계사의 확보 및 양성을 위해서는 대졸 남성조직만을 고집할 필요는 없다. 여성조직이 회사에 대한 충성심도 높고, 고객과 정서적 친밀감이 높으며 상위 우수 인력은 대졸 남성설계사보다 생산성 및 제반 효율 면에서 우위에 있다. 따라서, 우수한 인력이라면 남성은 물론 여성 인력도 대등하게 확보·양성해야 할 것이다.

이러한 측면에서 대졸 남성설계사만을 고집하던 푸르덴셜조차 2008년 말부터 여성에게도 문호를 개방했으며, 다른 생보사들도 수년 전부터 고학력 여성설계사를 남성과 함께 선발하고 있다.

따라서 이제는 차별화된 투자형 상품 및 세무, 부동산 등 종합적인 금융 컨설팅을 제공할 수 있는 역량을 가진 고능률 설계사의 확보 및 양성이 중요하다.

### 향후의 전속 채널 운용 방향

보험사의 유지율이 선진국 수준에 미치지 못하고 있으며 과거 10년간은 답보 상태였다. 따라서 보험판매 프로세스가 고객만족보다는 판매 자체에 중점을 둔 프로세스였다는 것을 인정할 필요가 있다.

이제 조금씩 고객의 만족에 중점을 둔 판매 프로세스가 무엇인지에 대해서 고민을 시작해야 한다. 지금 고객은 우선 철저한 재무설계를 통해서 재무 상태에 대한 자문을 받고 싶어 하며 그를 바탕으로 한 상품을 제안할 것을 요구하고 있다. 또한 제안 받은 상품을 본인이 필요성을 느낄 만큼 충분히 설명해 본인을 이해시킬 것을 요구하고 있다.

최근 초부유층을 대상으로 각 금융업계가 총력 경쟁을 경주하고 있는 상황에서 보험업계도 은행의 PB, 증권사의 랩(Wrap) 서비스 등과 경쟁할 수 있는 차별화된 조직의 운영이 필요하다. 또한 보험 중심의 자산 운용관리 체계와 기법 개발과 함께 초부유층대상 홍보를 강화하고 VVIP 고객대응의 전문 인력을 확보해 기존의 아웃 바운드(Out-Bound) 영업 위주에서 벗어나 인 바운드(In-Bound) 영업 방식에도 진출하는 시장대응 체계를 갖출 필요가 있다.

특히 초부유층은 보험 가입도 자산 운용 포트폴리오(P/F) 차원의 투자개념에서 접근하므로 초부유층을 타깃으로 한 재테크 및 상속 증여 등의 세무, 법무 등 종합적인 금융 컨설팅을 제공해야 한다. 이를 위해서는 교육을 통해 고능률조직을 금융 전문가조직으로 특화 시키거나, 별도의 금융 전문 공략팀을 만들어 운영하거나, FP센터를 설치하고 운영할 필요가 있다.

초부유층 공략팀의 리쿠르팅 대상은 타 금융 상품 지식이 탁월한 파이낸셜 플래너와 세무, 법무 등의 전문성을 가진 세무사, 법무사 등 전문가 그룹이다. 이들을 팀으로 묶어 공동모집 활동을 전개한다면 높은 생산성을 거적할 수 있을 것이다. 이와 더불어 부유층 마케팅 강화를 위한 FP센터를 설치해 VIP 초청 세미나 개최, 맞춤형 설계 제공 및 프리젠테이션 등 체계적인 컨설팅이 될 수 있도록 한다면 고능률설계사의 생산성을 한 단계 더 레벨 업 할 수 있을 것이다.

삼성생명은 2001년 10월 FP사업을 시작으로 전문 인력 양성과 노하우를 축적해 2002년 10월 강남 FP센터 개설을 필두로 전국에 5개 FP센터와 총 120여 명의 전문인력들이 서비스를 제공하고 있다. 삼성생명 FP센터가 운영하는 재무 설계 서비스에는 자산증식 플래닝인 GAP(Growth of Asset Planning)와 자산승계 플래닝인 TAP(Transfer of Asset Planning)가 있는데, 부유층을 대상으로 고객에게 유용한 전략을 제안하고 있다.

메릴린치 아시아태평양 부자보고서에 따르면, 금융자산 10억 원 이상의 국내 부자 수가 2008년에 약 10만 5,000명에 달하고 있다고 한다. 이에 따라 많은 생보사들이 삼성생명처럼 FP센터 운영을 강화하고 있다. 대형 GA인 A플러스에셋 사에서도 부자 마케팅에 역량을 집중하기 위해 CFP센터를 설치 운영하고 있는 것은 바람직한 일이라고 판단된다.[146]

많은 다른 업계와 같이 생보업계에서도 회사의 커다란 이익을 창출해주는 VIP 고객을 위한 부자 마케팅이 매우 중요하다. 이를 위해서는 VIP 고객의 세무, 법무 등 전반적 재정에 대한 컨설팅뿐만 아니라 인생 전반적인 사항인 자녀 교육, 건강, 취미 활동, 행복한 노후생활, 사후 재산상속 등에 대한 정보 제공, 컨설팅으로 범위를 확대 해야 할 것이다.


## 4. 비전속 독립대리점(GA)의 급성장과 활용

### 영국의 비전속 채널 발달 과정[147]

비전속 채널, 브로커가 처음으로 활성화되기 시작한 것은 영국 시장이었다. 비전속 채널은 소비자주권주의 사상과 함께 발전되어 왔다. 1986년 금융 서비스 법 시행으로 금융 영역 간 규제를 완화해 보험, 증권, 선물, 투자자문 등 전 영역에 걸쳐 교차 판매를 허용하면서 고객들이 각 사별 보험 상품을 비교해 가입할 수 있도록 제도적 기반을 조성했다.

소득 수준 향상, 평균수명 증가로 사망보장 니즈는 축소되고, 건강, 장기 간병, 유닛 링크드(Unit-Linked) 등 투자 상품에 대한 관심이 증가하면서 투자 상품 판매 경험이 있는 브로커를 활용하는 것이 전속 채널 육성보다 유리했다. 전속 채널을 육성시켜 판매하기에는 자격시험 취득, 교육비용, 도입 초기 저생산성 등의 문제로 이미 투자형 상품에 대한 판매 경험이 있는 판매자를 비전속 채널로 흡수해 판매하는 것이 바람직했다.

전속 채널은 방문 판매를 통해 사망보장 중심의 상품을 상대적으로 저액으로 설계해서 판매하는 데 비해, 비전속 채널은 고소득층 중심으로 금융형 상품을 고액설계 판매하기 때문에 생산성면에서도 차이가 있다. 전속 채널의 경우 조직의 유지, 교육에 많은 비용이 소요되는 저(低)수익 채널로서 초기 5년간 신계약체결 코스트가 비전속 채널 대비 1.3배~1.5배 높은 고(高)코스트 채널이었다. 그런데다 연금부실 판매로 민원 발생이 급증해 감독당국에서 부실 판매에 대한 보험회사의 배상 책임을 강하게 묻게 되자, 보험사에서 배상 책임이 없는 비전속 채널을 선호하게 되었다.

1988년 양극화규정(Polarization Rule, 1988)은 투자 상품 판매에 대해서 IFA(Independent Financial Advisors)에 의한 독립 판매와 전속대리점(Tied Agents)에 의한 전속 판매 두 가지 판매방법만을 인정한다. 이로 인해 IFA가 투자 상품의 최대 판매조직으로 성장하게 되었다.

IFA는 보험 분야에 제한되지 않고 금융전반에 걸쳐 포괄적 판매 수행이 가능하다. 즉, 고객에게 최적의 주식, 채권, 보험, 선물 등 투자 상품 관리 및 자문을 수행하는 독립적인 금융중개인이다. 정확한 금융 상품의 비교, 판매를 위해 감독기관에 등록이 필요하며 등록을 위해 최소 5년 이상의 실무 경험이 필요하다. 양극화규정 이후 전속 채널은 약화되었으며, 2000년을 분기점으로 IFA가 영국 생보 시장에서 주력 채널이 되었다.

〈표 93〉 영국의 개인 생명보험 채널별 점유율 (단위 : %)

| 연도 | 1992년 | 1995년 | 2000년 | 2003년 | 2005년 | 2006년 |
|------|--------|--------|--------|--------|--------|--------|
| 독립 채널 | 29 | 35 | 51 | 64 | 71 | 69 |
| 전속 채널 | 68 | 62 | 42 | 57 | 22 | 25 |
| 직판/기타 | 3 | 3 | 7 | 9 | 7 | 6 |

주: 1) 정기납(Regular Premium) 기준임.
　　2) 독립 채널은 인디펜던트 인터미디어리즈(Independent Intermediaries), 전속 채널은 컴퍼니 에이전트
　　　(Company Agents)와 타이드 에이전트(Tied Agents)를 합한 것임.
자료: Tillinghast, The Insurance Pocket Book, 각 연도

그러나 IFA들이 고객 중심으로 상품을 정확히 비교 판매하기 보다는 수수료가 많은 상품 중심으로 권유해 상품정보 공시, 가격 비교 등을 소홀히 해 비전속 채널의 도입 취지가 퇴색되었다. 2003년 7월부터 양극화규정을 폐지해(Deploarisation) 전속대리점(Tied Agent)의 다자 제휴대리점(Multi Tied Agent)화를 추진하여 IFA와 전속대리점의 중간 형태인 다자 제휴대리점(Multi-Tied Agent)이 등장하게 되었다.

인터넷 및 통신 수단의 발달로 개별적이고 소규모로 활동하던

IFA들이 1990년대 중반부터 네트워크를 형성해 조직화되면서 브로커 특성상 보험사를 상대로 수수료 인상 요구와 보험료 인하 압력 등 경영 압박요소로 작용하고 있다.

### 미국의 비전속 채널 증가원인[148]

미국의 경우 1990년대 후반부터 비전속 채널이 개인생명보험의 주요 채널로 등장한 이후 2007년 현재 독립대리점이 58%로 전속대리점 35%를 크게 앞지르고 있다.

미국에서 비전속 채널이 증가한 원인은 다음과 같다.

첫째, 전속 채널의 코스트가 너무 높아 고정성 경비 절감 목적에서 회사가 스스로 자구책을 강구한 측면이 크다. 특히 이러한 현상은 대형 생보사들이 탈상호회사화 및 주식회사 상장으로 기업의 수익성 증대를 위한 코스트 절감이 주요 이슈로 대두된 것이 촉진제가 되었다.

전속 채널은 커미션만은 비전속 채널보다 적지만 초기보장급, 육성비용, 복리후생비용 등 전체 코스트를 비교해 보면, 비전속 채널에 비해 20~30% 수준 높은 고(高)코스트조직이었다. 특히 전속 채널의 경우 법적으로 책임이 있는 건강보험료가 대폭 상승해 코스트 압박요인이 되었다.

둘째, 설계사의 일사(一社)전속제 폐지로 인해 비전속 채널조직이 증가한 것도 그 원인이다. 전속 채널도 자기계약을 브로커조직에 넘겨줄 수 있게 되어 회사에서 많은 비용을 투입해 전속 채널을 양

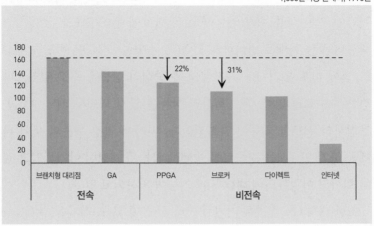

〈표 94〉 미국의 채널별 코스트 비교

1,000달러당 판매비, 1990년

성하는 것의 의미가 반감되었기 때문이다.

셋째, 전속 채널은 회사 중심 판매로 중산층 고객을 타깃으로 하는 반면, 비전속 채널은 여러 회사를 비교해서 고객 중심으로 접근한다. 부유층은 그러한 면을 선호하기에 전속 채널보다 부유층 공략이 용이하다. 즉, 변액보험이나 VUL보험 등 투자형 상품을 선호하는 부유층 고객은 세금과 연계해 재무 상담에 주력하는 비전속 채널의 어드바이저를 선호하고 있다.

이에 따라 전속 채널만을 유지하는 회사는 노스웨스턴 사와 가디언 라이프(Guardian Life) 사이며 대부분 전속·비전속을 함께 유지하고 있다. 뉴욕(New York)생명과 매스 뮤추얼(Mass Mutual)은 전속조직을 유지하면서 중상층 고객을 기반으로 비전속화에 성공한 사례이다.

비전속 채널 활성화에 따라 보험 상품 판매가 원래 취지인 고객 니즈에 의한 상품 비교 안내 중심의 판매에서 수수료를 많이 주는 회사의 상품 판매로 변화하게 되었다. 우수설계사들은 비전속 채널로 전환 이후 초기에도 과거 소속사 중심의 상품을 주로 팔았으나 점차 수수료를 많이 주는 회사의 상품을 팔게 되면서 채널에 대한 보험사의 컨트롤 기능이 약화되었다. 따라서 일정 수준의 보험 판매를 하기 위해서는 수수료를 높여야 하는 문제점이 야기되었고 결국 회사의 이익관리에 대한 통제 기능이 저하되고 있다.

또한 대형 GA의 경우 커미션 인상 요구 및 고(高)이자율, 저(低)사업비 등 경쟁력을 갖춘 상품개발을 요청하는 사례가 빈번해졌다. 이로 인해 상품 운용에 있어서의 회사 오너십(Ownership)이 저하되고 상품의 수익성도 크게 하락하는 문제점이 발생하고 있다.

또한 비전속 채널들이 모집수당 지급이 완료된 후 다른 회사로 계약을 이전하는 사례가 빈번하게 발생하고 있다. 뉴욕주에서는 고객과 회사에 해가되는 이러한 악성 승환계약을 통제하기 위해 엄격한 승환 기준을 마련, 주법으로 규제 중이다. 이러한 규제가 뉴욕 인근 주로 확산되고는 있지만, 판매자가 비전속 채널인 관계로 실질적인 통제가 되지 않고 있다.

미국 생명보험사의 전속 채널과 비전속에 대한 비교 연구를 보면 단위당 판매 코스트는 전속 채널보다 비전속 채널이 유리하지만, 보험사의 수익성은 비전속 채널보다 전속 채널이 유리한 것으로 나타났다. 이는 유지율이나 판매 상품의 내재가치 등을 고려할 때 손익

측면에서 전속 채널이 유리할 수 있음을 시사한다.[149]

또한 LIMRA의 채널비용 조사에 따르면 1990년을 기준으로 전속 채널의 단가는 꾸준히 하락해 2000년 이후에는 평균 10~18% 하락했다. 이에 비해 전속 채널의 생산성과 유지율이 향상되고 상품구성비 면에서도 개인연금과 뮤추얼펀드의 판매 비중이 향상되어 비전속 채널과의 차이가 줄어들고 있는 것으로 나타났다.[150]

비전속 채널의 등장으로 전속 채널과의 마찰이 많이 발생하게 되었고 상품, U/W, 수수료 및 각종 서비스의 차별화로 인해 채널 간 마찰이 심각한 상황이다.

### 우리나라의 비전속 채널 현황

우리나라의 경우 생명보험대리점조직은 1980년대 초반에 전속대리점의 형태로 도입되었고, 복수대리점이나 독립대리점, 브로커제도는 1993~1998년에 나타났다.

IMF 이후 외자계 출신을 비롯한 영업전문가들이 비전속 독립대리점을 구축하면서 법인대리점이 활성화되고 있으며, 2009년 12월 현재 법인대리점 4,018개 중 사용인 100인 이상인 독립법인대리점은 127개에 달한다. 독립법인대리점은 2005년 이후 대형화 및 전문 재무 설계를 위한 사업 모델로 급성장하면서 2008년 12월 기준 모집사용인 10만 6,000명으로 보험설계사의 47% 수준에 이르고 있다.[151]

사용인 1,000명에 달하는 대형 GA의 등장도 주목할 만하다. 대형

GA사들은 증권사나 카드사 등과의 제휴를 통해 보험 외에도 펀드, 카드 등 업무를 다각화하고 있다.

보험대리점은 계약체결권, 고지수령권, 보험료 영수권은 있으나 요율협상권은 없다. 보험요율협상권까지 가지게 되면 선진국과 같은 독립금융판매사(IFA)가 탄생하게 된다. 보험판매플라자제도 도입과 더불어 보험요율협상권을 주는 것은 정부 입법안으로 검토되어 왔으나 아직은 보험사와 GA 간의 의견 차이가 있어 유보되고 있는 실정이다.

그러나 고소득층은 투자형보험 상품 선택 시 다른 보험 상품 및 주식, 채권, 펀드 등 타 금융 상품과의 비교 안내를 원하고 절세대책 등 각종 자문 서비스를 제공받기를 원하고 있다. 이에 부응한 컨설팅형 판매 채널이 요구되고 있어 비전속대리점의 불완전판매 등의 문제점이 개선되면 요율협상권을 가진 비전속대리점이 머지않아 허용될 것으로 전망된다.

비전속 채널의 비중이 높아지는 것은 소비자의 다양하고 전문적인 서비스 수요도 있지만, 판매조직을 아웃소싱 하는 보험회사들이 늘어나고 있는 데에도 기인한다.

특히 전속 채널이 취약한 중소사의 경우에는 비전속대리점인 GA에 의존하는 비중이 매우 높은 회사가 많다. 최근 보험사들이 직접 GA를 자회사로 설립해 운용하려는 시도는 소비자들의 금융 소비 패턴이 크게 변화해 금융 영역 간의 칸막이가 철폐되고 일사전속제가 서서히 붕괴되어 가고 있는 상황에서 타 보험사의 근무경력이 있

는 우수한 영업인력을 선제 영입하겠다는 전략인 것으로 추정된다.[152]

미국이나 영국에서 대형 GA조직을 M&A하거나 지분 참여하는 경향을 보이고 있듯이 우리나라에서도 보험사가 직접 GA조직을 키워 나가려는 트렌드가 나타나기 시작한 것으로 볼 수 있다. 즉, 앞으로 늘어나고 있는 GA 채널과 시장의 동향을 살펴 소비자가 원하는 상품과 서비스를 개발하고 M/S를 확보함으로써 GA 채널에서 얻을 수 있는 수익의 쉐어링(Sharing)은 반드시 필요하다고 본다.

원래 비전속 독립 GA는 전속 채널과는 달리 영국의 IFA처럼 다양한 상품을 비교 안내하면서 소비자 관점에서 최적의 상품을 권유할 수 있고 다양한 금융 상품과 자산 증식, 세무 상담 등 전문적인 컨설팅이 가능해야 한다. 그러나 우리나라의 경우 고객에 대한 상품 권유 기준이 소비자 적합성보다는 수수료 수입에 두고 있을 가능성이 높다. 그리고 아직 역사가 짧아 중·소형 GA의 경우 전속설계사보다 전문성이 높다고 보기가 힘들며 취약한 판매교육 인프라로 인해 오히려 전문성이 약화될 수밖에 없는 구조적 문제점을 가지고 있다.

일부 비전속 GA의 경우 불완전판매비율이 높고 사차익률이 낮다. 또한 우리나라는 미국과 달리 경우에 따라서는 회사 간의 외형 업적 경쟁으로 전속 채널 설계사보다 수수료가 높아 수익성이 낮을 것으로 판단된다. 비전속 GA에 대한 지나치게 높은 수수료 책정은 매집형 보험 판매로 인한 모집 질서 문란과 더불어 전속설계사 채널의 붕괴를 앞당기는 지름길이 될 것이다.

그럼에도 불구하고 향후 GA조직의 성장 가능성은 매우 크다고 볼 수밖에 없다. 그 원인은 제조 중심에서 판매 및 소비자 중심으로 금융산업이 개편되는 과정에서 GA의 사업범위와 속도는 조절되겠지만 점진적으로 확대되어 언젠가는 모든 금융 상품을 팔 수 있는 금융 슈퍼마켓이 될 것으로 전망되기 때문이다.

보험회사에서 퇴사하거나 이직한 임직원이 GA에 대거 참여하면서 보험사로부터 영업조직을 대량 스카우트하며 대형화하고 있는 추세에 있다. 설계사나 대리점 사용인 입장에서 팔 수 있는 상품선택이 다양하고 수수료 측면에서 우위에 있다면 전속 채널에서 비전속 채널로 옮겨갈 개연성이 클 수밖에 없다.

대형 GA의 경우 사용인 채용 시 최고의 전문성을 가진 정예부대를 선발하고 F/P센터 등을 갖추어 사용인의 재무컨설팅 역량을 더욱 키워서 보험회사 설계사보다 더 높은 질적 수준을 구축할 수 있다. 다양한 금융 상품의 비교 안내와 더불어 고객 관점에서의 최적 상품 권유 등으로 높은 윤리의식도 갖춘다면 생산성 및 유지율이 우수해 보험사에게 수익성이 있는 훌륭한 귀감이 될 수 있는 선진적인 GA조직이 탄생할 수 있을 것이다.

국내 최대의 GA사인 에이플러스에셋은 보험, 펀드 등 금융 상품을 비롯한 종합 금융 재테크, 컨설팅 서비스에 이어 부동산, 상조 관련 자회사를 설립해 인생 전반에 걸친 종합 서비스를 지향하고 있어 주목을 받고 있다.

또한 한국재무설계(주)의 경우에는 파이낸셜 플래너 280명 중 약

30%가 CFP자격을, 43%가 AFPK자격을 보유하고 13회차 유지율 96%, 25회차 유지율 93%를 시현하며 전문성과 판매윤리 면에서 차별성을 보여주고 있다. 이 회사의 경우에는 재무설계 컨설팅을 유료 서비스로 제공하지만 고객들의 만족도는 90% 이상으로 매우 높다고 한다.

필자가 2011년 7월 15일부터 한국재무설계(주)의 CEO로 부임하게 된 것은 이 회사 파이낸셜 플래너들의 전문성·윤리성과 월드 베스트(World Best) 수준의 25회차 유지율에 매료됐기 때문이다.

보험을 비롯한 금융상품 판매의 한계성을 극복하기 위해서는 고객에 대한 '재무설계'라는 새로운 서비스가 제공되어야 한다는 점이다. 재무설계를 받은 고객들이 재무설계를 받지 않은 사람들보다 훨씬 더 밝은 미래를 계획하며, 더 긍정적인 심리 상태로 삶을 살아가고 있다고 한다. 또한 재무설계를 받은 고객은 명확한 재무목표를 가지고 금융상품에 가입했기 때문에 보험계약의 유지율이 월드 베스트 수준으로 유지되고 있는 것으로 판단된다.

대형 보험사들이 그동안 잃었던 시장점유율을 회복하려면 향후 본격적으로 부유층, 전문가 시장을 집중적으로 공략할 수 있는 채널 전략을 마련해야 할 것이다. 지난 잃어버린 10년 동안 외국사에게 이러한 시장으로의 진입을 허용했지만 아직도 외국사도 이 시장의 고객을 그리 만족시키지 못하고 있다. 최근에 삼성생명이 은퇴연구소를 설립해 은퇴와 관련된 보험 상품을 넘어서 은퇴생활에 관련된 종합적인 서비스를 준비하고 있는 것은 상당히 고무적이다.

앞으로는 대형 보험사들의 채널을 보는 시각도 상당히 변화되어야 한다. 기존의 시각으로 보면 비전속 독립 GA조직은 보험사가 채널에 대한 통제력을 상실한다는 이유로 상대적으로 소극적인 자세를 유지했다. 그럼에도 불구하고 독립적인 GA 시장이 현재 신계약을 기준으로 점유율이 20% 수준이고 많은 업계관계자는 계속 증가할 것이라고 예측하고 있다. 따라서 이제는 GA 시장에 대한 새로운 시각을 가져야 할 뿐만 아니라 현재의 GA 시장의 문제점을 해결할 수 있는 방안을 동시에 업계에 제시해야 할 것이다.

## 5. 방카슈랑스 채널의 활용

### 선진국의 방카슈랑스 채널 발전 과정

채널의 발전 과정은 정부정책이나 규제, 고객 니즈의 변화 등에 따라 각 나라마다 상이하다. 이탈리아, 프랑스, 스페인 등 남부유럽의 판매 채널은 방카슈랑스가 활성화되어 있다. 반면 독일은 전속조직, 영국은 독립 에이전트가 핵심적인 판매 채널이다. 이러한 현상은 규제와 관리의 핵심 타깃이 나라마다 다르기 때문에 나타난다. 독일은 타깃 상품을 중심으로 하지만 영국 등은 판매 프로세스를 중심으로 하고 있기 때문이다.

또한 국가별 판매 채널에 대한 인식 및 관점과 근본적인 문화 차이에 기인한다. 영국, 네덜란드, 아일랜드 등의 재무설계에 대한 자문은 독립에이전트(IFA)에 의해 제공되고 있다. 은행은 과거의 미스 셀링(Miss-Selling)으로 시장의 신뢰가 매우 안 좋아 방카슈랑스 발전의 저해요인이 되었다.

독일, 스위스, 동유럽 등에서는 고객이 대면 접촉을 선호하고 있어 전속 설계사조직이 발전했다. 이에 비해 프랑스, 스페인, 이탈리아, 포르투갈 등 남유럽에서는 은행에 대한 신뢰가 매우 높으며 은행의 네트워크가 확대되어 있고 은행을 통한 크로스 셀링(Cross-Selling)이 발달되어 있던 것이 방카슈랑스의 발전원인이 되었다.

남유럽에서의 방카슈랑스 발달원인을 좀 더 깊이 살펴보면 개인연금활성화 차원에서 연금, 저축보험에 세제 혜택을 부여함으로써 은행의 예적금 상품이 보험사의 연금보험으로 시프트(Shift)했다. 은행의 경우 자금이탈방지를 위해 보험자회사를 설립해 방카슈랑스 업적으로 흡수하게 했다.

프랑스의 경우 방카슈랑스의 70%는 자기 그룹 내 은행의 예적금에서 보험자회사로 자금이 시프트된 것이며 신규고객 창출은 30% 수준에 불과하다고 한다. 스페인의 경우에는 은행의 점포 밀집도 및 집중도가 세계 최고 수준인 것이 방카슈랑스 업적이 높은 원인이 되고 있다.

---

**[방카슈랑스 업적 점유율]** (2002년 기준)

스페인 69%, 프랑스 60%, 이탈리아 56%, 독일 19%, 영국 13%.

미국에서는 방카슈랑스 침투율이 15% 수준이며 상대적으로 성장속도가 느리다. 연금 상품은 35% 이상 점하는 반면 전통 보험은 3% 이하 수준으로 미미하다.

그 주요한 원인은 보험사 상품을 비교 선택하는 브로커 채널이 발달되어 있고 에이전트협회, 독립 에이전트협회 등 이익단체가 은행의 보험 부문 진출에 강력히 반대하고 있기 때문이다. 또한 연금 시장에서 뮤추얼펀드 비중이 높아 은행을 통한 방카슈랑스 활성화는 미흡하다. 그 이유는 유럽의 프랑스, 이탈리아는 예적금의 비중이 39~45%로 높은 비중을 차지하지만 미국의 개인 금융자산 중 예적금 비중은 16%에 불과하고, 뮤추얼펀드 비중은 40%에 이르기 때문이다.

미국에서는 은행이 보험업을 매력적이지 않은 사업으로 인식해 보험자회사 설립에 소극적이다. 1위 은행인 씨티은행과 트래블러즈가 합병했으나 은행업과 보험업의 시너지 효과가 미미해 실패한 바 있었다.

### 우리나라의 방카슈랑스 허용 및 운용 현황

우리나라의 경우 2001년 1월 14일 금융기관의 업무 영역의 칸막이를 철폐해 금융영업별 핵심업무를 최소화하고 부수업무를 포괄주의방식으로 전환했다. 이로써 2003년 8월부터 보험구입의 편의성과 보험모집의 효율성 제고를 위해 방카슈랑스가 허용되게 되었다.

<표 95> 방카슈랑스의 단계적 도입 방안 (2003년 1월 발표)

| 구분 | 제1단계<br>(2003년 8월 이후) | 제2단계<br>(2005년 4월 이후 ) | 제3단계<br>(2007년 4월 이후 ) |
|---|---|---|---|
| 생명보험 | 연금, 교육, 생사혼합 등<br>개인 저축성보험,<br>신용생명보험 | 제3분야 보험 등<br>보장성보험 | 완전 허용<br>(퇴직보험 등 단체보험) |
| 손해보험 | 개인연금, 주택화재,<br>특종보험(단체상해 제외),<br>장기 저축성보험 | 자동차보험(개인용),<br>제3분야 보험 등<br>장기 보장성보험 | 완전 허용(기타 자동차보험,<br>기타 화재보험,<br>해상보험, 퇴직보험 등<br>단체보험) |

자료: 재정경제부 및 금융감독위원회 보도 자료, 2003년 1월 17일

다만 급격한 방카슈랑스 허용은 보험업계 설계사조직에 심대한 타격을 주었다. 특히 여성들의 대량 실업을 초래할 수 있다는 점과 대출을 활용한 은행의 유리한 입장에서의 꺾기 등 불완전판매가 성행할 수 있다는 점 등이 고려되어 단계적으로 도입하게 되었다.

2004년 5월 2단계 시행에 앞서 방카슈랑스보험 시장의 조기 개방에 따른 보험업계의 피해 우려로 2단계(2005년 4월) 질병, 상해보험, 3단계(2006년 10월) 만기 환급형 보장성, 4단계(2008년 4월) CI, 종신보험으로 판매 상품의 단계적 개방 일정이 조정되었다. 하지만 4단계 개방은 보장성 상품의 전면 개방에 따른 보험영업조직의 이탈, 대리점 채널 붕괴, 불완전판매 증가로 인한 보험사 경영 리스크 증가 등의 사유로 시행 직전 철회되었다.[153]

꺾기 등 불완전판매를 억제하고 과열 현상을 방지하기 위해 모집종사자 수를 제한했고 점포 내 인바운드 영업에 한해 허용했다.

2005년 12월부터는 1개 보험사의 상품을 25% 이내에서 판매하게 하는 등 엄격한 제한하에 시행하게 되었다.

〈표 96〉 방카슈랑스 관련 규제 및 규정

| 모집방법 | 보험 판매는 금융기관 점포 내 인바운드(In-Bound)에서만 가능 | 법 제91조 제3항, 시행령 제40조 제3항 |
| 모집 종사자 수 제한 | 모집에 종사할 수 있는 자를 점포당 2인 이내로 함 | 법 제91조 제3항, 시행령 제40조 제4항 |
| 상품 모집액의 제한 | 자산총액 2조 원 이상 대형 금융기관은 1개 보험사 상품을 45%를 초과하여 판매할 수 없음 → 2005년 10월 25%로 변경됨 | 법 제91조 제3항, 시행령 제40조 제5항 |
| 불공정 요구행위 금지 | 보험계약자 보호 등을 위해 금융기관 보험 대리점 등의 우월적 지위를 이용한 불공정 거래행위를 금지 | 법 제91조 제3항, 시행령 제49조 제5항 |

자료 : 류건식 외 4명, 《주요국 방카슈랑스의 운용사례 및 시사점》, 보험개발원, 2006.07, p.21

방카슈랑스제도가 2003년 8월부터 도입되어 생보업계의 경우 저축, 연금보험의 주력 채널로 등장하고 있다. 수입보험료 규모가 FY 2003년 3.5%(2조 5,000억 원)에서 FY 2008년 9.4%(10조 4,000억 원)로 성장했으며 초회 보험료 수준은 방카슈랑스가 37.3% 수준으로 설계사 36% 수준을 능가했다.

2010년 대형 보험사들이 대거 뛰어들어 방카슈랑스 비중이 크게 약진하고 있다. 초회 보험료 기준 점유율은 70% 수준에 달하고 있으며[154] 월납 초회 보험료 기준으로도 15%에 달하고 있다. 이러한 측면에서 4단계 전면 개방 직전에 그 시행이 철회된 것은 이러한 시장 환경을 반영한 조치라고 생각된다.

방카슈랑스는 저축성보험의 경우 보험 상품의 예정이율이 은행 정기예금보다 다소 높아 금리 측면에서 경쟁력이 있고 은행은 높은 수수료 수입을 획득할 수 있었다. 따라서 만기예금 보유자 및 자금 여력이 풍부한 은행 고객에게 이율이 높은 저축이나 연금보험 상품을 권유하게 된 것이다. 특히 은행예금 상품에서 방카슈랑스 일시납 상품으로 대체된 부분이 많았다.

보험회사 측면에서 보면 설계사 채널 기반이 약한 중·소형사의 경우 M/S 확보를 위해 방카슈랑스에 크게 의존하는 경우가 상당수 있다. 이들 회사의 경우 높은 공시이율 또는 확정이율 제공, 상대적으로 높은 수수료 제공 등으로 출혈경영을 하는 사례가 많다. 흥국, 동양, 미래에셋생명 등이 업적 면에서 앞서가고 있는 것은 상품이나 지원전략 등을 차별화했기에 가능했다.

방카슈랑스를 성공시키기 위해서는 세계적으로 방카슈랑스 성공 사례를 살펴보는 것이 도움이 될 수 있을 것이다.

첫째, 초기에는 은행직원이 판매하기 쉽거나 은행 고유 활동과 유사한 상품일 경우 성공하기 쉽다. 즉, 보장 및 급부 내용이 단순해야 하므로 특약이 제한적이고 상품 내용을 표준화해야 한다. 또한 간단한 특약 서식을 제공하고 언더라이팅 절차를 단순화하는 등 간편한 절차로 가입할 수 있는 프로세스를 확립하는 것이 바람직하다.

둘째는 장기저축성 및 연금 상품에 부여한 세제 혜택을 적극적으로 이용하는 것이다. 은행예금의 경우 이자소득세를 내야 하고, 종합소득과세에 합산된다. 고소득계층일수록 이의 적용을 피할 수 있는 세제 혜택을 적극 활용한다면 성공할 수 있을 것이다.

셋째, 생보사대비 저(低)사업비 부가를 최대한 활용하면 업적 제고에 도움이 될 것이다. 이 부분은 보험업계로서는 아킬레스건이다. 향후 사업비구조를 초기부가방식에서 후취부가방식으로 바꾸었을 때, 설계사의 초기 소득을 보장해야 하는 설계사 채널의 경우에는 부담이 있을 것이다. 하지만 방카슈랑스의 경우에는 사업비를 레벨방식으로 표준화시키더라도 부담이 별로 없기 때문에 고객 지향적 사업비구조를 가질 수 있다는 장점이 크다.

넷째, 은행직원의 보험 판매를 효과적으로 지원하고 판매 지원 프로세스와 판매직원의 스킬 향상 및 성과 제고를 위한 교육 체계 확립은 매우 중요하다.

다섯째, 하트퍼드, 퍼시픽 등 외국계 생보사들의 경우 홀세일러 조직을 두어 은행 판매직원의 교육을 통한 스킬 향상, 판매 지원을 통한 생산성 향상 등으로 성공적인 마케팅을 하고 있다. 특히 변액연금 일시납의 경우 증권회사 F/P나 은행 P/B보다 전문성과 신뢰성을 가질 수 있다.


## 6. 비대면 채널의 운용전략

비대면 채널은 IT의 발달과 더불어 거래편의성 및 소비자의 다양한 채널 선택권 제공 등에 의해 활용이 점차 증가하는 추세에 있다.

우리나라의 비대면 채널 가입 비중은 25.6%이며, 채널별로는 TM 19.8%, 홈쇼핑 5.3%, CM 0.5% 순이다. 다만 보험료 수준이 낮기 때문에 월납 초회 보험료 기준으로는 CY 2009년 12.5% 수준이나 CY 2006년 9.9%에 비하면 성장세를 시현하고 있다.

우리나라 생명보험사별 대면 채널과 비대면 채널의 비중을 보면 대면 채널의 경우 대형 생보 M/S는 49%, 외국계 생보사는 22%, 중·소형 생보사는 20%, 은행계 생보사는 10%이다. 이에 반해 비대면 채널의 경우 중·소형 생보사가 64%, 외국계 생보사 24%, 은행계 생보사 7%, 대형 생보사 5%로 중·소형 생보사의 비대면 채널 활용도가 크게 높은 반면 대형 생보사의 비대면 채널 활용도는 크게 부진하다.[155]

우리나라 보험 가입자 전체의 평균 보험 가입 금액은 2,450만 원이며, TM, CM, 홈쇼핑 등과 같은 비대면 채널은 1,050만 원, 대면 채널은 2,630만 원으로 대면 채널이 비대면 채널의 2.5배 수준이다. 우리나라의 경우 정기보험, 건강보험, 어린이보험 등 저가의 보장성 상품 비중이 높다.

2006년 미국 LIMRA(미국생명보험 마케팅연구협회) 자료에 의하면 미국 개인 생명보험 가입자 25%가 우편, 전화, 인터넷 등 비대면 채널을 통해 가입하고 있다. 비대면 채널을 통한 보험구매자들은 보험회사 직원들보다는 인터넷, 웹 사이트 방문 등을 통해 상품정보를 주로 취득한 것으로 나타났다.

또한 비대면 채널 운용 시 보험사가 주로 이용하고 있는 매체는 우편물, 콜센터, 인터넷 광고 순이다. 미국의 경우 급여 수준이 상대적으로 낮은 65세 이상 고령층이거나 인터넷에 익숙한 34세 이하 연령층에서 미혼자일수록 비대면 채널을 주로 이용하고 있는 것으로 나타났다. 또한, 판매 구성 면에서 보면 정기보험이 종신보험보다 가입비율이 높다.

---

### ※비대면 채널 가입비율 비교 (미국)[156]

· 저소득층 22% VS 고소득층 7%

· 미혼자 22% VS 기혼자 14%

· 34세 미만 20% VS 45-54세 13%

---

보험 시장 개방 이후 신설 생보사들의 차별화 전략의 일환으로 TM 영업이 시작되었다. 신문광고에 의한 인바운드 TM은 데이터베이스 확보 측면과 상품 및 기업 홍보 차원에서 상당한 효과가 있었으나 광고비 부담 및 역선택 우려 등으로 그 자체 수익성 확보에는 한계가 있었다.

라이나, 신한, 동양생명 등이 카드사 등과 제휴해 그들의 데이터베이스를 활용한 아웃바운드 TM으로 상당한 성과를 거두었다. AIA 생명은 막대한 광고비를 투입해 신문광고에 의한 인바운드 TM 영업을 공격적으로 전개했다. 그 결과 짧은 시간 내에 기업 및 상품인

지도를 높이고 많은 보유계약자를 확보했다. 인바운드 TM에 의해 확보된 데이터베이스를 활용해 대면 채널에서 업셀(Upsell)하는 것은 당연한 전략일 것이다.

대형 보험사의 경우에도 비대면 채널은 거래비용 절감 차원 또는 고아계약 관리 차원에서 보조 채널로 활용할 필요성이 크다. 실제 방문과 전화에 의한 판매를 병행하고 있는 채널, 즉 복합 TM 점포를 설치 활용해 고아계약을 집중 관리하고 있는 회사들도 있다.

2003년 10월 영국계 PCA생명이 국내 최초로 홈쇼핑에서 암보험을 판매한 것을 시작으로 흥국, 동부, 금호 등 국내 중·소형 보험사와 일부 외국계 보험사 중심으로 홈쇼핑에 의한 보험 판매가 크게 활성화되고 있다. 홈쇼핑 보험 판매의 수입보험료는 최근 3년간 연평균 35.8%의 성장률을 보이고 있으며, FY 2009년 수입보험료가 2조 3,000억 원에 달하고 있다.

〈표 97〉 홈쇼핑 보험 판매 수입보험료 실적 추이

|  | FY 2006년 | FY 2007년 | FY 2008년 | FY 2009년 |
|---|---|---|---|---|
| 보험료 | 9,117억 원 | 1조 2,874억 원 | 1조 5,455억 원 | 2조 2,836억 원 |
| 증가율 | - | 41.2% | 20.0% | 47.8% |

그러나 이러한 통신 판매와 홈쇼핑의 보험 불완전판매율은 FY 2008년 각각 20.6%, 17.3%로 설계사 채널 5.5%를 크게 초과했다. 해지율도 각각 7.6%, 5.2%로 설계사 채널의 1.5%보다 월등히 높았다.

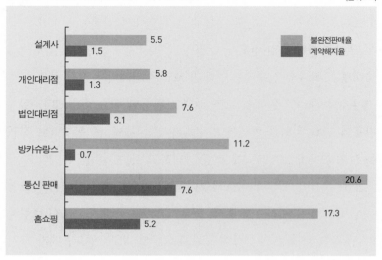

홈쇼핑의 불완전판매 비율이 높은 것은 방송시간 부족과 매출목표 달성에 대한 부담 때문에 보험광고가 과장될 소지가 많고, 그 결과 불완전판매로 이어지기 쉽기 때문이다(최연 교수, 〈우리나라와 선진국의 보험광고와 판매원리 비교〉). 이는 광고 시 '큰 보장', '최고 보장', '원인에 관계없이', '횟수에 관계없이', '초특가', '파격가', '최저 보험료', '단돈 2만 원', '묻지도 따지지도 않는다' 는 식으로 고객을 현혹시키는 표현을 많이 쓰고 있는 데 기인한다.

홈쇼핑 보험의 과장 광고, 왜곡된 광고, 소비자를 현혹하거나 압박하는 광고로 인해 보험산업에 대한 부정적인 이미지를 고착시킬 수 있는 가능성이 제기되어 보험업법 개정안을 마련해 국회에 제출

344

했다. 이에 따라 2009년 12월 보험협회의 자율심의 기능을 강화하는 방향으로 광고심의 규정이 개정되었다.

보험 상품 내용을 소개할 때 보장기간, 보험료 예시 등 14가지 필수사항을 반드시 안내해야 하며, 보험료 지급 제한사항 등 소비자에게 불리한 내용을 반드시 음성과 자막을 통해 알리도록 하고 있다.

설계사 채널이 약한 중·소보험사들이 상품을 TV로 광고하는 경우가 많은데 1~2분짜리 광고는 거의 불가능하게 되어 영업에 큰 타격이 우려된다. 실제로 규제 이후 홈쇼핑 채널을 통한 보험 판매 실적이 20~30% 감소한 것으로 나타나고 있다.

비대면 채널의 또 다른 문제점은 위험률차 손익이 크게 악화되어 있다는 점이다.

비대면 채널의 사고발생률이 높은 이유는 자발적 가입에 의한 역선택이 많기 때문이다. 여러 건의 수술보장계약에 가입할수록 비대면 채널을 통한 가입 비중이 높은 것으로 나타났다. 1건 가입자의 비대면 채널 가입 비중은 14.6%이지만 5건 이상 가입자의 비대면 채널 가입 비중은 31.9%에 이르고 있다.

비대면 채널의 위험률차 손익 개선을 위해서는 리스크가 큰 암진단급부나 수술급부의 경우 가입 한도를 낮추고 사망과 생존급부의 포트폴리오 비중을 균형있게 구성하도록 하는 것이 바람직하다. 비대면 채널의 실제 위험률이 대면 채널보다 월등히 높은 만큼 대면 채널과 위험률은 별도 구분해 사용하는 것이 바람직하며 준비금도 별도로 높은 수준으로 적정해야 할 것이다.

비대면 채널 계약의 사고발생률은 대면 채널에 비해 1.5~2.1배 수준으로 크게 높다. 그럼에도 불구하고 대면 채널과 동일한 위험률을 사용하고 있으며, 책임준비금도 높지 않아 향후 손실에 대비하기 어려울 것으로 전망된다.[157]

비대면 채널 활성화 전략은 우선 채널 특성에 부합하는 상품 및 가격전략과 CRM 및 DB 등을 활용한 마케팅 역량 강화가 필요하다. 특히 홈쇼핑, 카드회사 또는 통신회사와의 제휴가 성공확률이 높다. 그리고 텔레마케터 등에 대한 교육 양성 체계의 확립과 전산, 통신 등의 인프라 구축이 중요하며 불완전판매율과 민원을 축소하는 노력이 요구된다.[158]

인터넷보험이란 인터넷을 통해 단순히 정보를 제공하거나 상담하는 차원이 아닌 인터넷을 통해 가입신청을 하고 대금을 납부하는 등 거래가 이루어지는 경우를 말한다. 인터넷을 통해 판매되는 보험은 모집비용이 절약되어 보험료가 저렴한 데다 소비자들의 개인적 취향에 맞게 설계가 가능한 형태로 다양하게 개발되고 있다. 소비자들은 자동차보험 외에도 건강보험, 자녀보험, 상해보험 등에 대한 인터넷보험 가입 의향이 높다.

인터넷보험은 1988년 우리나라에 처음으로 도입되었으나 아직은 자동차보험을 제외하고는 규모가 미미하다. 인터넷보험이 아직 크게 부각되지 못하는 이유는 전자결제에 의한 정보 노출 등 소비자들의 불안심리가 크고 기존 모집 채널과의 컨플릭트(Conflict) 때문에 보험자들이 기존의 설계사 채널을 의식해 인터넷용 보험의 개발과

판매에 소극적이기 때문이다.[159)]

그러나 인터넷 채널의 선호도가 설계사 채널 다음으로 높다(채널 선호도 2위). 따라서 앞으로 인터넷과 전자상거래에 익숙한 40대 이하의 젊은 소비자들이 스스로 인터넷에서 보험을 비교해 선택할 수 있도록 사이트에서 보험 상품에 대한 충분한 비교 자료와 니즈에 맞는 다양한 시뮬레이션 기능을 제공해야 한다. 이와 함께 일정 수준 이상 보험료 할인 기능이 제공된다면 인터넷보험은 상당 수준 성장할 것으로 보인다.

# 선진화된 경영 시스템의 구축

## 1. 철저한 상품개발 프로세스의 구축

보험산업에서 상품개발은 제조업의 공장(Factory)과 같은 역할을 한다. 보험사업자뿐만이 아니라 계약자에게도 도움이 되는 좋은 상품의 개발은 보험사업의 성공을 위한 초석이 된다.

그러나 과거에는 상품개발 시 판매 속성이나 판매량에 대한 예측과 예상 손익에 대한 정교한 시뮬레이션이 없는 경우가 대부분이었다. 상품에 따른 리스크 관리를 위한 언더라이팅이나 클레임 처리 기준보다는 영업 일정에 따라 촉박하게 운영된 경우가 많았다. 몇건 팔리지 않은 상품의 유지 보전 시스템과 해약환급금을 포함한 지급보험금 시스템을 사전 구축하지 못한 경우가 많았으며 안내장, 약관 등 상품 안내 자료와 리플렛, 프레젠테이션 자료 등 판촉 툴에 대한 법적 위험(Legal Risk)이나 컴플라이언스 리스크에 대한 검토가 불충분했다.

삼성생명은 여성건강보험의 실패를 경험한 후 상품개발에 따르는 리스크를 줄이기 위해 많은 고심 끝에 제일 먼저 단행한 조치는 상품개발부서를 영업 부문에서 독립된 조직으로 만든 것이다. 상품개발이 독립된 조직으로 운영되는 것은 많은 장단점이 있다. 새로운 신상품에 대한 종합적인 마케팅 전략의 지원이나 상품교육 실시 등이 소홀해지기 쉬운 반면에 보다 철저한 리스크 및 수익성 점검이 가능해진다.

철저한 리스크 및 수익성 점검을 위해서 체크해야 할 과제를 식스시그마기법을 활용해 정교하게 구축한 미국 모 보험사의 '상품개발 프로세스 10단계'를 국내 실정에 맞게 도입했다.

상품개발 10단계에서는 이러한 문제점을 해결하기 위해 먼저 상품 아이디어 도출과 함께 타깃 고객을 설정하고 상품구조 설계 및 컨셉 테스트와 더불어 판매 채널 선정 및 판매력 예측을 한다. 이를 통해서 상품개발 가능성을 철저히 검토한 후 상품개발 추진여부를 결정하고 있다.

언더라이팅 및 클레임 가이드라인 설정 등 각 부서에서 해당 상품에 대한 업무처리 기준인 비즈니스 케이스(Business Case)를 수립한 후 임원으로 구성된 상품위원회에서 상품의 수익성과 리스크를 철저히 점검하고 비즈니스 케이스 중 이슈사항에 대해서 중점적으로 검토하게 된다.

상품개발위원회의 의결 이후 상품개발안의 CEO 품의 및 개발원,

금감원의 상품인가 절차를 추진한 후 상품 안내 자료와 판촉 자료를 만들고 이에 대한 법적 위험(Legal Risk)과 컴플라이언스 리스크를 점검하고 상품교육을 실시한다. 상품 판매 개시 7일 전에는 제반 일정을 체크해 관련부서장이 확인하는 큐-사인(Q-sign)제를 운용한다. 판매개시 이후에는 3~6개월 후 실시하는 마케팅 성과와 1년 후 수익성 등 종합적인 성과분석을 실시하도록 되어 있다.

상품개발 프로세스 10단계는 각 톨게이트(Tollgate)별로 완결되지 못하면 다음 단계로 진행되지 못하도록 함으로써 상품개발상의 리스크를 배제하는 데에 큰 도움이 되었다. 다만 상품개발에 시간이 많이 소요되어 단순한 상품은 절차를 간소화할 필요가 있다.

시장성이나 판매량을 예측할 때에는 영업적 감각보다는 리서치를 활용할 필요가 있으며 보장성 상품을 개발할 때는 급부설계의 역선택 위험에 대해서 경험이 풍부한 치프(Chief) 언더라이터의 조언을 구해야 한다. 또한 건강보험 개발 시에는 의적 리스크 점검을 위해 해당 분야 전문의의 자문을 거쳐야 한다.

상품개발인력들은 보험금 지급사례에 대한 경험 부족으로 부당청구 등 모럴 해저드 발생사례에 대해서 잘 알지 못한다. 필자가 손해사정회사의 대표이사로 재직하면서 느낀 것은 보장성 상품개발시에는 반드시 보험금 지급조사 경험이 풍부한 손해사정사를 위험인수 부문에 참여시킨다면 큰 도움이 된다는 것이다.

채널 부문에서는 M/S 향상을 위해 보험 시장에서 소구력 있는 상품개발을 제공해 달라고 끊임없이 요구하게 된다. 차별화된 신상품을 개발하기 위해서는 새로운 위험담보에 대한 고객 니즈 및 시장성 파악, 위험률 확보 및 철저한 리스크 점검 등에 많은 시간이 걸린다. 종래 CI, LTC, 의료실손 등을 개발하는 데는 1년 이상 소요되었다.

미국, 유럽, 호주 등 선진사 벤치마킹을 통해 실제 개발하고자 하는 상품들이 어떻게 팔리고 어떠한 리스크가 있으며, 어떻게 헤지하고 있는지 등을 조사할 필요가 있다. 일례로 우리나라에서 소득보상보험을 제대로 도입하기 위해서는 사회적인 인프라가 더 갖추어져야 하기 때문에 많은 연구가 필요하다.

향후 보장자산 확대를 위한 우량체 세분화, 선진 네트워크형 의료실손 상품, 헬스케어 서비스 등은 정부의 제도적인 뒷받침이 필요하기 때문에 보다 장기적이고 체계적인 접근이 필요하다. 이러한 측면에서 상품개발을 위한 R&D센터를 운영할 필요가 있다. 위험률센터를 갖고 새로운 상품개발을 위한 선행 연구를 하고 있는 삼성생명의 라이프케어연구소 같은 조직이 좋은 사례라 할 수 있다.

또한 재보험사를 통한 선진 노하우의 습득도 바람직하다. 상품개발에 필요한 재보험 비용은 상품개발 코스트로 보고 재보험 협약조건을 정하는 것이 필요하다. 상품개발 시 충분한 리스크 검토를 거쳤다면 리스크를 지나치게 재보험에 의존하거나 리스크가 지나치게 큰 위험을 재보험을 통해서 헤지하는 것은 바람직하지 않다.

특히, 의료실손과 같은 갱신형 보험은 갱신 시마다 보험료를 조정할 수 있으므로 재보험 부보를 하더라도 이러한 특성을 고려해야 한다.

## 2. 현금흐름방식의 프라이싱(Cash Flow Pricing)

보험 가격은 예정이율, 예정사업비율, 예정위험률 등 3이원으로 구성되어 있기에 보험회사에 오래 근무했다 하여도 이를 종합적으로 이해하고 경영전략을 수립하는 것은 쉽지 않다.

현행 보험료 산출 체계는 3이원 중심으로 경쟁사의 보험료 수준과 내재가치(EV)를 감안하고 사업비율을 조정해 보험료를 산출한다. 그러다 보니 회사의 목표 이익(Target Profit)을 설정하기 어렵고 실제 경영 상황과 상당한 차이가 발생할 수 있다. 즉, 상품 판매 물량, 자산 운용수익률, 실제사망률, 유지율, 실제사업비율, 준비금 등을 고려해서 회사가 투입하는 자본대비 얼마의 이익을 창출할 수 있는지에 대한 예측에는 한계가 있다.

또한 프로핏 테스트(Profit Test) 시 판매물량에 따른 차별화된 간접비 배부, 유지율에 따른 손익의 변화와 자산할당전략 등을 반영하기 어려웠다. 다양한 금리 시나리오에 따른 영향도 고려할 수 없어 옵션, 보증비용의 산출도 힘들었다.

그동안 보험사가 동일한 위험군에 대해 하나의 위험률만을 적용하도록 하는 1사 1위험률제도로 인해 위험이 현저히 다른 홈쇼핑이나 텔레마케팅 등의 판매 채널에 따른 보험료 차별화도 허용되지 않았다.

2001~2003년의 경우 종신보험 판매 초기로, 선택 효과로 인한 사차익 및 이연신계약비제도로 인한 과도한 비차익 발생, 준비금제도

의 변경[160]에 따른 특별 이익 환입 등으로 보험사의 손익의 착시현상을 가져왔다.

뿐만 아니라 손익을 통제하다보니 종합 손익관리 면에서 일부 문제가 발생했다. 즉, 비차익과 사차익이 과도하다고 언론의 지적하면 감독당국은 이를 개선하기 위한 정책을 구사하였다. 그러나 지속적인 이차손 발생과 사차 손익의 급격한 악화 등으로 종합적인 손익과 ROE 등이 선진 보험사들에 비해 낮은 수준이다.

이에 따라 감독당국은 2006년 8월 '보험료 산출 체계 개선 로드맵' [161] 발표를 통해 현금흐름방식의 보험료 산출방식 도입 계획을 발표하고 업계와 공동으로 준비 작업을 추진했다. 2010년 4월부터 3년간 현재의 3이원방식과 현금흐름방식을 선택, 병행 실시하고 있다. 아직은 대부분 3이원방식을 사용하고 있으나, 2013년부터는 현금흐름방식을 사용하게 되어 있다.

현금흐름방식의 보험료 산출은 예측되는 모든 가정에 대한 최선의 추정치를 이용해 예상되는 보험계약의 운영성과를 시뮬레이션하여 보험료를 산출하는 방식이다.[162] CFP의 목적은 보험사의 이익이나 준비금, 기타 목적이 예상 운영성과에 근거해 달성될 수 있는가를 판단하기 위한 것이다. 계산방식은 회사 지출이 예상되는 보험금, 사업비, 배당금, 기타 보장, 부채 및 해약환급금 등을 고려해 산출한다. 만약 시산한 보험료가 보험사 입장에서 적절하지 않다고 판단되면 일부 가정을 변경해서 보험료를 조정하게 된다.

보험료 산출 과정은 장래의 투자수익률, 유지율 추이, 보험금과 판매 규모 등에 의한 현금흐름의 변동성을 종합적으로 고려해 최선의 추정 가정 및 목표 이익을 설정해 보험 가격 및 보험계약 가치를 평가한다. 그 이후에 시행착오방식으로 회사의 프로핏 마진(Profit Margin) 및 미래의 현금흐름과 일치하는 최종 보험료를 결정한다.

CFP(현금흐름방식의 프라이싱)의 산출 요소는 대상 현금흐름, 최선의 추정가정 설정, 프로핏 마진의 설정, 민감도 분석으로 구분할 수 있다. 대상 현금흐름은 보험계약에서 보험사로 유입되는 주요한 캐쉬 인 플로우(Cash-In Flow)로, 수입보험료와 이로 인한 투자수익이 있다. 캐쉬 아웃 플로우(Cash Out Flow)로는 계약자에게 지급되는 보험금 및 이자, 계약자배당과 계약의 인수 및 유지를 위한 사업비, 영업이익 발생으로 인한 법인세 등 세금 및 주주 배분 가능 이익 등이 있으며 준비금 적립 및 요구자본 증액 등이 있다.

최선의 추정 가정에 대한 정의는 통상 발생 가능성이 가장 큰 결과물을 유도하는 가정(The Mostly Outcome)과 평균값을 유도하는 가정(Expected Value) 두 가지로 사용되고 있다. 보험 가격 산출 시 최선의 추정 가정은 향후 발생할 비용의 평균치를 산출하는 데 목적이 있으므로 정의는 미래 현금흐름에 대한 평균값(Probability Weighted Average)을 유도하는 가정이라고 할 수 있다.

가정은 경제적 가정과 비경제적 가정으로 나눌 수 있다. 경제적 가정은 장기 계약인 생명보험 계약을 현재가치로 계산하기 위한 할인율 및 투자 활동으로부터의 투자수익률이 있다. 또한 각 자산에 따른 채권 등에 대한 시장이자율, 주식 등 증권에 대한 투자수익률 및 배당수익률, 부동산과 같은 고정자산의 투자에 의한 임대수익률 등이 있으며 경제적 가정에 대한 파산 위험도 함께 고려해야 한다.

비경제적 가정은 사망률 등의 위험률이 대표적이며, 사업비율, 유지율, 판매 규모, 재보험비율 등이 있다. 특히 유지율은 시장의 이자율에 따라 변동되는 경우가 많으므로 경제적인 상황과 회사의 상품구성비 등에도 영향을 받는다.

다음은 프로핏 마진의 설정이다. 프로핏 마진은 보험사의 주주가 보험계약을 인수함으로써 노출되는 리스크에 대한 대가의 개념이다. 부채의 평가 목적으로 설정되는 리스크 마진(Risk Margin, 공정가치) 및 PAD(Provision For Adverse Deviation)와 유사한 개념이다.

이러한 마진은 기간이 경과되면서 보험계약이 해당 위험에서 벗어날 때 주주이익으로 인식된다. 보험료 마진은 회사의 정책이나 경제적 환경, 경쟁사와의 영업경쟁력 등을 고려해 산출되며, CFP에서는 이러한 마진에 대한 설정을 명확히 하기에 최선의 추정 가정과 프로핏 마진이 명백하게 구별된다. 이렇게 설정된 보험료는 향후 최선의 추정치 이외에 발생할 수 있는 가정의 변동성을 고려해야 한다. 다양한 시나리오 분석을 통해 보험계약의 각 가정의 적정성을 재점검하고 이익의 실현 가능성을 검토해야 한다.

현금흐름방식의 보험료 산출방식은 3이원의 기초율뿐만 아니라 판매물량, 가입속성, 유지율 등도 실제에 근접한 기초율을 사용하고 종합 손익도 적정 마진을 부가하기에 ROE, IRR 등을 관리하기가

| 구 분 | | CFP방식 | 3이원방식 |
|---|---|---|---|
| 계 산 방 식 | | 실제 현금흐름 | 기수표 사용 |
| 가 격 요 소 | 이율 | 자산 운용전략에 따른 투자수익률 | 예정이율 |
| | 사업비율 | 회사 실제 사업비 집행구조에 따라 부가 | 신계약비/유지비/수금비로 구분 |
| | 위험률 | 실제 위험률에 근사한 가정치 | 경험/참조위험률 |
| | 유지율 | 사용 | - |
| | 재보험 | 보험 가격에 반영 | - |
| | 판매 규모 | 필요 시 반영 | - |
| | 수익성 지표 | 가격 산출 단계에서 사용 | 가격 산출 후 사후 분석 |
| | 프로핏 테스트 (Profit Test) | 계약 전체 종합 손익 테스트 | 단위 건당 테스트 |
| | 보증(Option) 리스크 | 보험 가격에 반영 | 3이원의 보수적 설정으로 충당 |
| | 기타 가정 | 상품, 채널별 특성에 대한 가격 산출에 반영 | 고려하기 어려움 |
| | 마진 | 명시적으로 최선의 추정치와 마진이 구분됨 | 3이원 각 가정에 내재되어 있음 |

용이하다. 또한 기간별 손익구조도 안정적으로 가져갈 수 있고 회사의 경영전략 수행도 용이해져 상장 보험회사들은 종합적이고도 세밀한 관리를 통해 타깃 마진을 실현할 주가와 연계될 수 있을 것이다. 특히, 판매 채널별, 상품 종류별 수익성 지표를 전체적으로 합의하고 이러한 수익성 지표를 기초로 가격을 결정한다. 상품 판매 이후에는 예정 원가와 실제와의 차이를 모니터링하고 이와 관련된

부서에 책임이 귀속된다.

3이원방식하에서는 보험료 산출방식(Pricing)상 많은 제약과 비탄력적으로 선진 프라이싱 기법의 도입이 어려웠다. 이에 반해, 현금흐름방식이 도입되면 사업비후취방식(Back-End Loading), 선택표(Selection Table), 무해약환급금제도의 도입 등 다양한 선진 프라이싱 기법 도입 기반이 확립된다. 또한 금리 시나리오, 금리 변동에 대한 유지율 영향 등 가격 요소들을 정교하게 반영하게 되어 다양한 옵션, 보증이 부가된 보험 상품이 출시되어 소비자들의 선택 폭이 넓어질 수 있다. 그리고 현금흐름방식의 도입으로 보험회사는 국제회계기준(IFRS 4) 부채 평가를 위한 인프라 구축이 용이해 진다.

## 상품심사제도는 소비자보호·재무건전성 중심으로 전환

선진국의 경우 상품심사제도는 보험 시장이 경쟁을 통해 적정 가격이 형성된다는 가정하에서 보험회사의 재무적 건전성 및 소비자보호 측면에 중점을 두고 있다. 소비자에게 직접적인 영향을 미치는 보험 약관 및 상품의 주요 내용에 대해서는 감독당국이 직접 심사를 한다. 보험요율은 회사마다 산출 기준이 상이할 수 있으므로 자율성을 부여하되, 보험사에 큰 리스크를 발생시키는 장기성보험이나 건강·상해보험은 별도의 심사를 거치도록 하고 있다.

보험사 재무건전성에 영향을 미치는 책임준비금에 대해서는 보험요율 산출보다 엄격한 기준을 적용해 사후 발생할 수 있는 문제에 대비하고 있다. 보험 상품은 장기적으로 보험회사와 보험계약자에게 영향을 주는 금융 상품이므로 현금흐름방식이 도입되더라도 소비자보호와 재무건전성을 위한 최소한의 제도 유지는 강화되어야 한다. 상품 내용이 상품설계 기준과 부합하지 않거나 감독당국이 정한 일정 범위를 벗어나서 보험료를 산출하는 상품은 요율심사가 필요하다.

현금흐름이 도입되면 목표 이익률, 해지율 등 현행보다 많은 기초율이 사용되고 표준화된 산출식이 아닌 시행착오방법으로 보험료를 산출하므로 가격에 대한 투명성이 낮아질 것으로 보인다. 따라서 상품 공시는 현행의 형식적인 틀에서 벗어나 실질적으로 운영되어야 한다. 공시 내용은 간소화하되, 실질적인 가격 비교가 가능하도록 주요 기초율의 비교를 강화하고 보험회사와 감독당국의 적극적인 참여를 유도해야 한다.


CFP를 도입하기 위해서는 첫째, CFP를 포용할 수 있는 유연성 있는 계리제도의 확립도 검토되어야 한다.

기존 우리나라의 책임준비금, 해약환급금, 이원분석 및 계약자배당으로 대표되는 계리제도는 보험료 산출방식에 너무 의존적이다. 보험료 산출 시 사용되는 기수함수(Commutation Function)를 중심으로 모든 계리제도가 연계되어 있어 확률론적(Stochastic) 혹은 동적(Dynamic) 및 옵션 프라이싱 등 새로운 보험료 산출방식을 적용할 때마다 문제점이 나타나고 있다. 따라서 보험료를 계리제도의 전부가 아닌 한 요소로 여기는 인식의 전환이 필요하다. 보험료 산출 체계와는 구별되고 계리제도 본래의 취지를 살릴 수 있도록 설계한다면 다양한 보험료 산출 체계를 포용할 수 있는 유연성을 확보할 수 있을 것이다.

둘째, 재무건전성 및 계약자 보호를 고려해야 한다. 충실한 책임준비금 적립은 재무건전성 제고로 이어지며 파산 가능성을 줄여 계약자 보호에 기여할 것이다. 반면 과도한 책임준비금의 적립은 주주의 자본비용을 증대시켜 보험료 인상요인이 되기도 한다. 해약환급금은 보험계약자가 행사할 수 있는 선택적(Optional) 청구권으로 인식되므로 급격히 변경하기보다는 적정 해약공제를 통해 계약자 간 형평성을 제고할 수 있는 방향으로 설정하는 것이 바람직하다.

## 3. 책임준비금제도의 문제점과 개선 방향

CFP제도의 도입 효과를 극대화하려면 보험기간별 수익구조가 상이한 7년 질메르식을 탈피하고 보험기간별 수익구조가 일정한 전기 질메르식 보험료적립금제도를 도입해 후취사업비 부가방식(Back-End Loading)이 도입될 수 있도록 배려하는 융통성있는 제도의 확립이 요구된다.

신계약을 매년 확장시키면 2차년도 이후 손실이 초년도 이익에 가려져 단기적으로는 오히려 당기손익이 개선되는 것으로 보이는 착시현상이 나타난다. 그러나 이러한 현상은 신계약이 감소하거나

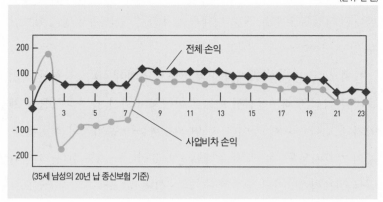

〈표 100〉 현행 보험사의 손익(사업비차손익) 흐름

(단위: 천 원)

(35세 남성의 20년 납 종신보험 기준)

정체되는 경우 그 동안 누적되었던 손실이 급격히 노출되면서 회사 경영을 크게 위협할 수 있기 때문에 계속적인 양적 확대 경영을 유발하는 문제점을 내포하고 있다.

책임준비금제도의 영향은 간접적이지만 판매 채널 분야에도 부작용이 나타나 외형 위주의 경영전략으로 신계약 확대를 위한 사업비가 과다 지출되었다. 2004년부터 신계약비의 이연처리가 다소 제한되었지만 실제 신계약비를 초기에 집행하면 이연처리가 전부 허용되는 수준이었다. 따라서 신계약비의 조기 분급 및 선지급 경쟁이 유발되었고 일부 대졸 남성조직이나 GA의 경우 소위 '먹튀' 들도 나타나게 되었다.

책임준비금제도가 초기 이익이 많이 발생하는 구조로 운영되다 보니 초기 사업비차 이익이 부당한 것으로 잘못 인식되어 대외적으로 보험 이미지가 하락하는 결과를 초래했고 보험사의 손익구조에 대한 경영 공시 정보의 신뢰도에도 부정적인 영향을 가져왔다.

또한 준비금제도는 신계약에 대한 준비금 적립 부담이 적기 때문에 일부 외국사 및 신설사 위주로 신계약 중심의 경영이 나타났다. 준비금제도 변경 이후 대부분의 외국사와 신설사들은 공격적인 경영으로 10년 사이에 시장점유율이 18.4%에서 45.3%로 크게 증가했다.

책임준비금 적립 기준이 완화되면서 보험사 경영에서 일부 문제점들이 나타나기 시작했다. 먼저, 신계약비를 7년 동안 이연·상각하면서 손익이 계약 체결 후 경과 기간에 따라 불균등하게 나타나는 왜곡 현상이 발생했다. 즉 계약 후 1년 전후에는 과다한 이익이 발생하지만 2차년도부터 7차년도까지는 손실이 그리고 7년 후에 다시 이익이 발생하는 구조로 나타났다. 보험 상품의 장기적 특성에 맞게 손익이 매년 균등하게 배분되어야 하는 점이 고려되지 않은 것이다.

그리고 현행 우리나라 책임준비금제도는 보험료 납입 기간 동안 예정신계약비를 수익으로 인식하므로 납입 기간이 짧을수록 사업비차 이익이 계약 초기에 편중되었다.[163] 이로 인해 일부 보험사는 당기 성과 달성에 유리한 단기납 상품을 선호하게 되었다. 또한 단기납의 경우, 납입 기간 동안 비차 이익을 이미 인식하고 있기에 납입 기간 이후 위험률, 이자율에서 손실이 발생하면 이를 보전할 재원이 부족한 현상이 나타났다(〈표 101〉 참조).

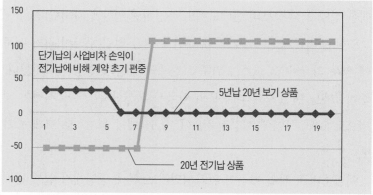

〈표 101〉 단기납과 전기납의 사업비차 손익 흐름         (단위 : 천 원)

※ 신계약비 초년도 집행, 유지율 미반영

보험사의 변액보험, 금리연동형보험과 증권사의 펀드는 대체 가능한 상품으로 인식할 수 있으며 선취[164]·후취[165] 등 다양한 사업비 부과방식을 적용한다. 반면에 변액보험 등은 선취방식 만을 적용해 소비자의 선택 폭이 제한되어 있다.

현행 일시납 상품의 경우 실제 신계약비를 초년도에 비용처리하므로, 계약 초기에는 후취방식에 따라 예정신계약비를 나중에 차감하는 경우 손익이 악화된다. 현행 이연·상각제도하에서는 사실상 후취방식 상품개발이 곤란하다. 따라서 다양한 사업비 부과방식이 가능하도록 신계약비 이연·상각제도를 개선할 필요가 있다.

미국의 경우에는 모든 신계약비용을 이연자산으로 인정하지 않는다. 즉, 광고선전비 등 고정비용을 제외한 비례성 경비만 이연을 허용하고, 장래 회수 가능성을 테스트하여 회수 불가능한 금액은 이연하지 않는다. 또한 보험기간 동안 예상되는 전체 수익 중 당해 연도에 발생한 수익에 비례해 전 보험기간에 걸쳐 수익이 발생하는 동안 상각한다.

　이와 같이 보험료 납입 형태, 부가 보험료 책정방식에 관계없이 손익흐름이 유사하도록 이연·상각제도를 변경하는 것이 바람직하다. 일시납을 포함한 모든 상품에 대해 신계약비 이연을 허용하고, 보험기간에 걸쳐 균등 상각해야 한다. 또한 각 기간의 계약체결 보험료가 보험기간에 걸쳐 평준화시킨 계약체결 보험료를 초과하는 경우 초과분을 미실현 보험료적립금으로 적립해 모든 상품에 신계약비 이연을 허용하는 대신, 부가 보험료 책정방식에 관계없이 손익이 균등하도록 해야 한다.

　이와 같이 이연·상각제도를 개선하게 되면 기간별 손익의 평준화로 신계약 위주의 단기 성과 경영에서 벗어나 장기적인 내재가치 중심의 경영을 유도할 수 있다. 단기납과 전기납의 손익흐름도 유사해져 납입 기간이 다양하게 될 것이다. 뿐만 아니라 사업비 선취·후취에 따른 손익흐름이 동일해져 타 금융권 상품에 경쟁력을 갖춘 후취방식의 보험 상품 개발이 용이해진다. 또한 초기 비차익이 줄어들기 때문에 선지급수당제도의 문제점도 어느 정도 완화시킬 수 있을 것이다.

## 4. RBC(Risk Based Capital)제도와 리스크관리

IMF의 권고로 1999년 외환위기 당시에 도입된 현행 지급여력제도[166]는 EU방식인 솔벤시 I (Solvency I )를 참고한 제도다. 지급여력을 적기시정조치와 연계함으로써 재무건전성 악화에 대한 감독상 조치 수단으로 활용했다.

하지만 EU식 지급여력제도는 보험종목별 리스크 차이를 반영할수 없고 자산·부채 듀레이션 불일치로 인한 금리 리스크를 반영하지 않는 점과 자산 운용 관련 리스크 측정의 정교성 부족 등의 한계가 노출되고 있었다. 그 이유는 다음과 같다.

첫째, 고위험자산 포트폴리오의 요구자본 산출 기준이 미흡했다. 투자자산별 내재된 리스크 속성을 구분하지 않고 획일적인 기준인 책임준비금의 4%를 적용해 요구자본량을 산출하고 있다. 이로 인해 주식이나 파생금융 상품 등 고위험자산의 손실 발생에 대비한 적절한 규모의 요구자본 산정이 곤란했다. 또한 장기보험(생명보험 및 장기손해보험)만이 자산 운용 리스크 측정 대상에서 제외되는 등 위험자산에 대한 요구자본량 산출 기준이 미흡하다.

둘째, 자산·부채의 만기구조 불일치로 인한 요구자본 산출 기준이 없다는 것이다. 장기보험은 자산·부채의 금리만기구조를 일치시키는 자산 운용전략을 통해서 시장금리 변동에 따른 순자산가치 하락에 대비할 필요가 있다. 금리 변동 등 외부 충격에 대한 보험회사의 경제적 가치 하락으로 시장에서의 평판 악화 및 장기적으로 보험회사의 재무건전성에 악영향을 미칠 것이다.

따라서 보험회사는 자산·부채 듀레이션매칭(ALM)을 통한 리스크관리 및 적절한 가용자본 확보로 시장금리 변동에 대비해야 한다. 하지만 현행 지급여력제도는 이러한 금리만기구조 불일치로 인한 리스크를 감안하지 않고 있어 금리 변동으로 인한 경제적 가치 변화를 반영하지 못하고 있다.

셋째, 상품별 리스크 속성에 따른 요구자본량 차별화가 미흡하다. 현행 제도는 상품별로 내재된 리스크 속성을 구분하지 않고 요구자본을 산출하고 있다. 상품 포트폴리오에 내재된 리스크 속성을 적절하게 반영하지 못하며 특히 대형 사고로 인한 손실 발생에 취약한 고위험 상품의 리스크를 저평가하고 있다. 부적절한 가격[167])을 기반으로 한 무리한 성장전략을 추구하게 하는 등 재무건전성 부실화 가능성도 있다.

넷째, 변액보험의 보증 리스크 등에 대한 산출 기준 부재이다. 최근 시장점유율이 급격히 증가한 변액보험의 최저보증 리스크(GMDB[168]), GMAB[169])에 대한 요구자본 산출 기준이 없다. 또한 민원, 소송 등의 증대로 운영 리스크에 대한 중요성이 증가되고 있으나 이에 대한 요구자본 산출 기준이 마련되어 있지 않다.

따라서 감독당국은 2009년 4월 대다수 선진국에서 적용하고 있는 RBC(Risk Based Capital)를 도입했고 기존 지급여력제도는 새로운 제도의 연착륙을 위해 2년간 병행해 사용할 수 있도록 했다.

위험기준자기자본(RBC)제도의 특징[170])은 종전의 EU식 지급여력제도와 비교해보면 보험, 금리, 시장, 신용, 운영 리스크로 나누어 보다 합리적으로 리스크 금액을 산출하고 있으며, 시장위험에 파생상품, 변액보험, 최저보증 리스크를 반영했다. 신용위험은 차주의 신용등급별 위험계수를 차별화했으며 금리위험은 자산과 부채에 대한 미스매칭 리스크를 반영했다.

도입 단계에서는 업계 공통의 표준모형[171]을 도입했다. 처음에는 모든 보험회사에 공통으로 적용할 수 있는 단순한 형태의 표준모형을 도입할 필요가 있으며, 이를 위해 업계 공통의 위험계수를 적용했다. 보험회사가 리스크관리 중심 경영을 유도하기 위해서는 개별 회사에 내재되어 있는 리스크요인을 적절히 반영해 차별화된 자본 수준을 요구할 필요가 있다. 이는 내부모형승인제도 도입을 통해 제도화하는 것이 바람직하다.

RBC제도의 기본 구조를 살펴보면, RBC제도는 보험회사에 내재된 각종 리스크량을 산출해 이에 상응하는 자본을 유지토록 하는 제도로 가용자본(Available Capital)과 요구자본(Required Capital)으로 구성되어 있다. 가용자본은 예상치 못한 손실 발생 시 이를 보전해 지급능력을 유지할 수 있도록 하는 리스크 버퍼(Risk Buffer)로써 현행 제도의 지급여력금액[172]에 해당된다. 요구자본은 보험·금리·시장·신용·운용위험액의 규모를 측정해 산출된 필요자기자본을 말한다. RBC비율에 따른 감독조치는 요구자본에 대한 가용자본을 RBC비율로 산출해 적기시정조치 기준, 경영실태(CAMEL) 평가지표, 리스크평가제도(RAAS) 평가지표 등으로 활용한다.

RBC제도 도입에 따라 경영 전반적으로 미치는 영향은 매우 클 것으로 보인다. 현행 지급여력 기준보다 리스크에 대한 분석이 세분화되고 정교해지면서 회사의 경영 상태에 따라 그 비율은 상당 폭 상이해 질 수 있다. 전체적으로는 동일한 조건에서 지급여력 비율은 생보사의 경우 30포인트 정도 하향되는 반면에 손보사는 소폭 상승되는 것으로 나타났다. 그 동안 위험관리를 충실히 수행한 일부 보험사의 경우는 지급여력비율이 올라가겠지만 대다수의 보험사의 경우 지급여력비율이 하락했다. 특히 고위험자산에 투자 비중이 높은 보험사의 경우는 비율이 현행보다 50~80포인트 큰 폭으로 하락하는 것으로 나타났다. 향후 회사의 지급여력비율 변화 추이를 파악해 이에 대한 방안을 마련해야 할 것이다.

생보사는 장기자산을 보유하는 특성으로 자산과 부채의 만기구조 차이에 따른 금리 리스크가 전체 리스크의 50% 이상으로 가장 높고, 신용 30% 수준, 보험 10% 수준 그리고 신용과 운영 리스크가 5% 수준으로 나타났다. 반면에 손보사의 경우는 보험 리스크의 비중이 50% 수준으로 가장 높고 신용 30%, 시장과 금리가 15% 내외 그리고 운영 리스크가 5% 수준으로 나타났다.

RBC 적용 시 생보사의 경우는 고정형 준비금 부담으로 종전 지급여력 대비 금리 리스크는 증가하고 지급여력에 반영되지 않았던 신용 리스크 부담으로 재무건전성은 악화된다. 반면 금리연동형 상품은 지급여력에 비해 요구자본이 줄어들어 금리 리스크가 크게 감소하고 수익성이 개선되나, 변액보험은 보증옵션에 대한 리스크 발생으로 수익성이 악화된다. 갱신형 상품의 경우에는 사차 리스크가 적어 수익성이 개선된다.

요구자본의 감독 기준도 2011년 4월 본격적으로 도입된 만큼 지속적인 분석을 통해서 우리나라 실정에 맞게 리스크의 정교화 등의 개선 방향을 지속적으로 검토할 필요가 있다.


## 5. 내재가치(Embedded Value) 평가에 의한 경영

### 내재가치 평가의 필요성

IMF 사태 이전까지 국내 보험사 경영에서 내재가치에 대한 개념이 정립되지 않아 회사를 매각하거나 계약을 이전할 때 재무제표상의 부족한 금액 수준을 보전해 주는 방식으로 검토했었다. 그러나 대차대조표상의 부족 금액은 회사의 현금흐름을 과거부터 현재까지를 평가한 금액으로 현재 회사가 보유하고 있는 계약으로부터 나오는 미래의 수익을 반영할 수 없는 한계가 있다.

일반적으로 회사는 보유하고 있는 보험 계약으로부터 이익 창출을 기대할 수 있는데, 내재가치는 미래에 발생하는 수익 중 주주 몫을 현가로 계산한 금액이다. 국내 시장에서 보험사의 내재가치 계산은 IMF 당시 회사 매각 및 계약 이전 시 처음으로 실시되었다.

회사 매각 및 계약 이전 시 대차대조표상의 부족금액에서 내재가치 상당액을 차감해 상당한 금액의 공적자금을 절약할 수 있었다.

내재가치 산출에 있어서 방법론은 평가자 간의 차이는 없지만 가정 (Assumptions)은 당사자 간의 입장차이로 상당히 다르게 나타날 수 있다. 특히 계리적 가정은 회사의 경험통계 데이터가 관리되지 않아 산출에 많은 곤란을 겪었다. 부실경영으로 어려움을 겪은 회사들은 장래의 손익 등의 추정 업무가 체계적으로 이루어지지 않았던 것으로 보여 진다.

생명보험 및 장기손해보험에서는 장기계약임에도 불구하고 여전히 '당기손익' 위주의 경영전략을 수립해 오고 있다. 당기손익을 통한 경영 실적 평가는 규모 위주의 상품 판매 및 무리한 자산 운용 전략을 유발하는 문제가 있다. 그러나 현재의 회계원칙하에서 제공되는 단기손익 위주의 재무지표는 과거 실적만 반영[173]하고 공정가치 도입에 따른 보험계약의 장기성을 반영하지 못함으로 적절한 의사결정을 위한 재무정보로써의 기능을 제대로 수행하지 못하고 있다. 이러한 단점을 보완하기 위해 외국의 선진보험사의 경우는 당기손익 이외에 '내재가치분석보고서' [174]를 별도로 공시하고 있다.

오랜 전부터 경영 평가에 내재가치를 이용하던 유럽에서는 2000년대 들어 전통적인 내재가치에 대한 불신이 확대되었다. 전통적인 내재가치 산출방법은 내재가치 계산에 사용되는 할인율의 설정 등이 자의적이라는 비판과 함께 내재가치의 신뢰성과 비교 가능성에 문제가 계속 제기되어 왔기 때문이다.

특히 2000년 이후 주가가 지속적으로 하락하고 이자율이 감소하는 급격한 시장 상황에서 전통적인 내재가치는 시장의 리스크를 적절히 반영하지 못하는 것으로 나타나 투자자들은 전통적인 내재가치에 대한 확신을 갖지 못하고 회사의 가치를 절하하기 시작했다. 이러한 한계를 극복하고자 최근 CFO 포럼은 MCEV 제정을 통해 할인율은 무위험수익률로 통일시키고 할인율에 반영되어 있던 제반 리스크를 따로 구분해 평가했다. 이와 같이 내재가치 평가의 투명성과 비교가능성을 제고하는 방향으로 내재가치 산출방법이 진화되고 있다.

CFO 포럼[175]은 2004년 5월 유럽의 내재가치기준서(EEV Principles)를 발표해 2005년 회계연도부터 적용해 왔다. 2008년 6월에는 시장기준 내재가치기준서(MCEV Principles)를 발표하고 2009년 회계연도부터 적용하고 있다.

### 내재가치의 구성과 산출방법

내재가치란 대상계약에 할당된 자산으로부터 발생되는 장래 배당 가능한 이익 중 주주 몫에 대한 현재가치를 말한다. 내재가치는 순잉여금가치(Free Surplus), 요구자본가치(VRC: Value of Required Capital) 그리고 보유계약가치(PVIF: Present Value of In-force Business)로 구성되어 있으며 순잉여금가치와 요구자본가치를 합산해 순자산가치(Net Asset Value 또는 Net Worth)라고 한다.

순잉여금가치는 평가일에 보유계약으로 할당은 되었지만 즉각적인 환입에 어떠한 제약도 없는 자본과 잉여금의 시장가치를 말한다. 요구자본 가치는 요구자본(Required Capital)에서 자본 보유에 대한 비용(Cost of Holding Required Capital)을 차감한 가치이다. 보유계약가치는 부채를 지원하기 위해 할당된 자산으로부터 발생되어 주주에게 배분되는 미래 현금흐름의 현재가치로, 이러한 가치는 재무적 옵션과 보증으로 인해 감소되기 때문에 이에 대한 비용을 차감해야 한다.

내재가치를 구성하는 요소별 산출방법을 살펴보면 순잉여금은 보유계약에 할당된 자산에 대한 시장가치의 산출로부터 내재가치 계산이 시작된다. '순잉여금'은 할당된 자산 중 부채와 요구자본을 초과하는 잉여금을 말한다. 요구자본과 달리 순잉여금은 평가기준일에 주주에게 환입이 가능하므로 시가로 평가되어야 한다.

요구자본가치의 산출의 살펴보면, 요구자본은 분석 대상 계약에 할당된 자산 중 부채를 초과하는 자산으로 법적 혹은 내부적 요구에 의해서 주주에게 배분이 제한되는 자산으로 정의된다. 배분이 제한되어 있으므로 투자자(주주) 입장에서는 리스크에 노출되어 있는 자본이며 이로 인해 비용이 발생한다. 요구자본가치는 평가기준일의 요구자본 금액에서 자본비용을 차감하여 계산되며 '자본비용'은 동 자본에 대한 요구수익률(즉, 위험할인률)과 투자수익률의 차이에서 발생한다.

보유계약의 부채는 일정한 마진을 포함하여 보수적으로 평가되므로 부채에 할당된 자산으로부터 주주에게 배분 가능한 현금흐름이 발생한다. 즉, 자산(투자수익률, 자산 믹스 등)과 부채(사망률, 유지율 등) 현금흐름에 관련된 제반 가정을 보유계약 투영 모델에 적용시켜 보유계약가치를 산출한다. 제반 가정은 최선의 추정치를 사용하고 과거, 현재 및 예상되는 미래의 경험치에 의거해 객관적으로 작성되어야 하며 가정 간의 상호 연관성이 일관되게 적용되어야 한다. 보험계약자가 보유한 재무적 옵션과 보증(Financial Options & Guarantees)의 가치를 차감하여 보유계약가치를 산출한다.

## 내재가치의 활용

첫째, 내부 경영관리의 도구로써 내부성과 관리지표로 사용된다. 내재가치 결과 및 수익성 분석을 통해 내재가치를 창출하는 주요 원인을 파악하고 이를 통한 내부성과 관리지표로 활용이 가능하다.

둘째, 시장 기준 재무관리(Market Consistent Financial Management) 체계를 구축하는 데 활용함으로써 가격 설정, 상품전략 등 가치를 높일 수 있는 경영전략을 수립할 수 있다. MCFM 체계는 리스크(Risk), 자본(Capital), 가치(Value Creation)를 일관되고 유기적으로 연결시킨다. 리스크 측면에서는 명시적인 리스크의 측정을 통해 자본의 필요량을 결정하므로 효율적인 리스크관리가 필요하다. 따라서 리스크가 고려된 내재가치수익률 자료를 통해 제한된 자본하에서 최대한의 가치를 창출할 수 있는 상품 및 자산 운용전략 수립이 가능하다.

셋째, 내재가치는 보험회사의 경영 진단 및 정책 수립 계약 이전이나 인수합병 또는 상장 시 기업가치 산정을 위해 활용할 수 있으며, 내부모형을 사용한 목표 측정이 가능하다. 국제보험감독자협

의회(IAIS)는 지급여력기준금액 산출 시 보험회사 내부모형 사용을 권장[176]하는 방향을 고려하고 있다.

넷째, 내재가치에 대한 정보 공시를 통해 경영자와 주주 및 일반 소비자 간의 경영성과에 대한 정보 격차를 해소하고 투명성을 제고시킬 수 있다. 최근의 MCEV기준서에서는 명시적인 공시의 형태를 의무사항으로 부과하고 있다.

생보사 상장과 내부모형 중심의 위험기준자기자본제도(Risk Based Capital) 수립, 보험료 산출의 현금흐름방식 도입, 국제회계기준 도입 등 제반 경영 환경이 급변하는 상황에서 내재가치 분석은 경영의 모든 분야에서 핵심 업무로 중요성은 더욱 증대되고 있다.

따라서 지금까지 회사가 사용하고 있는 내재가치 시스템이 우리 회사의 경영 상태를 정확하게 보여주며 그것을 통해서 의사결정을 할 수 있는 수준인지를 살펴볼 필요가 있다. 즉, 내재가치 산출 프로세스가 적정한지, 가정 산출에는 많은 경험통계와 전문성이 필요한데 이런 사항들이 정교하게 관리되고 있는지에 대한 평가가 필요하다.

회사 경영층이 주요한 의사 결정 및 경영판단에 내재가치의 변화 분석 자료를 적극적으로 활용하고 체계적으로 시스템을 발전시켜 나간다면 경영효율을 극대화할 수 있을 것이다.

## 6. IFRS제도 도입에 대비한 철저한 준비

현행 보험회계는 단기적인 측정에 초점이 맞춰있고 국제적으로 비교 가능한 재무보고 기준이 없다는 것이 투자자들에게 문제로 인식되어 왔다. 보험경영자조차 현재의 재무제표가 자신의 사업에 진정한 수준의 가치를 반영하지 못하고 있다고 말하고 있다. 이에 따라 국제회계기준위원회(IASB)[177]는 모든 금융자산과 부채를 공정가치로 평가할 것을 지향했다.

IASB는 2단계로 나누어 보험계약 관련 국제회계기준서 작성을 진행해 왔으며 2004년 1단계(IFRS4 Phase1)는 이미 완료되어 발표되었고 2단계는 2012년에 최종안을 마련하는 것을 목표로 진행 중이다.

1단계 기준은 EU에서 시행 중이며 국내에서는 K-IFRS 1104호가 채택되어 2011년부터 국내 보험사들도 동 기준을 적용해야 한다. 보험부채를 시가 평가로 이행하는 과정에서의 과도기적 방안으로 국가별 회계정책의 다양성을 인정하여 일부 수정이 필요하다. 2단계에서는 공정가치 측정 기준이 제시될 예정이다.

### 국제회계기준의 부채적정성 평가 1단계(Phase 1)

국제회계기준위원회는 현재 계약상 의무로부터 발생할 모든 손실을 합리적으로 평가해 인식할 것을 요구하고 있다. 1단계 기준은 현행 각국의 부채평가방식을 인정하되, 부채적정성 평가를 실시해 인식한 보험부채가 적정한지 여부를 평가하고 부족한 경우 추가 적립할 것을 요구하고 있다. 또한 부채적정성 평가의 최소 요건을 규정하고 있다.

부채적정성 평가는 보험자가 보고 기간 말에 보험계약의 미래현금흐름(Future Cash Flow)에 대한 현행 추정치(Current Estimate)를 이용해 부채를 평가하는 것을 말한다. 이때 회사는 내재된 옵션과 보증에서 발생하는 현금흐름, 보험금 처리 원가(손해조사비)같은 현금흐름 등 모든 계약상 현금흐름을 고려해야 한다. 보험부채의 장부금액(이연신계약비와 무형자산이 차감된 금액)이 추정된 미래현금흐름의 관점에서 부적정하다고 판단되면 부족액을 당기손익으로 인식해야 한다.

1998년 도입된 보험료결손제도는 초기에는 이자율 변동에 따른 준비금 부족 여부를 평가했지만 2003년 보험료결손모범규준이 제정되면서 본격적으로 시행되었다. 보험 상품 판매 후에 이자율 하락, 위험률 증가 등으로 기존 준비금이 부족하면 그 부족액을 추가로 적

〈표 102〉 국내 보험료결손제도의 한계

| 구 분 | IFRS의 기본 요건 부합 | 한계(미비점) |
|---|---|---|
| 현금흐름 반영 | 영업보험료식 채택으로 보험계약과 현금 유입 · 유출을 반영 | 미래현금흐름 중 일부 사항 (GMDB옵션 평가 등) 누락 |
| 현행 추정치 적용 | 평가 시점의 기초율(Lock-Out) 사용으로 현행 추정치 사용 | 과거 경험치 사용을 반영한 기초율을 사용하고 장래 추세 미반영 |
| 부족 시 당기손익 반영 | 평가 결과 부족 시 이연신계약비 상각 또는 보험료적립금 추가 적립 등으로 당기손익에 반영 | 부족분을 순차적으로 당기손익에 반영하고 계약자 이익배당 준비금도 대상 |

립해야 한다. 그러나 실제로 보험료결손제도를 통해서 준비금을 추가적으로 적립한 경우는 거의 없어 실효성에는 다소 의문이 있다. 현행 보험료결손제도가 국제회계기준의 부채적정성 평가와 기능은 유사하나 평가 요건을 완전히 충족하고 있다고 보이지는 않는다.

부채적정성 평가에서 가장 중요한 부분이 기초율의 산정방법이다. 기초율의 산정을 위한 최소 요건은 현행 추정치(Current Estimate)에 의한 평가이다. 기존에는 위험률, 할인율, 사업비율, 해약률 등 평가 기초율 산출 시 신뢰성 및 검증 가능성을 중시해 회사의 과거 경험률을 반영하고 미래 추세는 반영하지 않았다. 현행 추정치 산정에는 과거 경험통계뿐만 아니라 미래 추세 등을 감안해 전문적 식견에 의한 판단이 필요하다. 다만 기초율 산정의 일관성, 객관성, 공정성을 유지하기 위해서 내부 기준 등 산출 프로세스를 문서화하는 것이 필요하다.

부채적정성 평가에 미치는 영향이 가장 큰 기초율은 할인율이다. 국내에서는 최근 7년간 운용자산 이익률을 기초로 산정하되, 산업 평균 운용자산 수익률의 사용이 가능하도록 되어 있다. 외국에서는 2개 방식의 혼합, 수익률 곡선(Yield Curve) 등을 사용하므로 우리나라의 경우 다원화된 대안을 탐색할 필요가 있다. 할인율의 산출은 미래 운용자산 이익률을 적용하고 다양한 할인율 적용방식이 가능하도록 하되, 표준금리 시나리오에 의한 부채적정성 평가 준비금을 최소한으로 설정해 그 이상을 회사가 적립해야 한다.

그밖에 K-IFRS를 도입하면서,[178] 부채 평가를 위한 계약분류로써 보험계약의 정의, 보험요소와 저축요소의 분리, 내재파생 상품 분리 및 임의배당요소 분리 등에 기준 마련이 필요하다. 다음으로는 비상위험 준비금 부채 계상 금지와 재보험자산의 구분 계상 및 손상 평가에 대한 기준 마련이 필요하다.

### 2단계(Phase 2)

2단계에서 가장 중요한 부분은 부채의 측정(Measurement)이다. 기본적으로 시가평가 개념으로 보험회사가 보험계약을 유통 시장에 내다 팔 경우 평가되는 현행 유출가치(CEV, Current Exit Value)를 공정가치로 할 것을 제시했다. 국내와 같이 '록인(Lock-In)' 방식의 준비금 개념을 가진 국가의 경우 준비금 개념 자체를 바꾸는 중요한 사안이다. 그동안 현행 유출가치에 대한 의견 차이와 기업 특유(Entity-Specific) 현금흐름이나, 서비스 마진, 언번들링(Unbundling) 부채의 신용 특성 반영 등에 대해 상당 기간 논란이 계속되었다.

그 외, 신계약비의 당기 비용처리(이연사업비 금지), 미래에 예상되는 배당금에 대한 추가 부채적립(의제 배당) 수입보험료 인식문제, 장부가액 변동에 대한 기표방법 등도 중요한 이슈이다. 특히 이연사업비가 금지되는 경우 초년도 손실이 증가하는 현상으로 경영의 어려움이 나타날 것으로 전망된다. 전체적으로 2단계의 경우는 1단계의 준비와 병행하면서 추가적으로 필요한 부분들에 대해서 협의해 왔지만 다양한 이해관계자들[180] 간의 의견을 좁히지 못하고 있었다.

## 2단계(Phase 2) 현가가치 측정 3요소[181]

그러나 IASB가 공정가치의 속성으로서 유지해 온 현행 유출가치를 폐기하고 새로운 대안들을 논의하면서 IFRS 2단계 기준의 완성 가능성이 높아졌다. IFRS 2단계 논의에서 공정가치 회계 기조는 유지되고 있으나 세부 내용에서 보험산업의 회계관행을 반영하려는 변화가 보이고 있다. 2단계 토론서에서 보험부채의 현재가치 측정에 필요한 현금흐름, 할인율, 마진이라는 측정 3요소를 제시하고 이들 3요소에 대한 일정 요건을 제시하고 있다.

보험부채의 가치 측정에 필요한 첫 번째 요소인 현금흐름은 명시적이고 시장과 일관된 기대현금흐름이어야 한다. 시장에서 가용한 모든 재무정보를 반영해 보험회사 자체 경험률보다 덜 주관적이 되도록 요구해야 한다. 현금흐름의 불확실한 보험의 특성을 고려하려면 단 하나의 현금흐름추정치(Most Likely Estimate)가 아니라 다양한 시나리오의 반영을 요구하고 있다.

두 번째 요소인 할인율은 보험계약에서 발생할 현금흐름들 간의 경제적 차이, 즉 화폐의 시간가치를 반영하는 것이다. 현금흐름추정치가 리스크 마진 등을 통해 불확실성을 반영하는 한 현재가치를 구하는 데 적용할 할인율은 무위험이자율(Risk-Free Rate)이여야 한다.

세 번째 요소인 리스크 마진은 보험계약에서 발생할 현금흐름에 영향을 미치는 불확실성을 명시적으로 고려해서 보험부채를 조정하는 역할을 한다. 리스크 마진은 경험치의 변동성을 흡수하기 위한 것으로 보험부채의 최선의 추정치 근방의 불확실성을 고려할 수 있도록 기대현금흐름을 리스크 마진으로 조정하는 방식이다.

## IFRS 도입에 따른 준비사항

2011년 도입되는 1단계 부채적정성 평가에 이은 2단계 부채공정 가치 평가제도가 도입되면 부채 평가에 따라 경영성과가 상당히 민감하게 변동할 것으로 예상된다. 특히 부채공정가치에 대한 사항은 EU의 솔벤시2(Solvency 2)나 MCEV에서의 부채 평가와 관계가 있으므로 관련된 제도의 변동사항을 유심히 살펴보아야 한다.

우리나라의 경우 1단계는 기존의 제도를 활용해서 준비한다면 비교적 커다란 영향 없이 도입할 수 있을 것으로 보인다. 그러나 2단계는 준비금 체계 자체를 영업보험료식으로 전환하고 평가 기준을 국제적으로 동일하게 가져가는 것을 전제로 하기 때문에 상황에 따라서는 상당한 영향을 미칠 것으로 보인다.

그나마 2단계 논의가 기존의 틀을 배제하고 보험계약자에게 의무를 이행한다는 관점[181)]을 반영하는 대안이므로 보험회사에게는 유리한 구도로 변경되어 추진에 탄력을 받을 수 있을 것으로 보인다. 기본 틀의 변화로 현금흐름의 가정 결정 시 보험사의 경험치가 부분적으로 허용될 수 있을 것이다.

이러한 사항을 기초로 보험사들은 1단계, 2단계 IFRS 도입에서 다음과 같은 준비가 필요하다.

첫째, 부채적정성 평가의 민감도 분석을 철저히 해야 한다. 가정의 변동에 따라서 회사 손익 및 기업가치가 크게 달라질 수 있다. 민감도 분석을 통해서 부채의 변동성을 파악해 경영전략에 얼마나 정확하게 반영할 수 있느냐가 향후 보험사 경쟁력의 주요 요소 중에 하나로 될 것으로 보인다.

둘째, 2단계 도입 시 준비금 적립방식이 현행 순보험료식에서 영업보험료식으로 변경이 불가피해 보이기에 가정에 포함될 경영 요소의 경험기초율의 관리가 필요하다. 이러한 기초율은 회사가 기본 인프라부터 체계적으로 관리할 경우에 개선될 수 있으므로 주요 지표에 대한 시나리오 분석을 충실히 실행해야 한다.

셋째, 감독당국의 효율적인 관리 방안이 필요하다. 현행 보험료결손제도는 실질적인 운영이 미흡하다. 회사의 부담과 충격을 우려해서 보수적으로 관리한 점도 있지만 명백히 나타날 위험은 반드시 준비금이든 지급여력이든 어디에는 포함되어야 한다. 필요한 위험에 대해서 적절하게 대응하지 못하면 향후 호미로 막을 일을 가래로도 막을 수 없을 정도의 커다란 위험이 회사에 나타날 수 있기 때문이다.

넷째, 공정하고 객관적인 부채를 사용할 수 있도록 공시를 확대해야 한다. 보험사의 급격한 부실화의 대부분은 부실한 준비금에서부터 발생된다. 평가준비금이 반영된다면 상당 부분의 준비금 부족 현상을 사전에 대비하게 할 수 있으나 객관성을 위해서 현재와 마찬가지로 제3자의 계리사로부터 적정성에 대한 확인을 필히 거쳐야 할 것이다.

K-IFRS 1104의 도입은 보험산업의 글로벌화로 가는 1차 관문이라 할 수 있다. 국내 보험산업이 국제화로 진입하는 상황에서 최근

도입되는 현금흐름방식, 위험기준자기자본제도를 철저히 준비하고 분석한다면 국제적인 경쟁력을 키울 수 있을 것이다. 부채 평가는 보험회사의 재무건전성을 평가하는 가장 기본이 되는 지표이므로 보험사와 감독당국이 부채평가제도 정착을 위해 함께 노력해 나가야 할 것이다.


## 7. 보험경영의 환경 변화와 계리사의 역할

보험경영의 흐름은 크게 '판매 부문' 과 '관리 부문' 으로 구분할 수 있다.

판매 부문은 '새로운 위험의 평가' 부터 시작해서 '상품의 설계', 판매 채널과 언더라이팅 기준을 고려한 '가격 결정' 으로 이어진다.

관리 부문은 향후 보험금 지급을 위해 준비하는 '준비금의 평가' 와 회사가 보유한 자산을 평가하는 '자산 평가' 에 이어 '자산과 부채의 매칭' 부분이 있다. 회사가 감독당국이 요구하는 리스크에 적합한 자본을 보유하고 있는지를 평가하는 'RBC 기준의 평가' 와 결산 시 회사의 이익 내용을 분석하는 '이원 분석' 그리고 이익을 주주 및 계약자에게 분배하는 '배당금 배분' 으로 이어진다.

이렇게 전체적인 경영 흐름의 사이클을 균형 있게 컨트롤하는 것이 계리사의 역할이라고 할 수 있다. 계리사들은 사업의 불확실성과 리스크가 커지면서 경영의 불확실성에 대한 대비 방안과 회사의 리스크를 줄이면서 경쟁력을 가질 수 있는 방안에 대해서 많은 연구를 하고 있다. 그러나 이러한 문제를 해결하기 위해서는 단편적인 지식보다는 종합적인 시각을 가지고 접근해야 하며 위에서 언급한 각 단계별로 충분한 지식과 이해가 뒤 따라야 한다.

2008년 생보사가 상장되고 경영목표도 단기간의 이익 극대화보다는 지속적으로 기업가치를 상승시키는 것으로 전환되면서 계리사의 역할은 현실적인 제한이 있긴 하지만 점차 확대되고 있다. 최근 보험산업은 변화의 중심에 있다고 해도 과언이 아니다. 특히 판매 부문에서는 상품 분야와 채널 분야에서 변화가 크고, 관리 부문에서는 거의 모든 분야에서 많은 변화가 나타나고 있어 미래에는 유능한 계리사의 확보가 회사의 경쟁력에 중요한 잣대가 될 것으로 보인다.

〈표 103〉 최근 부문별 변화의 흐름

| 구 분 | | 주요 변화의 흐름 |
|---|---|---|
| 판매 부문 | 가격 | 3이원방식에서 현금흐름방식으로 전환 |
| | 채널 | 전속 채널에서 비전속 채널의 비중 급증 |
| 관리 부문 | 준비금 | 정확성에서 적정성으로 준비금 평가방식의 전환 |
| | 리스크관리 | EU방식(지급여력)에서 RBC방식으로 전환 |
| | 경영목표 | 당기손익 극대화에서 기업가치 상승으로 전환 |

가격 분야는 기존 상품개발부서에서 산출하던 것을 회사 경영과 연결해서 관련 부서 모두가 협력해 가격을 산출하는 방향으로 전환

되고 있다. 회사의 사업계획의 일환에서 가격을 결정하는 체계이다. 과거 3이원(위험률, 이율, 사업비율)방식에 의거한 단편적인 방식에서 예상 판매량 및 보험가입금액, 해지율 등을 고려하고 회사가 적정한 목표 이익을 추가해서 입체적으로 현금흐름을 감안해 보험료를 산출하는 방식이다. 과거 대부분의 회사의 보험료가 유사한 수준이었다면 향후에는 다양해진 가정에 따라 회사별로 보험료가 상당히 차이가 날 수 있다. 향후 가격 분야의 경쟁력은 회사별 경험 통계의 집적과 분석 그리고 가정의 설정으로 이어지는 과정이 얼마나 적정하고 정확한지에 따라 달라질 수 있어 이 분야의 시스템 구축과 운영을 위한 전문가 양성이 무엇보다 중요하다.

상품 분야는 회전율과 다양성 측면에서 급속하게 발전한 분야라고 할 수 있다. 종신보험과 건강보험에 이어 금리연동형보험, 유니버셜보험과 변액보험 그리고 변액유니버셜보험과 실손의료보험에 이르기까지 거의 모든 분야의 보험 상품이 이미 시장에서 판매되고 있다. 수없이 많은 상품이 시장에 도입되면서 보장급부의 다양성과 파생적인 담보를 조합하는 경쟁력은 다른 나라와는 비교할 수 없을 정도로 앞서 있다. 하지만 상품의 특성을 정확하게 파악하고 계약이 보유한 각종 위험에 대해 충분히 대비하는지와 상품의 생산, 판매, 관리 프로세스가 최선인지에 대해서는 다시금 돌아볼 필요가 있다.

지금까지는 상품경쟁력을 높이기 위해 대부분 높은 이율 책정과 매력적인 수당 체계 그리고 소비자를 유혹하는 과도한 급부설계 등이 주요 요소였다면, 이제는 단순한 경쟁 요소가 아닌 회사의 정책이 감안된 상품으로 경쟁해야 한다. 상품에 회사가 상품을 개발한 목적과 철학이 함께 녹아 있어 소비자의 가치를 증대시키거나 감동시킬 수 있는 요소가 포함되어야 한다. 이러한 업무 역시 계리사들의 주된 역할이다.

관리 부문의 변화에 대한 대응은 결국 계리사의 경쟁력을 끌어 올리는 것으로, 인적 투자와 우수한 인력의 양성 및 관리가 핵심이라고 할 수 있다. 과거에는 모든 회사가 유사한 기준과 가정을 적용하여 평가했다. 하지만 이제는 회사별로 자신의 통계를 집적하여 적절한 모델을 통해 분석하고 차별화된 경영 방향을 제시해야 한다. 이를 위해서 계리사들은 회사의 내재가치(Embedded Value), ROA, ROE 등 경영의 주요 지표를 지속적으로 분석하고 시스템화해 그때그때의 적절한 경영목표와 방향을 제시할 수 있어야 한다.

회사의 중요한 정책과 경영 요소의 변화가 경영에는 어떠한 영향을 미칠 것인지에 대한 결과를 사전에 예측해 이에 대한 대책을 염두에 두고 전략을 집행하는 것이 필요하다. 특히 이러한 시스템 분석을 활용한 경영방식은 기존 EU식 지급여력에서 RBC제도로 전환되고 IFRS 첫 단계가 도입되며 현금흐름방식 등이 점진적으로 시도되는 2011년부터 조금씩 정착될 것으로 보인다. 결국 각 분야별 계리사들이 이러한 제도의 목표와 방향을 정확히 이해하고 회사의 경영정책에 반영해 경영의 체계를 확립해 나가는 것이 경쟁력의 가장 중요한 요소라고 할 수 있다.

앞으로 3~5년 지나면 내실 경영 체계에 대한 준비가 부족한 회사는 경영에 한계를 느끼고 시장에서 도태될 수밖에 없을 것으로 전망된다. 시장에서 함께 경쟁하는 회사들의 질적 수준의 차이가 결국 경쟁력의 차이로 나타날 것이기 때문이다. 더욱이 최근 감독당국도 국제적인 공조하에 질적 수준이 향상되어 규제의 글로벌화가 급속히 이루어지는 점들을 고려하면 이러한 경영 환경의 변화는 더욱 빠르게 시장을 변화시킬 것으로 보인다.

시장 경쟁에 있어서 자신의 체력과 여건보다 다른 회사와의 경쟁 우위만 고려한 마케팅전략에 주력한다면 단기적으로 영업실적은 반짝할지는 몰라도 결국 그 회사는 시장에 정착하기 어려울 것이다. 보험회사가 하나의 상품을 판매하면 그 계약은 10년, 20년을 넘어 계약이 종료될 때까지 매년 그 결과가 경영에 반영된다. 따라서 무리한 경영을 하는 경우 초기에 잠깐 이익이 나타날 수는 있지만 그 후 상당 기간 동안은 회사 경영에 악영향을 미칠 것이다.

이러한 사례는 무리한 이율 책정과 건강보험의 과도한 급부설계 등과 같이 주변에서 쉽게 찾을 수 있다. 한 두 회사의 무리한 욕심과 경쟁으로 시작한 마케팅전략이 점차 외형 경쟁으로 이어져 모든 보험회사에 전파되어 결국 보험산업 전체가 상당 기간 동안 경영에 어려움을 겪은 사례도 어렵지 않게 찾을 수 있다.

이러한 현상의 단절을 위해서 계리사는 높은 윤리의식을 가지고 회사별로 여건에 맞는 경영전략을 세워 실현될 수 있는 방안을 만들어 나가야 한다.

보험경영은 누가 얼마나 빨리 성장하고 회사 규모를 확대해 나가는 것이 중요한 것이 아니다. 그 보다는 회사의 경영목표 달성을 위해 분야별 전문가들이 한 단계 한 단계 기초체력을 양성해 경영 인프라를 체계적으로 다져가면서 적정한 성장과 기업 가치를 이끌어가는 것이 경영의 성패를 좌우할 것으로 보인다. 이러한 점에서 계리사도 분야별로 자기에게 맡겨진 역할을 충실히 수행하는 역량과 자세가 무엇보다 중요하다.

최근 금융당국도 이러한 변화에 맞추어 계리사시험제도 개선 등 관련 제도를 보완했으며, 보험계리사회를 중심으로 기존 계리사의 수준 향상을 위한 다양한 교육 체계를 준비하고 있다.

보험산업의 변화와 함께 다가온 기회를 계리사들은 효율적인 리스크관리 방안 마련과 함께 미래에 새로운 수익 모델을 창출해 보험산업의 지속적인 성장과 기업가치 상승을 이끌 수 있는 방안을 마련함으로써 보답해야 할 것이다.

우리나라 금융산업에서도 삼성전자와 같은 세계 초일류 상품을 가진 글로벌 기업이 탄생해야 한다는 바람이 있다. 생보산업은 도메스틱(국내, Domestic) 산업의 성격이 강해 글로벌화하기가 어려운 측면이 있어 많은 시간이 걸릴 것으로 판단된다. 그러나 지금부터라도 글로벌화해 나가기 위해서는 금융당국의 규제의 틀이 바뀌어야 하고, 보험회사의 선행적인 R&D 투자가 필요하다. 또한 기업문화를 자율과 창의, 끊임없는 혁신이 가능할 수 있도록 바꾸어 주어야 할 것이다.

내실 있는 투명한 경영과 리스크관리를 위해서도 규제의 틀이 바뀌어야 한다. 신계약 위주의 외형 경쟁을 지양할 수 있도록 준비금 제도를 강화하면서 기간별 손익구조의 평준화를 기해야 한다.

왜곡될 수 있는 기간 손익보다는 전기간의 손익을 현가로 할인한 내재가치에 의한 가치경영을 할 수 있어야 한다. 또한 RBC제도에 의해 보다 정교한 리스크관리를 하면서 이원별 손익보다는 종합 손익을 관리할 수 있는 현금흐름 프라이싱을 도입하고 ROE 및 ROA 를 관리할 수 있을 때 상장회사의 주식가치를 제대로 관리할 수 있을 것이다.

금융산업은 규제산업이므로 신성장동력을 확보하기 위해서는 규제의 틀이 선진 상품이나 제도를 수용할 수 있어야 한다. 예컨대 장기납의 활용, 우량체 세분화, 무해약환급금제도 등을 통한 보장금액의 고액화를 위해서도 준비금제도를 비롯한 규제의 틀을 바꾸어야 한다. 그리고 글로벌 스탠더드에 부합하는 제대로 된 사업비후취제도를 도입하거나 위험률변동제도를 허용하는 등 규제의 틀을 유연하게 바꾸어 주어야 한다.

보험회사가 자율적으로 프라이싱하여 창의적인 상품이 나올 수 있도록 할 때 보험산업이 도약할 수 있을 것이다. 그리고 선진적인 의료실손 상품이나 헬스케어 서비스가 신성장동력이 되기 위해서는 의료법과 건강관리서비스법 등의 개정 등의 지원이 필요하다.

새로운 신성장동력이 될 수 있는 분야에 대한 선행 R/D(연구 개발) 투자가 필요하기에 최근 보험회사들이 은퇴연구소를 설립하고 있는 것은 바람직한 일이다.

네트워크 의료실손이나 헬스케어 서비스를 지속적으로 연구하기 위해서는 선행적인 많은 연구가 필요하다. 또한 보장자산 확대를 위한 인프라 구축을 위해서도 선행적인 연구가 필요하다. 위험률에 대한 축적과 새로운 위험률의 개발 등에 많은 노력을 경주해야만 좋은 상품을 개발할 수 있을 것이다.

선진국의 경우 보험사의 언더라이팅 시 주치의 소견서를 받아볼 수 있으며 MIB를 통해 의적정보 등을 볼 수 있는 등 사회적인 인프라가 잘 갖추어져 있다. 하지만 우리나라는 이러한 사회적 인프라가 갖추어져 있지 않으므로 이를 보완할 수 있는 방법에 대한 연구 등도 필요하다.

그러나 무엇보다도 중요한 것은 이를 수용할 수 있는 기업문화가 중요하다. 세계적인 글로벌 기업 중에는 사내에 기업가 정신을 발휘할 수 있는 제도적 장치를 마련해 실패에 대해서 아무런 문책을 하지 않는 사례를 많이 찾아 볼 수 있다.

리스크관리는 반드시 필요하고 중요하다. 물론 워스트(Worst, 최악의) 시나리오에 대비한 준비도 해야 하지만 지나치게 비관적인 가정을 사용한 리스크관리로 인해 새로운 성장동력을 적기에 갖추지 못하게 되면 기회손실이 크다.

새로운 시도보다는 현행 유지 관리 업무를 잘 하는 사람이 높게 평가 받고 창의적인 아이디어를 내놓는다 하더라도 성공에 대한 포상보다는 실패에 대한 문책이 강하다면 이러한 풍토하에서 누가 자율적이고 창의적인 아이디어를 내놓겠는가. 이런 부분에서의 기업문화를 바꿀 필요가 있다.

리스크관리를 철저히 하되 합리적인 가정에 의해서 득실을 따져야 하고, 예산을 관리하되 투자에 대한 예상 효과 분석을 통해서 단순한 비용만이 아니라 종합 손익을 고려해 신규투자를 결정할 때 회사가 성장할 수 있을 것이다. 또한 종합적인 손익관리를 전제로 현업에 많은 권한을 위양해 자율적이고 창의적인 아이디어가 다시 되살아날 때 신바람 나게 일할 수 있는 글로벌 기업이 될 수 있을 것이다.

## Chapter 01

1) 2005년 기준

2) 2010년 추정치임

3) 정운찬 교수 칼럼, "한국의 인플레이션", 〈매일경제〉, 1984.06.01

4) 《생명보험협회 50년사》, p.453

5) 확정배당이율, 1979.04.01; 14.2-예정이율, 1980.04.01; 정기적금이율-예정이율, 1981.04.01; 정기예금이율-예정이율

6) 은행의 정기예금이율이 25%일 때 55세부터 20년간 생존 시 확정배당금의 규모는 2억 원 이상 수준

7) 《생명보험협회 50년사》, "탈퇴율 상품", p.415

8) 《생명보험협회 50년사》, p.348

9) 《삼성생명 50년사》, p.142

10) 등록 시험 합격 후 소정의 교육을 실시한 다음 시험 익월 등록하는 제도

11) 《생명보험협회 50년사》, pp.415~416

12) 《생명보험협회 50년사, pp.415~416

13) 《교보생명 50년사》, "선진국형 금융 상품 개발", p.158

14) 《교보생명 50년사》, "선진국형 금융 상품 개발", p.158

15) 《생명보험협회 50년사》, "금리연동형 상품", p.416

16) 《생명보험협회 50년사》, p.417

17) 《생명보험협회 50년사》, p.418

18) 《생명보험협회 50년사》, pp.537~541

Chapter 02

19)《삼성생명 50년사》, p.166

20)《삼성생명 50년사》, p.390

21) Better Life Innovation Program 30, 창립 30주년을 향한 중기 계획

22) Management Innovation Team 11, 이수빈 사장 취임 후 당시 환경 변화에 대처하기 위한 중기 계획

23)《삼성생명 50년사》, "환산효율성적제도의 도입", p.390

24)《생명보험협회 50년사》, "환산효율성적제도의 도입", p.160, 166, 220

25)《생명보험협회 50년사》, p.583

26)《삼성생명 50년사》, p.140, 166, 387

27)《교보생명 50년사》, p.242

28)《삼성생명 50년사》, "리젤점포의 확대와 영업 지원 강화", p.389

29) Wave란, W는 winning, A는 Active, V는 Vital, E는 Excellent의 약자

30)《삼성생명 50년사》, "New Wave(뉴 웨이브) 운동", pp.393~394

31)《삼성생명 50년사》, "총국 독립 채산제 실시", p.392

32)《삼성생명 50년사》, p.402

33) 김승억,《사랑으로 성공하는 보험컨설팅》, pp.88~90

34)《삼성생명 50년사》, p.402

35)《삼성생명 50년사》, "휴대용 컴퓨터 보급", p.403

36)《삼성생명 50년사》, p.404

37)《생명보험협회 50년사》, pp.451~460

38)《교보생명 50년사》, pp.174~175

39) 1988년 4월 장기 유지 특별배당은 1%+(경과년수-5)×1%. 단, 최고 25%

40)《생명보험협회 50년사》, "무배당보험", p.418

41)《생명보험협회 50년사》, p.412

42) 평균 존속 기간. 보험회사의 경우 부채의 평균 존속 기간과 투자의 평균 존속 기간이 일치한다면 리스크관리가 용이하게 된다.

43) 《삼성생명 50년사》, "사명 변경과 업의 개념 정립", p.159

44) 《삼성생명 50년사》, "이수빈 회장 인터뷰", pp.160~161

45) 《삼성생명 50년사》, "보험품질보증제도 도입", pp.349~351

46) 《생명보험협회 50년사》, p.160, pp.522~523

47) 《생명보험협회 50년사》, pp.527~529

48) 《교보생명 50년사》, p.88

49) 《교보생명 50년사》, p.159

50) 《교보생명 50년사》, p.158

51) 《교보생명 50년사》, p.250

Chapter 03

52) 《삼성생명 50년사》, "보험 시장 개방과 업계 재편", p.154

53) 《생명보험협회 50년사》, "생보사 구조조정", pp.317~320

54) 《생명보험협회 50년사》, "생명보험 전문인력 양성", p.221

55) 《생명보험협회 50년사》, "생보사 구조조정", pp.317~320

56) 김민구, 이강락, 《가족사랑에 미친 푸르덴셜家 사람들》

57) 《삼성생명 50년사》, "경쟁력 강화 T/F 출범과 Dream Plan 21(드림 플랜 21) 수립", p.197

58) CIS는 직업설명회

59) Targeted Selection, TS는 타깃 중심의 선별

60) 《삼성생명 50년사》, "설계사조직 혁신과 FC제도 도입", pp. 406~408

61) 《삼성생명 50년사》, "외환위기 도래", p.338

62) 《생명보험협회 50년사》, "외환위기와 생보사 구조조정", pp.317~320

63) 필자는 IMF위기 당시의 금리가 일시적일 것이라는 확신을 갖고 "확정금리로 대응하는 것은 회사가 망하는 길이니 반드시 공시이율을 도입해 대응해야 겠다"는 결심을 굳히게 되었다. 1995~1996년 2년간 채권투자 담당임원으로서 금리의 흐름을 지켜보았던 것이 큰 도움이 되었다.

64) 《삼성생명 50년사》, "외환위기 도래", p.338

65) 《삼성생명 50년사》, "외환위기와 자산 구조조정", pp.457~459

66) "위기를 딛고 선 기업들 교보생명", 〈중앙일보〉, 2010.04.06, E11면

## Chapter 04

67) 미국의 보험산업 리서치 전문 회사인 Conning(코닝)의 권고사항

68) 해당 계약을 판매했던 원 모집자가 탈락해 수금자가 바뀐 계약을 지칭한다.

69) 《교보생명 50년사》, p.381

70) "위기를 딛고 선 기업들 교보생명", 〈중앙일보〉, 2010.04.06

71) 김석영, 나우승, 《저금리 추이에 따른 이차역마진 현상과 대응 방안》

72) 타산지석 일본생보사의 위기

73) 박성욱, 《위기의 일본 보험업》, 보험개발원, p.39

74) 6.5~7.5%에서 4%로 조정

75) 공시이율이 보험료 산출이율 이하로 지속되는 경우 해약환급금이 크게 감소하거나
    부치[負値(-)]가 발생할 수 있음

76) MVS=자산의 현재가치(MVA) - 보유계약의 현재가치(MVL)

77) 김석영, 나우승, 《저금리 추이에 따른 이차역마진 현상과 대응 방안》, 보험개발원,
    보험연구소, 2005.09, p.46

78) 김석영, 나우승, 《저금리 추이에 따른 이차역마진 현상과 대응 방안》, 보험개발원,
    보험연구소, 2005.09, p.56

79) 김석영, 나우승, 《저금리 추이에 따른 이차역마진 현상과 대응 방안》, 보험개발원,
    보험연구소, 2005.09, p.55

80) 김석영, 나우승, 《저금리 추이에 따른 이차역마진 현상과 대응 방안》, 보험개발원,
    보험연구소, 2005.09, p.55

81) 암 관련 위험률: 연평균 7~12%, 질병 및 재해 입원 · 수술률: 연평균 6~15%

82) 보험개발원, 〈국내 시장의 생존 리스크 분석 및 발전 방안〉, 2009.07 참조

83) 금융감독원, 〈생보사별 Claims Ratio 현황〉, 금융감독원 자료 참조

84) 최근 5년(2003~2007년)간 연평균 암 입원 6.8%, 암 수술률 12.0%, 암 발생률 10.7%
    상승 (보험개발원)

85) MRI(Magnetic Resonance Imaging)란 자장을 발생하는 커다란 자석통 속에 인체를 들
    어가게 한 후 고주파를 발생시켜 신체부위에 있는 수소원자핵을 공명시켜 각 조직에

서 나오는 신호의 차이를 측정한다. 그 다음 컴퓨터를 통해 신호를 재구성해 영상화하는 기술이다.

86) PET(Positron Emission Tomography)은 양전자를 방출하는 방사성 의약품을 이용해 인체에 대한 생리적, 화학적, 기능적 영상을 3차원으로 나타낼 수 있는 핵의학 검사 방법 중 하나이다. 현재 각종 암을 진단하는 데 주로 활용되고 있으며 암에 대한 감별 진단, 병기 설정, 재발 평가, 치료 효과 판정 등에 유용한 검사로 알려져 있다.

87) 내시경, 카테터, 레이저, 감마나이프 등

88) 최근 5년(2003~2007년)간 갑상샘암 발생 건수의 증가율은 40%를 초과함

89) 금감원, 〈보험사기 적발 현황〉, 2006년, 2009년

90) 5년마다 1회 변경 가능, 변경 폭 80~120%범위 내, 사전에 금감원 승인 등의 조건이 필요함.

91) 노인을 위한 공적보험인 메디케어(Medicare)의 경우에도 늘어나는 의료비 때문에 보충형 형태의 민간보험인 메디갭(Medigap)을 운영하고 있다.

92) 금융당국은 저축성 변액보험의 사업비 공시를 지속적으로 확대해 왔음.
　　1차 : 업계 평균 사업비와 비교 가능한 예정사업비 지수 공지(2002년 1월)
　　2차 : 납입보험료에서 위험보험료와 사업비를 차감한 특별계정(펀드) 투입원금 공시
　　　　(2006년 4월, 저축성 변액유니버셜보험, 2007년 4월, 변액연금보험)
　　3차 : 저축성보험(변액연금보험, 변액유니버셜보험)의 계약 체결·유지관리비용 등 각종 사업비 및 수수료를 개별 가입자에게 공시(2009년 4월)

93) 종래의 EU식 지급여력에서는 변액보험은 지급여력을 쌓지 않았으나, RBC식 지급여력하에서는 지급여력을 일정 비율 쌓게 되어 있다.

94) "저축성변액보험의 사업비 공시 확대", 금융감독원 보도자료, 2008.12.11 참조

95) 김동범, 《변액유니버셜보험 컨설팅 키포인트》, 다산북스, p.61

96) 감독당국은 2009년 4월 RBC제도를 시행하면서 변액연금보험 보증위험액에 대해 '2%·변액연금의 보증준비금'을 운영 리스크로 반영했다. 운영 리스크로 현행 지급여력 기준 산정 대상에서 제외된 변액보험에 대해서도 '1년간 수입보험료의 1%'를

반영했다.

97) 보험료 납입 초기에 사업비를 부가하는 방식으로 전통적인 보험과 동일한 방식
98) 보험료 납입 초기에 사업비를 부가하지 않는 대신 계약 유지기간 동안에 사업비를 부가하고 해약 시에 별도로 해약수수료를 부가하는 방식
99) 금융감독원은 '2010 달라지는 금융제도' 에서 2010년 4월부터 사업비후취방식 도입

## Chapter 05

100) 보험계약은 위험률이나 이율 등이 변화되더라도 소급적으로 적용되지 않기 때문에 평균수명 연장에 의해 종신보험의 경우 위험률차 손익이 증가하는 반면 종신연금보험의 경우 생존손이 우려된다. 또한, 질병보험의 경우 발병률의 증가로 위험률차 손익이 악화되는 경향을 가지고 있다.

101) 삼성생명 라이프케어연구소, 〈보험산업의 혁신과 성장동력〉, 2007년 국제 심포지엄 자료

102) 연납화 보험료(Annualized New Premium)

103) 1985~1995년 : 연 12% 성장

104) 제6회 연금생명표(2009년 시행)

105) 영국의 미래재단은 2010년 태어나는 아기의 평균수명을 120세로, 미국의 과학저널인 〈사이언스 아메리카〉는 2050년 인류의 평균수명을 150세로 예상하고 있다.

106) "국민연금 가입 48%뿐, 가난한 베이비붐 세대", 〈조선일보〉, 2009.12.16

107) 2009년 7월 현재 65세 이상 인구 비율 10.7%, 통계청

108) OECD에 의하면 우리나라는 OECD 회원국 중 노인 부양 비율이 3번째로 낮지만 고령화 진전속도는 가장 빨라 2050년에는 노인 인구 부양 비율이 6번째로 높은 국가가 될 것이라고 전망했다. (〈OECD 2001 한국경제보고서〉, 2001.08)

109) 통계청, 〈2009 고령자 통계〉, 2009.10

110) 1955~1963년생

111) 1964~1973년생

112) 류건식, 이상우, 김동겸, 《사적연금보험의 노후소득보상 기능 제고 방안》, 보험연구원, 2009.03

113) "한국, 국가별 은퇴준비 성적 'F'", 〈매일경제〉, 2009.10.24

114) 30년의 자금을 현가로 할인해야 하나 인플레이션을 감안해 할인하지 않은 금액으로 계상함

115) 삼성생명 FP센터, 《아름다운 노후를 완성하는 은퇴설계》

116) 은퇴자 602명을 대상으로 한 '한국 노동패널 4차년도 자료 분석'

117) 〈한국일보〉, 2003.03.10

118) 삼성경제연구소, 〈OECD Health Data 2009 헬스케어산업의 메가트렌드와 한국의 기회〉

119) 삼성경제연구소, 〈OECD Health Data 2009 헬스케어산업의 메가트렌드와 한국의 기회〉

120) 네트워크 내의 의료기관에서 진료를 받을 경우 본인부담비용 축소 또는 보험료 할인 등의 인센티브를 제공하는 차별화 서비스를 제공할 수 있는 의료실손 상품

121) "비전 한국 의료개혁", 〈맥킨지〉, 2010, pp.27~37

122) 한 병원이나 의사의 검진 및 진단 결과를 믿을 수 없어 다른 병원이나 의사의 검진 및 진단을 다시 받아보는 경향

123) 한 병원이나 의사의 검진 및 진단 결과에 대해 다른 병원 의사의 소견서를 받아 보는 서비스로, 중복 검사 및 진료를 받아야 하는 번거로움을 해소해 주는 제도

124) 보건복지가족부, 기획재정부, 〈의료 분야 서비스산업 선진화 방안〉, 2009.05.08

125) 상동, p.119

126) 고위험음주(〈국민건강영양조사〉, 2005년): 한 번의 술좌석에서 남자는 7잔, 여자 5잔을 주 2회 이상 마시는 경우

Chapter 06

127) 김민구, 이강락, 《가족사랑에 미친 푸르덴셜家 사람들》, p.21

128) 김민구, 이강락, 《가족사랑에 미친 푸르덴셜家 사람들》, p17

129) 김민구, 이강락, 《가족사랑에 미친 푸르덴셜家 사람들》, pp.58~71

130) 김승억, 《사랑으로 성공하는 보험컨설팅》, "보험컨설턴트와 세일즈맨의 차이", pp.124~127

131) 보험업감독규정 제7-60조 개정, 2009.07.07

132) 의료법 개정안 제61조(유인 알선 등 금지), 2007년 2월 27일

「누구든지 국민건강보험법이나 의료급여법의 규정에 따른 본인부담금을 면제하거나 할인하는 행위, 금품 등을 제공하거나 불특정 다수인에게 교통편의를 제공하는 행위 등 영리를 목적으로 환자를 의료기관이나 의료인에게 유인 알선하는 행위 및 이를 사주하는 행위를 해서는 안 된다. 다만 다음 각 호의 어느 하나에 해당하는 경우에는 그러하지 아니하다.

…(중략)…

제3호 보험업법 제2조 제5호에 따른 보험사, 보험가입자, 의료기관 사이에 건강보험법 제43조 제3항에 따른 요양급여비용에서 제외되는 진료비용(이하 비급여비용이라 한다.)에 대하여 보건복지부령으로 정하는 바에 따라 가격계약을 하는 경우.

133) 영화 제작자이자 감독인 마이클 무어가 미국 민간의료보험조직인 건강관리기구(HMO)의 부조리적 폐해의 충격적인 이면을 폭로하며 열악하고도 무책임한 제도를 신랄하게 비판한 영화. 수익논리에 사로잡혀 이윤을 극대화하기 위해 돈 없고 병력이 있는 환자를 의료제도의 사각지대에 방치해 결국 죽음으로 내몰고 있었다. 지상 최대 낙원이라 선전되는 미국 사회의 의료시스템을 캐나다, 프랑스, 영국, 쿠바 등과 비교하며 완벽하게 포장된 미국 사회의 허와 실을 마이클 무어 감독 특유의 도발적 직설화법으로 벗겨낸다. 그러나 이 영화는 미국의 의료보험제도의 또 다른 특징인 의료의 질적 측면에서 많은 발전을 이루어 선진 의료기술과 우수한 의료진을 보유한 것 등에 대해서는 언급되지 않고 보장성의 희생 부분만 강조했다. 우리나라는 공보험인 국민건강보험이 전 국민을 보장하고 있기 때문에 미국처럼 공보험이 전

국민을 보장하지 않는 나라의 의료 환경과 제도를 우리나라 실정과 비교하는 것 자체가 모순이다.

134) 김대환 부연구위원, 김혜란 연구원, 〈건강보험 시장의 트렌드 변화와 u헬스케어의 활용 방안〉

135) 우리나라 u헬스케어 시장 규모는 2010년 1조 6,849억 원에서 2014년 3조 341억 원으로 성장이 예상됨(연평균 12.5%, 한국보건산업진흥원, 2010.01)

136) 지식경제부, 〈u헬스 신산업 창출전략〉, 2010.05.12

137) 김대환 부연구위원, 김혜란 연구원, 〈건강보험 시장의 트렌드 변화와 u헬스케어의 활용 방안〉

138) 상동

139) 의사 · 환자 간 원격의료 불허(의료법 §34), 의약품의 원격 판매 · 배송 금지(약사법 §44) 등

140) 《삼성생명 50년사》, p.443

141) 안철경, 변혜원, 권오경, 《금융 상품 판매 전문회사의 도입이 보험회사에 미치는 영향》, 보험연구원, 2010.01, p.32

Chapter 07

142) 안철경, 권오경, 《독립 판매 채널의 성장과 생명보험회사의 대응》, 보험연구원, 2010.02, pp.65~66

143) 안철경, 권오경, 《독립 판매 채널의 성장과 생명보험회사의 대응》, 보험연구원, 2010.02, pp.59~64

144) 안철경, 권오경, 《독립 판매 채널의 성장과 생명보험회사의 대응》, 보험연구원, 2010.02, pp.49~58

145) G-CRM: 지리정보시스템(GIS)에 고객관리 시스템을 결합한 것으로 고객의 다양한 개인정보를 지리정보에 표시해 주고 해당 지역의 시장성 정보를 가미함으로써 점포 증설이나 판매원의 체계적인 투입에 유용한 시스템이다. 〈한국일보〉, 2010.05.27. A 19면

146) 곽근호, 《부자 마케팅으로 승부하라》, 한스미디어, 2009.12.15, p.19

147) 안철경, 권오경, 《독립 판매 채널의 성장과 생명보험회사의 대응》, 보험연구원, 2010.02, p.86

148) 안철경, 권오경, 《독립판매채널의 성장과 생명보험회사의 대응》, 보험연구원, 2010.02, pp.36~46

149) 안철경, 권오경, 《독립 판매 채널의 성장과 생명보험회사의 대응》, 보험연구원, 2010.02, pp.98~99
맥킨지 앤드 컴퍼니(Mckinsey & Company)의 채널별 수익성 7점 척도 기준 분석에 의하면 전속 채널이 6.0으로 가장 높고, 직판 4.6, 통신 판매 4.5, 은행 3.8, 브로커 3.6, PPGA 2.8, BGA/IMO 1.8로 나타났다.

150) 안철경, 권오경, 《독립 판매 채널의 성장과 생명보험회사의 대응》, 보험연구원, 2010.02, p.100

151) 안철경, 변혜원, 권오경, 《금융 상품 판매 전문회사의 도입이 보험회사에 미치는 영향》, 보험연구원, 2010.01, p.22 ; 금융감독원 보도 자료, 2009.03.06

152) 〈보험신문〉, 2011.02.28, 1면

153) "방카슈랑스 4단계 철회", 〈매일경제〉, 2008.02.20

154) "생보 방카 비중 70% 육박", 〈아시아 경제〉, 2011.01.18, 14면

155) 보험개발원, 〈CEO 리포트〉, "생명보험 비대면 채널의 계약 속성 및 리스크 분석 및 상품 운용전략"

156) 안철경 외 2명, 《보험회사의 비대면 채널 활용 방안》, 2011.01, pp.62~63, LIMRA 설문조사, 저소득층 연 2만 5,000달러 미만, 고소득층 연 10만 달러 이상

157) 보험개발원, 〈CEO 리포트〉, "생명보험 비대면 채널의 계약 속성 및 리스크 분석 및 상품 운용전략"

158) 안철경 외 2명, 《보험회사의 비대면 채널 활용 방안》, 2011.01

159) 카톨릭대 김경자 교수, 〈인터넷보험에 대한 소비자의 태도와 수용 성향 연구〉

Chapter 08

160) K율방식이란 회사에서 실제 적립한 준비금의 수준이 해약식 준비금과 순보식 준비금 사이의 어느 수준인지를 나타내는 비율로 매년 상향 조정되어야 하며 전년도 적립률보다 하향 조정될 수 없다.

당시 K율에서 순보식 준비금제도로 변경된 배경을 보면, K율식은 회사별 적립 수준이 상이해 비교 가능성이 미흡했고 미상각 신계약비가 책임준비금에 내재되어 있어 회계정보 투명성이 미흡했기 때문이었다. 1998년 IMF협약에 따라 순보험료식 책임준비금을 부채로 계상하고 미상각 신계약비는 부채와 분리해 기타 자산으로 계상했다.

161) 감독당국은 2007년 10월 시범 운영을 시작으로 2009년 10월 전면적인 시행에 이르는 세부 일정을 제시했음.

162) Kenneth Black, Jr. Harold D. Skipper, 《Life and Health Insurance, Practice Hall》, 2000 참조. 저자는 'Asset Share Calculation'이란 용어를 사용했으며 그 내용이나 산출방식이 CFP방식과 동일함.

163) 일시납 상품은 판매 시점에 사업비차이익을 전부 인식함.

164) 선취방식(Front-End Loading): 보험료 중 예정신계약비를 먼저 차감한 후 잔여 금액을 부리 · 적립

165) 후취방식(Back-End Loading): 보험료 대부분을 부리 · 적립하고, 계약기간 중에 유지수수료를 해지 시점 신계약비 재원에 해당하는 해지수수료로 각각 나중에 차감

166) EU의 지급여력제도 중 금리 리스크(책임준비금의 4%)는 수정 없이 도입한 반면에 보험 리스크는 생 · 손보 모두 보험회사의 경험실적(보험금 지급률 혹은 손해율)을 반영할 수 있도록 수정해 사용하고 있음.

167) A.M.Best의 연구 결과 부적절한 보험 가격은 보험사 파산의 가장 중요한 요인으로 파악. 생명보험산업에서는 파산보험사 중 42.5%, 손해보험산업에서는 49.8%를 차지(출처: 삼성금융연구소, 〈보험회사의 경영실패에 관한 연구〉, 2005)

168) GMDB: 사망보험금을 일정 수준(기납입 보험료)까지 보장

169) GMAB: 연금 개시 직전 계약자 적립금을 일정 수준(이미 납입 보험료)까지 보장

170) 금융감독원, 〈보험회사 위험기준자기자본제도 해설서〉, 2009.04 참조

171) IAIS, 신BIS협약 등 국제 기준에서도 단순한 형태의 모준모형을 금융기관에 공통적으로 적용하되, 금융기관이 내부모형을 선택할 수 있도록 이원화할 것을 권고

172) 자본금, 자본잉여금, 이익잉여금 등으로 구성

173) 과거 실적을 기준으로 회계정보를 제공하므로 미래에 발생 가능한 손익정보를 수용하지 못하며, 평가일 현재 시점의 지표로써 미래의 리스크를 반영할 수 없음

174) 유럽의 보험사들은 CFO 포럼(CFO Forum, Chief Financial Officer Forum)이 2004년 5월 발표한 '유럽의 내재가치기준서(EEV Principles)'에 따라 보고서를 공시하고 있음

175) CFO 포럼(CFO Forum)은 유럽의 주요 보험사의 CFO들이 국제회계기준 및 투자자를 위한 투명성 제고와 관련된 이슈에 관한 토의를 목적으로 2002년에 창설한 조직

176) '규제요구자본 체계에 관한 기준서(Standard on the Use of International Models for Regulatory Capital Purpose)'에서 감독자본 산출 시 보험회사 내부모형 사용의 권장과 동 모형에 대한 감독당국의 승인 기준 등을 다루고 있음.

177) 국제회계기준위원회(IASB: International Accounting Standards Board)

178) K-IFRS 1104호 도입 방안(보증준비금제도 포함), 보험권 국제회계기준 도입 준비단, 2010.03 참조

179) 유럽위원회, 국제보험감독자회의(IAIS), 유럽보험연금위원회(CEIOPS), 국제증권감독자기구(IOSCO), 유럽증권감독위원회(CESR), CFO포럼, 국제계리사회(IAA), 유럽회계사회(FEE), 회계법인 등

180) 김해식, 〈보험부채의 공정가치 평가에 대한 최근 논의와 전망〉, 보험연구원 참조

181) 이행가치 또는 청산가치

· 생명보험협회, 《생명보험협회 50년史》, 2000.02.17
· 삼성생명, 《삼성생명 50년史》, 2007.06.26
· 교보생명, 《교보생명 50년史》, 2010.02.04
· 보험협회, 〈생명보험성향조사〉, 1997~2009년판
· 김민구, 이강락, 《가족사랑에 미친 푸르덴셜家 사람들》, 2006.01.10
· 하라 도시히로, 이병찬 감역, 《장미정원을 가꾸는 사람들》, 2004.06.05
· 김승억, 《사랑으로 성공하는 보험컨설팅》, 2006.03.25
· 송양민, 《30부터 준비하는 당당한 내 인생》, 2002.12.10
· 오종남, 《은퇴 후 30년을 준비하라》, 2009.12.28
· 김동범, 《변액유니버셜보험 컨설팅 키포인트》, 2005.11.18
· 삼성생명, 《아름다운 노후를 완성하는 은퇴설계》, 2010.02.27
· 맥킨지 서울 사무소 헬스케어팀, 〈한국 의료개혁 2010-맥키지 비전〉, 2003.09.09
· 박개성, 엘리오 헬스케어팀, 《병원은 많아도 의료산업은 없다》, 2007.09.10
· 곽근호, 《부자 마케팅으로 승부하라》, 한스미디어, 2009.12.15
· 류건식, 이창우, 《사적연금의 노후보장 기능 제고 방안》, 보험연구원, 2009.03
· 이창우, 이상우, 보험연구원, 〈주요국의 민영건강보험의 운영 체계와 시사점〉,
  2010.04
· 안철경, 권오경, 《독립 판매 채널의 성장과 보험회사의 대응》, 보험연구원, 2010.02
· 안철경, 기승도, 이경희, 《방카슈랑스가 보험산업에 미치는 영향 분석》, 2007.04
· 안철경, 기승도, 이경희, 《보험회사의 금리위험 대응전략》, 보험연구원, 2010
· 안철경, 권오경, 《보험설계사의 특성 분석과 고능률화 방안》, 보험연구원, 2009.01
· 삼성생명 라이프케어 연구소, 〈보험산업의 혁신과 성장동력〉, 국제심포지엄 발표자
  료, 2007.04.26
· 김석영, 《저금리 추이에 따른 이차역마진 현상과 대응 방안》, 보험개발원, 2006.09
· 보험개발원, 〈미국사례로 본 생보사 상장의 영향〉, 2007.12
· 삼성금융연구소, 〈보험회사의 경영 실패에 관한 연구〉, 2005

· 안철경, 변혜원, 권오경, 《금융 상품 판매전문회사의 도입이 보험회사에 미치는 영향》, 보험연구원, 2010.01
· 보험개발원, "생명보험 비대면 채널의 계약 속성 및 리스크 분석과 상품 운용전략", 〈CEO Report〉, 2008.12
· 김경자 카톨릭대 교수, 〈인터넷보험에 대한 소비자의 태도와 수용 성향 연구〉
· 안철경, 변혜원, 서성민, 《보험회사의 비대면 채널 활용 방안》, 2011.01
· 보건복지가족부, 기획재정부, 〈의료 분야 서비스산업 선진화 방안〉, 2009.05.08
· 삼성경제연구소, 〈헬스케어산업의 메가트렌드와 한국의 기회〉, 2011.01.19
· 보험개발원, 〈국내 시장의 생존 리스크 분석 및 발전 방안〉, 2009.07
· 박성욱, 《위기의 일본 보험업》, 보험개발원, 2001

# 생명보험
# 걸어온 길, 가야할 길

**초판 1쇄** 2011년 9월 26일

**지은이** 박현문
**펴낸이** 윤영걸 **담당PD** 이지현 **펴낸곳** 매경출판(주)
**등 록** 2003년 4월 24일(No. 2-3759)
**주 소** 우)100-728 서울 중구 필동1가 30번지 매경미디어센터 9층
**전 화** 02)2000-2610(편집팀) 02)2000-2636(영업팀)
**팩 스** 02)2000-2609 **이메일** publish@mk.co.kr
**인쇄·제본** (주)M-print 031)8071-0961

ISBN 978-89-7442-775-7
값 20,000원